包摂都市のレジリエンス

理念モデルと実践モデルの構築

大阪市立大学都市研究プラザ
阿部昌樹＋水内俊雄＋岡野浩＋全泓奎=編

文化とまちづくり叢書

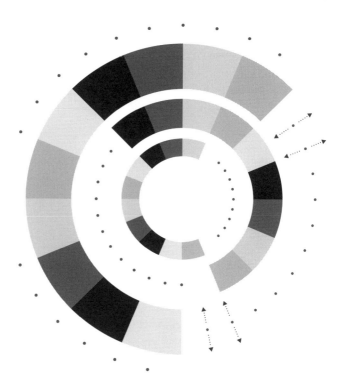

水曜社

包摂都市のレジリエンス

理念モデルと実践モデルの構築

はじめに

　本書は、大阪市立大学都市研究プラザが創設10周年を迎えたことを記念して、その都市研究プラザを基盤として推進してきた都市研究に、様々なかたちで関わってきた研究者の論考を集成したものである。

　大阪市立大学が創設以来蓄積してきた都市研究の実績を承継し、より一層発展させていくことを目的として都市研究プラザが創設されたのは、2006年4月のことである。「プラザ」という名称を付したのは、研究者だけではなく、都市において様々なまちづくりの実践に取り組む人々もそこに集い、相互に刺激を与え合い、新たなアイデアを産み出すことができるような「広場」としての役割を果たしていきたいと考えてのことであった。

　その後、2007年度には、文部科学省が、我が国の大学の教育研究機能の一層の充実・強化を図り、世界最高水準の研究基盤の下で世界をリードする創造的な人材育成を図るため、国際的に卓越した教育研究拠点の形成を重点的に支援し、もって、国際競争力ある大学づくりを推進することを目的として立案した、グローバルCOEプログラムの拠点のひとつに選ばれた。そして、2007年度から2011年度までの5年間、文部科学省の財政的支援の下に、「文化創造と社会的包摂に向けた都市の再構築」をテーマとする研究拠点形成推進事業に取り組んだ。

　その成果を受け継いでさらに、2014年度には、文部科学大臣より「共同利用・共同研究拠点」としての認定を受けた。以来、この認定を踏まえて、全国の関連研究者のコミュニティが都市研究プラザを拠点として、大阪市立大学がこれまで蓄積してきた都市研究の知的リソースや人的・組織的ネットワークを活用し、最先端の都市研究に取り組んでいただけるよう、そのための基盤整備に取り組んでいる。

　そうした都市研究プラザの10年をあらためて振り返るならば、それは、都市を学際的に研究するとは、いかなる学問的営為なのかを模索し続けた10年であったと言うことができる。

これまでに都市研究プラザの研究活動に関わってきた研究者の専攻は、きわめて多様である。それぞれの研究者は、自らが専攻する学問領域に固有の理論や方法論を「都市」という研究対象に応用するというスタイルで研究活動に取り組む一方で、専攻を異にする研究者との対話を繰り返し、「学際的」な都市研究を発展させることに腐心してきた。しかしながら、「学際的」であるということは、それを標榜することは容易であるが、本当の意味で実践することはきわめて困難である。都市研究プラザの10年は、その困難さに直面し続けた10年であった。

　本書もまた、そうした都市研究プラザの10年を、色濃く反映したものとなっている。それぞれに拠って立つ理論や方法論、そして問題関心を異にする研究者の論考の集積である本書は、読む者に、一冊の書物として備えるべき統一性を欠いた、雑多な文章の寄せ集めにすぎないという印象を与えかねない。しかしながら、それぞれの論考を注意深く読むならば、それぞれに、既存の学問分野に安住するのではなく、そこから一歩でもいいから踏み出していこうという、学際性への指向を読み取ることができるはずである。学際性への指向が、未だ単一の理論や方法論には収斂し得ていないという状況こそが、都市研究プラザの創設10年目の現状に他ならない。

　そうした都市研究プラザにおける都市研究の現状の一端を伝える本書が、「都市」というものの多面性とともに、専攻を異にする研究者との対話を繰り返しながら「都市」を研究していくことの醍醐味を、多くの人々に伝えることができたならば、これに勝る喜びはない。

　都市研究プラザとしては、学際的な都市研究をさらに発展させるべく、これからも、国内外の多くの研究者と実践家の参画を求め、共同研究を継続していく所存である。

　2017年3月　　　　　　　　　　　大阪市立大学都市研究プラザ所長

　　　　　　　　　　　　　　　　　　　　　阿部 昌樹

目次

はじめに [阿部昌樹]

第Ⅰ部　包摂型創造都市と
レジリエンス都市の創生 …………………………… 9

はじめに [阿部昌樹] ………… 10

第1章　レジリエントな創造都市に向けて [佐々木雅幸] …………… 11
第2章　復元力(レジリエンス)・文化編集・世界遺産：
　　　　──創造的な述語(動詞)で編集・包摂する [岡野浩] …………… 31
第3章　包容力ある都市論を構想する
　　　　──東アジア包摂都市論のさらなる転回を通じて [水内俊雄] ……… 44
第4章　就労なき社会的包摂の可能性 [阿部昌樹] ………… 58
第5章　民族関係論の成果と課題 [谷富夫] ………… 70
第6章　近世大坂の非人集団の生存環境と家 [塚田孝] ………… 81

第Ⅱ部　都市空間再生に向けた
包摂型アートマネジメントと多文化都市 ……… 97

はじめに [岡野浩] ………… 98

第7章　アジアを視野にいれた社会包摂型
　　　　アーツマネジメントの形成に向けて [中川眞] …………… 99
第8章　都市の忘却空間の再生
　　　　──世界の水都再生と水都大阪の挑戦 [嘉名光市] ………… 111

第9章　生きた建築ミュージアムによる大阪の都市再生 [高岡伸一] ………… 125
第10章　大阪の長屋保全まちづくり
　　　　──この10年の振り返り [藤田忍] ……………… 140
第11章　まちとエスニックマイノリティと包摂 [鄭栄鎭] ……………… 157

第Ⅲ部　包摂型アジア都市と居住福祉実践 ……………………………………………… 169

はじめに [全泓奎] ……………… 170

第12章　東アジア都市における
　　　　生産主義福祉モデルと居住福祉の実践 [全泓奎] ……………… 171
第13章　東アジアにおける貧困と社会政策 [五石敬路] ……………… 185
第14章　包摂型アジア都市への
　　　　「中間的社会空間」試論 [穂坂光彦] ……………… 195
第15章　居住福祉を基調とした
　　　　地域福祉施策における専門職の役割 [野村恭代] ……………… 207
第16章　参加型仕事づくりの試みから明らかになる
　　　　労働観と外部者の役割 [綱島洋之] ……………… 218
第17章　都市内格差社会における社会的包摂のチャレンジ
　　　　──理論的背景を中心に [コルナトウスキ・ヒェラルド] ……………… 232

あとがき [水内俊雄] ……………… 244

第 I 部

包摂型創造都市と
レジリエンス都市の創生

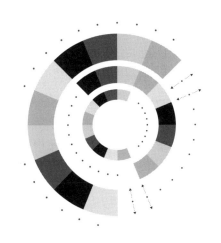

はじめに

　経済のグローバル化は国際的な都市間競争を必然化し、いずれの都市も、都市間競争において優位に立とうと欲するのであれば、グローバルに展開する企業活動の自由を、最大限に尊重するような施策を展開せざるを得ないという新自由主義的な言説を疑ってみたとき、都市の未来についてどのような展望を描くことができるであろうか。

　一つは、それぞれの都市が歴史的に育んできた固有の文化的伝統に価値を認め、それを活かしつつ、変転する環境にしなやかに対応していくという方向性であり、もう一つは、そこで暮らす人々相互間には、人種、民族、宗教、イデオロギー、稼働能力、性的指向等に限りない差異があることを認めたうえで、異質な他者との平和的共存を可能とするような、包摂的で包容力のある都市を実現していくという方向性である。そのいずれを目指すにせよ、その営為は、それぞれの都市の、それぞれに異なる歴史と現状を、十分に踏まえたものでなければならない。都市の未来は、いかなるものであれ、径路依存的にしか実現し得ないものなのである。

　こうした観点から、第1部には、都市の歴史と現状を踏まえ、未来を構想するうえで参考になるであろう、6本の論考を収録した。

　　　　　　　　　　　　　　　　　　　　　　　　　阿部　昌樹

第 1 章

レジリエントな創造都市に向けて

》佐々木雅幸

1. 創造都市と創造経済時代の到来

　前世紀末より、金融・経済を中心として急速に進んだ新自由主義的グローバリゼーションは、世界をマネーゲームに没頭させ、グローバルな都市間競争を巻き起こし、弱肉強食の生存競争の中で社会的格差とともに地域的格差の拡大をもたらした。トマ・ピケティ Thomas Piketty の『21 世紀の資本論（La Capital au XX1 e siècle）』が実証的に明らかにしているようにグローバルな格差の拡大が深刻な社会問題を引き起こしてきた中で、世界的な金融不安の大波とナショナリズムの台頭が世界システムの脆弱性を高めることになった。このことは人々に反省の機会を与え、市場原理主義的なネオリベラリズムからの決別と、金融に過度に傾斜したグローバリゼーションからの離脱の必要性を人々に認識させ始めた一方で、国益優先の保護主義と反知性主義とが結合した政治潮流をも産み出して、世界システムは一層混沌としてきた（Piketty, 2013）。

　こうした中で、グローバル社会は既存の社会経済システムからの転換が迫られ、都市のあり方についてみても、21 世紀初頭にかけて登場したグローバル都市、創造都市、そしてサステイナブル都市などの再検討が焦眉の課題になっている。

　振り返ってみると前世紀末から 21 世紀初頭にかけて、最初に注目された「グローバル都市」は、金融経済の頂点に位置して、世界中から富や創造的人材

を集め、21世紀の都市文明をリードするものと期待されたために、多くの都市がグローバル金融都市を目標にした競争に巻き込まれ、中には、大阪市のようにオリンピック誘致やワールドトレードセンターの建設に過剰な資金を投入することで財政破産に陥った都市も現れた。

しかしながら、金融部門と高度専門サービス業（professional services）を成長エンジンとするグローバル都市ニューヨークは、2001年9・11事件の標的となり、2008年9・15リーマンショックを引き金とする大恐慌の暴風に翻弄され、その持続可能性に大きな疑問符が付けられることになったのである。

2001年9月11日、マンハッタンに聳えるワールドトレードセンターのツインタワーへの2機のジェット旅客機の突入によって、ニューヨーク市は、2,672人の命と総額1,000億ドルの資産が一瞬にして失われて、この9・11の惨劇以降、ニューヨーク型の「グローバル都市神話」が崩れ始めることになった。さらに、2008年9月15日に惹起した証券会社リーマンブラザーズの破産が引き金になりウォールストリートから始まった世界金融危機は、世界経済全体を現在に至るまで不安定な状態に陥れ、「市場原理主義的なグローバリゼーション」に対する反省の契機を生み出した。

一方、これに替わって「調和のとれた多様性を認め合うグローバリゼーション」への模索がはじまり、世界の各都市が芸術文化の創造性を高めることで、市民の活力を引き出し、都市経済の再生を多様に競いあう「創造都市の時代」が幕を開けることになった。この流れはチャールズ・ランドリー（Charles Landry）とリチャード・フロリダ（Richard Florida）の時代を画する著作、『創造都市（The Creative City）』と『創造階級の勃興（The Rise of the Creative Class）』の影響もあり、2000年以降に強まることになるが、ユネスコが創造都市ネットワークを提唱した2004年には集中的に顕在化したといえよう（Landry2000, Florida 2002）。

中でも印象深いのは、バルセロナで開催された世界文化フォーラム（Universal Forum of Cultures 2004）であった。これは、グローバル化する社会の中で高まる国際的テロや各種の衝突を回避すべく、芸術文化の果たす役割を多方面から語り合おうという趣旨のもとでバルセロナが世界に呼びかけたもので、2004年5月から9月下旬まで141日間にわたって展開された芸術文

化を中心にした世界的イベントであった。その内容は芸術・人権・発展・環境・ガヴァナンスなどの多様なテーマに跨るグローバルな対話とアーツ・イベントを組み合わせた画期的なものであり、まさに「21世紀を象徴する文化博覧会」とでもいうべきものであった。このフォーラム期間中の8月下旬に行われた「文化権と人間発達（cultural rights and human development）」を主題とするシンポジウムには筆者も基調講演者の1人として招待された。

　この国際会議は、バルセロナに拠点をおく芸術NPO、インテルアーツ財団（Ineterarts Foundation）が、ユネスコUNESCOの協力を得て企画したものであり、「人間発達」という概念を「文化権」とのかかわりで正面から論じようという意欲的な企画であった。ここにはノーベル賞受賞者で、インド生まれの経済学者であるアマルティア・セン（Amartya Sen）の提唱する「ケイパビリティ（capability）」という概念がそのベースにある。つまり、今後の富や貧困の指標は従来のように1人あたりGDPの大きさで測るのではなく、それぞれの国や地域の人々がどれだけ多くの「選択肢」をもっているか、人生のさまざまな局面において「意義ある選択」が可能な社会となっているかというレベルで見ていくべきだというものであり、一人ひとりにとってのケイパビリティ、つまり発達可能性や潜在能力などに多様な選択肢の拓かれている社会ほど豊かであるという考え方である。それは当然、女性の社会参加やマイノリティの発言権などさまざまな権利と結びつくが、そのような人間の基本的権利、人権というものを発達可能性の視点から捉えたとき、そのベースには豊かな文化を創造し、享受する権利、つまり「文化権」が重要であるという認識に基づいている。さらに、セン教授は、文化は人々や地域のアイデンティティを強固なものとするが、これをアプリオリに肯定することはできない。アイデンティティが相対立する場合に、互いの異なるアイデンティティを認め合うマルチプル・アイデンティティの立場に立たねばならないとメッセージを送った（Sen 2006）。

　21世紀初頭の社会は、グローバリゼーションが金融・経済にとどまらず文化の分野においても急速に進行し、新自由主義にもとづくグローバリゼーションが富と貧困への両極分解を世界的に押し広げ、地球環境の悪化をもたらす一方で、文化の中で大きな要素となる宗教と言語にも深刻な影響を与え、宗教的価値観の対立や「文明の衝突」を激化させてきた。

この結果、とくに途上国で砂漠化や農地の減少とともに少数民族の言語の消滅が顕著であり、ユネスコはこれに大きな警鐘を鳴らして、「生物的多様性」に対比して「文化的多様性」の概念を提唱し、「文化的多様性に関する世界宣言」(2001)と「文化的表現の多様性の保護および促進に関する条約」(2005)を推進してきた。つまり、金融・経済のグローバリゼーションの影響下で引き起こされる「文化帝国主義」の如き現象によって、一方的に少数の人々の「文化権」が損なわれることが無いように文化的弱者を包摂する立場から「文化的多様性」を重視すべきだという考え方である。

　「文化的多様性を重視した、より調和の取れたグローバリゼーション」への方向性を探るための「創造的な対話」の機会を提供したのが世界文化フォーラムの意義であり、まさに「文化と対話」を重視した創造都市の世界的リーダーとしてのバルセロナの真骨頂を示すイベントであった。

　バルセロナではすでに1992年のオリンピック開催にあたって、スポーツと文化を融合した文化プログラムを成功させており、これが2012年のロンドンオリンピックにおける文化プログラムの成功に道を開いたと評価されている。オリンピックがスポーツ分野の世界的イベントであるだけでなく、スポーツと芸術文化を融合した世界的祭典であるという理解は2020東京オリンピックパラリンピックにもレガシーとして引き継がれるものとなり、創造経済時代のグルーバル都市のあり方を象徴的に示すことになった。

　グローバル都市に代わって21世紀都市の中心に躍り出た創造都市は、自動車産業の世界的集積地であるデトロイトの破産に象徴されるように、製造業をベースにしたフォード型都市fordist cityの衰退を時代的背景として、知識情報経済をベースとして発展した創造経済時代にふさわしい都市であるといえよう。

　「20世紀の工業経済から21世紀型の創造経済への移行」については、次頁の表1のようにまとめることができる。

　すなわち、生産・消費・流通の各システムが大規模集中型から、分散的ネットワーク型に転換し、市場に個性的文化の消費を担う「文化創造型生活者」が多数登場してくると、都市の競争要因も資本・土地・エネルギーから、知識と文化、すなわち、創造的人的資本に変わり、その結果、都市の形も「産業

表1 工業経済から創造経済への移行

	20世紀の工業経済	21世紀の創造経済
生産システム	大規模生産 トップダウン	フレキシブル生産 ボトムアップ
消費	非個性的大量消費	個性的文化的消費
流通・メディア	大量流通 マスメディア	ネットワーク ソーシャルメディア
経済の優位性	資産・土地・エネルギー	クリエイティブ人材 知識・知恵・文化
都市の形	産業都市	創造都市

(出所)著者作成

都市から創造都市」に転換するのである。

　したがって、創造都市論が時代の注目を集める理由は、単に衰退都市の再生やまちづくりの方法論として期待されているのではなく、「世界的な創造経済の到来」を背景として、直面している世界大恐慌からの脱出方策のモデルの1つとしても期待されるからである。

　このように、創造都市は、あたらしい創造経済への時代の転換の中で、「文化と創造性による都市再生」の成功事例に基づいて、概念化されてきたものであり、創造産業、そして創造階級など関連領域への広がりと多様性を伴って、全世界に瞬く間に流行することになり、とりわけ、フロリダが提唱した「創造階級（creative class）」を誘致する都市間競争に拍車をかけることになったのも事実である。

　しかしながら、創造階級を誘致すれば、自動的に創造都市になるわけではなく、創造都市の経済的エンジンとなる創造産業の発展のためには、都市の文化資本や文化資源の固有価値（intrinsic value）を活かすことが不可欠であり、クリエーターやアーティストの創造性や自発性に基づくネットワークやクリエイティブ・クラスターの形成がなければ、都市経済の持続的な発展は望めない。また、創造階級の誘致にのみ都市政策の関心が向けられることになれば、社会的緊張を高めることになる。

　そもそも「創造都市」という新しい都市概念はEUが推進してきた「欧州文化首都（European Capital of Culture）」の経験から生まれた、文化と創造性

を新産業や雇用の創出に役立て、ホームレスや環境問題の解決に生かし、都市を経済的のみならず、社会的、文化的にも再生させる試みである。

　長引く世界不況が引き起こす生活困難の状況下で、障害者や老人、ホームレスピープルを社会的に排除するのでなく、知識情報社会において発生する格差の克服や急速なグローバル化が引き起こす難民問題の解決など社会包摂social inclusionという課題の創造的解決が創造都市論に対して提起されており、筆者らは大阪市立大学都市研究プラザが展開してきたグローバルCOEプログラムにおいて「包摂型創造都市論」を世界に先駆けて提起してきたところである。(佐々木・水内2009、Sasaki 2010)

2. 創造都市ネットワークの展開

　「グローバル都市から創造都市へ」へのパラダイム転換が確実になり、すでに述べたように、2004年には「創造都市ネットワークの構想」が、グローバル化の中での文化的多様性の保持を強調する観点からユネスコによって提唱されるにいたる。

　ユネスコが「都市」に注目する理由として、以下の3点が挙げられる。

　第1に、都市には創造産業を担う文化的活動が集約されており、創造的活動、製品等の製作、供給という一連の行動が都市の中で起こること、

　第2に、都市は空間や場所を提供することで、創造活動を行う人同士を結びつける潜在的な可能性を持っており、また、都市同士が結びつくことにより、より世界的な規模での連携の可能性がうまれること、

　第3に、都市は国民国家に比べて、その内部の文化産業に影響を与えるには程よく小規模であり、また、国際的市場の流通の窓口になるには十分な大きさの規模を持つこと。

　こうして、ユネスコが創造都市のグローバルアライアンスを提唱して以来、12年が経過し、2015年12月11日に新規のUCCN認定の47都市が発表されて、グローバルネットワークは54か国116都市に拡大した。2015年12月に登録された47市の分野別の都市数は、映画3、音楽10、クラフト＆フォークアート8、ガストロノミー10、デザイン6、文学9、メディアアート1となり、こ

の中には自動車産業依存からの脱却を求めてデザイン分野での登録を実現したデトロイトなども含まれている。この結果、分野別合計は映画8、音楽18、クラフト＆フォークアート20、ガストロノミー18、デザイン22、文学20、メディアアート8となった。国別での認定数はイギリス、中国が8、日本が7、韓国、アメリカ、メキシコが6となった。（図1、表2参照）

地域的なバランスからみても、いわゆるグローバルサウスの都市も含む文字通り地球全体にわたって、都市のグローバルネットワークとして大きく展開する可能性を広げたことは大変意義深い。

ユネスコ創造都市ネットワークの提唱に合わせて、「都市間競争から都市ネットワークへ」の新たな展開が各国で様々にみられるようになった。

国内の創造都市ネットワークとしてはカナダの創造都市ネットワークCCNCが約10年前に発足し、トロント、モントリオール、バンクーバーなど約130の自治体が加盟して活発な活動を展開してきた。CCNCの運動の目的は、編隊を組んで遠距離を飛ぶ鳥の姿を喩にした次のようなAfrican Proverbに要約される。

If you want to go fast, go alone; If you want to go far, go together.

つまり、大きな都市と小さな都市が共にネットワークを組み、互いに先頭を交代しながらゆっくりとしかも、遠くまで進んでゆくことである。

日本においては、2013年1月に横浜市において、創造都市ネットワーク日本CCNJが22自治体の参加で立ち上がり、初代の代表に横浜市長が就いた。現在は北海道から沖縄県までの87自治体となり、東京オリンピックパラリンピックが開催される2020年までに全自治体の1割にあたる170の加盟を目標にしている。これは、国内外の創造都市間の連携と交流を促進するためのプラットフォームであり、年次総会のほか、創造都市政策セミナーや創造農村ワークショップの開催を通じて、優れた経験を交流し、創造性と文化を活かして日本社会の隅々からの復興再生に取り組んでいる（表3）。

さらに、東アジア地域においても、日本・中国・韓国の3国間で2014年より「東アジア文化都市（East Asian City of Culture）」事業が開始されることになった。これは上述した「欧州文化首都（European Capital of Culture）」の成功に学んで、次の3つの目的で展開されている。

図1　ユネスコ創造都市ネットワーク加盟都市一覧（金沢市作成）

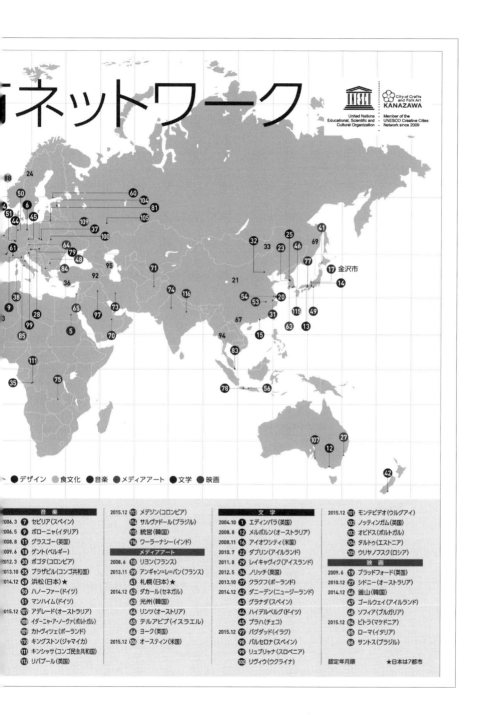

表2 ユネスコ創造都市ネットワーク加盟都市：認定順

No.	登録年月	都市名	国名	分野	備考
1	2004/10	エディンバラ	イギリス	文学	
2	2005/07	サンタフェ	アメリカ	クラフト＆フォークアート	＊2008
3	2005/08	ポパヤン	コロンビア	食文化	
4	2005/08	ブエノスアイレス	アルゼンチン	デザイン	
5	2005/09	アスワン	エジプト	クラフト＆フォークアート	
6	2005/11	ベルリン	ドイツ	デザイン	
7	2006/03	セビリア	スペイン	音楽	
8	2006/05	モントリオール	カナダ	デザイン	＊2012
9	2006/05	ボローニャ	イタリア	音楽	＊2013
10	2008/06	リヨン	フランス	メディアアート	＊2009
11	2008/08	グラスゴー	イギリス	音楽	
12	2008/08	メルボルン	オーストラリア	文学	
13	2008/10	神戸	日本	デザイン	
14	2008/10	名古屋	日本	デザイン	
15	2008/11	深圳	中国	デザイン	＊2010
16	2008/11	アイオワシティ	アメリカ	文学	
17	2009/06	金沢	日本	クラフト＆フォークアート	★＊2015
18	2009/06	ゲント	ベルギー	音楽	
19	2009/06	ブラッドフォード	イギリス	映画	
20	2010/02	上海	中国	デザイン	
21	2010/02	成都	中国	食文化	＊2014
22	2010/07	ダブリン	アイルランド	文学	
23	2010/07	利川	韓国	クラフト＆フォークアート	
24	2010/07	エステルスンド	スウェーデン	食文化	＊2016
25	2010/07	ソウル	韓国	デザイン	★＊2011
26	2010/11	サンテティエンヌ	フランス	デザイン	
27	2010/12	シドニー	オーストラリア	映画	
28	2011/03	グラーツ	オーストリア	デザイン	
29	2011/08	レイキャヴィク	アイスランド	文学	
30	2012/03	ボゴタ	コロンビア	音楽	
31	2012/04	杭州	中国	クラフト＆フォークアート	
32	2012/05	北京	中国	デザイン	★2013
33	2012/05	全州	韓国	食文化	
34	2012/05	ノリッチ	イギリス	文学	
35	2013/10	ブラザビル	コンゴ共和国	音楽	
36	2013/10	ザーレ	レバノン	食文化	
37	2013/10	クラクフ	ポーランド	文学	

38	2013/10	ファブリアーノ	イタリア	クラフト＆フォークアート	
39	2013/10	アンギャン=レ=バン	フランス	メディアアート	
40	2013/10	パデューカ	アメリカ	クラフト＆フォークアート	
41	2013/10	札幌	日本	メディアアート	
42	2014/12	ダニーデン	ニュージーランド	文学	
43	2014/12	グラナダ	スペイン	文学	
44	2014/12	ハイデルベルグ	ドイツ	文学	
45	2014/12	プラハ	チェコ	文学	
46	2014/12	釜山	韓国	映画	
47	2014/12	ゴールウェイ	アイルランド	映画	
48	2014/12	ソフィア	ブルガリア	映画	
49	2014/12	浜松	日本	音楽	
50	2014/12	ハノーファー	ドイツ	音楽	
51	2014/12	マンハイム	ドイツ	音楽	
52	2014/12	ジャクメル	ハイチ	クラフト＆フォークアート	
53	2014/12	景徳鎮	中国	クラフト＆フォークアート	
54	2014/12	蘇州	中国	クラフト＆フォークアート	
55	2014/12	ナッソー	バハマ	クラフト＆フォークアート	
56	2014/12	プカロンガン	インドネシア	クラフト＆フォークアート	
57	2014/12	ビルバオ	スペイン	デザイン	
58	2014/12	クリチバ	ブラジル	デザイン	
59	2014/12	ダンディー	イギリス	デザイン	
60	2014/12	ヘルシンキ	フィンランド	デザイン	
61	2014/12	トリノ	イタリア	デザイン	
62	2014/12	ダカール	セネガル	メディアアート	
63	2014/12	光州	韓国	メディアアート	
64	2014/12	リンツ	オーストリア	メディアアート	
65	2014/12	テルアビブ・ヤッファ	イスラエル	メディアアート	
66	2014/12	ヨーク	イギリス	メディアアート	
67	2014/12	順徳	中国	食文化	
68	2014/12	フロリアノポリス	ブラジル	食文化	
69	2014/12	鶴岡	日本	食文化	
70	2015/12	アデレード	オーストラリア	音楽	
71	2015/12	アル・アサ	サウジアラビア	クラフト＆フォークアート	
72	2015/12	オースティン	アメリカ	メディアアート	
73	2015/12	バグダッド	イラク	文学	
74	2015/12	バーミヤーン	アフガニスタン	クラフト＆フォークアート	
75	2015/12	バンドン	インドネシア	デザイン	
76	2015/12	バルセロナ	スペイン	文学	

77	2015/12	ベレン	ブラジル	食文化	
78	2015/12	ベルゲン	ノルウェー	食文化	
79	2015/12	ビトラ	マケドニア	映画	
80	2015/12	ブタペスト	ハンガリー	デザイン	
81	2015/12	ブルゴス	スペイン	食文化	
82	2015/12	デニア	スペイン	食文化	
83	2015/12	デトロイト	アメリカ	デザイン	
84	2015/12	ドゥラン	エクアドル	クラフト＆フォークアート	
85	2015/12	エンセナーダ	メキシコ	食文化	
86	2015/12	ガジアンテプ	トルコ	食文化	
87	2015/12	イダーニャ・ア・ノバ	ポルトガル	音楽	
88	2015/12	イスファハーン	イラン	クラフト＆フォークアート	
89	2015/12	ジャイプル	インド	クラフト＆フォークアート	
90	2015/12	カトビーツェ	ポーランド	音楽	
91	2015/12	カウナス	リトアニア	デザイン	
92	2015/12	キングストン	ジャマイカ	音楽	
93	2015/12	キンシャサ	コンゴ民主共和国	音楽	
94	2015/12	リバプール	イギリス	音楽	
95	2015/12	リュブリャナ	スロベニア	文学	
96	2015/12	ルブンバシ	コンゴ民主共和国	クラフト＆フォークアート	
97	2015/12	リビウ	ウクライナ	文学	
98	2015/12	メデジン	コロンビア	音楽	
99	2015/12	モンテビデオ	ウルグアイ	文学	
100	2015/12	ノッティンガム	イギリス	文学	
101	2015/12	オビドス	ポルトガル	文学	
102	2015/12	パルマ	イタリア	食文化	
103	2015/12	プーケット	タイ	食文化	
104	2015/12	プエブラ	メキシコ	デザイン	
105	2015/12	ラシュト	イラン	食文化	
106	2015/12	ローマ	イタリア	映画	
107	2015/12	サルヴァドール	ブラジル	音楽	
108	2015/12	サン・クリストバル・デ・ラス・カサス	メキシコ	クラフト＆フォークアート	
109	2015/12	サントス	ブラジル	映画	
110	2015/12	篠山	日本	クラフト＆フォークアート	
111	2015/12	シンガポール	シンガポール	デザイン	
112	2015/12	タルトゥ	エストニア	文学	
113	2015/12	統営（トンヨン）	韓国	音楽	
114	2015/12	ツーソン	アメリカ	食文化	

| 115 | 2015/12 | ウリヤノフスク | ロシア | 文学 | |
| 116 | 2015/12 | バラナシ | インド | 音楽 | |

＊：定例会議の開催年　★：市長会議の開催年
平成27(2015)年12月現在　54カ国 116都市

表3　創造都市ネットワーク日本 参加団体一覧

■自治体	（87自治体：平成29年2月28日現在）
北海道地方	札幌市（北海道）、美唄市（北海道）、東川町（北海道）、美瑛町（北海道）、剣淵町（北海道）
東北地方	八戸市（青森県）、仙台市（宮城県）、多賀城市（宮城県）、加美町（宮城県）、仙北市（秋田県）、山形市（山形県）、鶴岡市（山形県）、長井市（山形県）、いわき市（福島県）、伊達市（福島県）
関東地方	取手市（茨城県）、中之条町（群馬県）、さいたま市（埼玉県）、草加市（埼玉県）、富士見市（埼玉県）、松戸市（千葉県）、佐倉市（千葉県）、豊島区（東京都）、横浜市（神奈川県）、小田原市（神奈川県）
中部地方	新潟市（新潟県）、三条市（新潟県）、十日町市（新潟県）、津南町（新潟県）、高岡市（富山県）、氷見市（富山県）、南砺市（富山県）、金沢市（石川県）、木曽町（長野県）、可児市（岐阜県）、静岡市（静岡県）、浜松市（静岡県）、三島市（静岡県）、名古屋市（愛知県）
近畿地方	長浜市（滋賀県）、草津市（滋賀県）、守山市（滋賀県）、甲賀市（滋賀県）、京都市（京都府）、舞鶴市（京都府）、南丹市（京都府）、与謝野町（京都府）、大阪市（大阪府）、堺市（大阪府）、神戸市（兵庫県）、姫路市（兵庫県）、豊岡市（兵庫県）、篠山市（兵庫県）、奈良市（奈良県）、斑鳩町（奈良県）、明日香村（奈良県）
中国地方	出雲市（島根県）、岡山市（岡山県）、真庭市（岡山県）、広島市（広島県）、尾道市（広島県）、宇部市（山口県）、山口市（山口県）、岩国市（山口県）
四国地方	神山町（徳島県）、高松市（香川県）、松山市（愛媛県）、高知市（高知県）
九州・沖縄地方	北九州市（福岡県）、久留米市（福岡県）、築上町（福岡県）、熊本市（熊本県）、多良木町（熊本県）、大分市（大分県）、別府市（大分県）、竹田市（大分県）、石垣市（沖縄県）
都道府県	埼玉県、神奈川県、滋賀県、京都府、兵庫県、鳥取県、香川県、徳島県、佐賀県、大分県

■自治体以外の団体（34団体、平成29年2月28日現在）
一般財団法人アーツエイド東北、NPO法人アートNPOリンク、NPO法人いわてアートサポートセンター、
一般社団法人エーシーオー沖縄、公益財団法人岡山シンフォニーホール、公益財団法人音楽文化創造、
公益財団法人関西・大阪21世紀協会、NPO法人キッズファン、公益財団法人京都市音楽芸術文化振興財団、
公益財団法人京都市芸術文化協会、NPO法人 Creative Association、一般社団法人クリエイティブクラスター、
NPO法人グリーンバレー、NPO法人黄金町エリアマネジメントセンター、NPO法人さをりひろば、
公益財団法人滋賀県文化振興事業団、滋賀次世代文化芸術センター、NPO法人駿河地域経営支援研究所、
大道芸ワールドカップ実行委員会、NPO法人 DANCE BOX、NPO法人都市文化創造機構、NPO法人鳥の劇場、
公益財団法人新潟市芸術文化振興財団、株式会社ニッセイ基礎研究所、公益社団法人日本オーケストラ連盟、
一般財団法人日本ファッション協会、一般社団法人ノオト、公益財団法人兵庫県芸術文化協会、
公益財団法人びわ湖ホール、福岡県文化団体連合、NPO法人 BEPPU PROJECT、
NPO法人山形国際ドキュメンタリー映画祭、公益財団法人山本能楽堂、公益財団法人横浜市芸術文化振興財団

第1に、東アジア域内の相互理解と連帯感の形成の促進
　第2に、東アジアの多様な文化の国際発信力の強化
　第3に、都市の文化的特徴を活かして、文化芸術・クリエイティブ産業・観光の振興を図ることによる、都市の持続的発展
　つまり、都市間の文化交流の促進と、創造的文化産業による都市経済の持続的発展とによって、東アジアの平和と共生をめざしており、ともすれば歴史問題や領土問題で国家間の軋轢が高まっている中で、都市と都市とのネットワークが国境の壁や障壁を乗り越えることができるのか、大きなチャレンジが始まっている。2014年には、横浜、泉州、光州、2015年には、新潟、青島、清州、2016年には、奈良、寧波、済州道が選ばれて相互に文化交流事業を行っている。引き続き2017年には京都、長沙、大邱が選ばれ、以降も毎年3都市が選ばれる予定で、それらの都市のネットワーク化とアジア全域への拡大が課題に挙がっている。
　東アジア文化都市事業の展開の中で、アジアにおける都市文化の特徴とはいったい何か？　が問い直される契機が生まれ、東アジア都市の文化的共通性として、西欧社会のような人間による自然の克服よりは、むしろ自然と人間との一体感が強調され、人間の創造性の前提として自然自体の創造性から学ぶことが重要視されるようになり、都市文化の多様性に新たな光を投げかけることが期待されている。
　このように、創造都市ネットワークがグローバル、リージョナル、ナショナルの3つのレベルで広がってゆくことが「大国の世紀」であった20世紀に代わって21世紀にふさわしい「都市の世紀」を準備していくものとなるのではないかと考えられる。

3. レジリエントな創造都市へ

　さて、今世紀に入り、地球環境の急速な悪化や、大規模な津波や洪水、地震などの災害の頻発は都市の持続的発展に大きな障害となっており、グローバル社会の持続可能な発展とレジリエントな都市のあり方がますます重要なテーマとなっている。

近年急速に関心が広まっているレジリエンス（resilience）とは、ラテン語のresilire、元に戻るという意味から派生した概念で、何らかの外的ショックを受けた際に、同じ機能や構造、フィードバックそしてアイデンティティを保持できるシステムの能力を意味している。また、あるシステムが別のレジームへ変遷することなく安定状態を保持したまま許容できる撹乱の量をさす。初期のレジリエンス概念は「工学的レジリエンス」と呼ばれ、撹乱を受けた生態システムが初期の均衡に戻る回復時間として定義された。カナダのエコロジストであり、経済生態学の創始者の一人であるC. S. ホリング（Crawford Stanley Holling）は複雑系の概念を取り込みながら「生態的レジリエンス」へと概念を拡張しており、1990年代以降のレジリエンス概念は、撹乱やショックを受けたシステムが自己再編成する能力をより重視している（Holling1973）。

　一方、東日本大震災を経験した日本では専ら「工学的レジリエンス」の面からの議論が先行し、「国土強靭化基本法」の制定に至っているが、むしろ、社会生態学的な研究と政策化が緊要と言えよう。

　頻発する大規模災害からの復興にあたって、芸術文化が被災した市民の「心の復興」やコミュニティのエンパワーメントをもたらすことにより、都市のレジリエンスを高めることが俄かに注目されるようになってきた。

▶震災復興とレジリエントな創造都市——神戸

　1995年の大震災により多数の市民が犠牲となった神戸市では、震災復興の過程で、単に物理的復旧にとどまらず、他人への思いやりや傷ついた心を癒し、勇気を与える芸術文化の力を多くの市民が実体験したことにより、「芸術文化による都市再生」の機運が次第に広がり、物理的復旧に目処が経った震災10年を機に「神戸文化創生都市宣言」を行い、芸術文化を活かしていきいきと進化する「創造都市づくり」を目指すことになり、「創造的復興」に向かって歩みだした。

　2007年からは芸術文化の祭典「神戸ビエンナーレ」を開催し、現代アートをはじめ、パフォーマンス、伝統芸術、デザイン、ファッションなど多種多様な芸術文化を取り上げるとともに、まちの資源の再活用、賑わいづくりや活性化に努めている。文化が被災者に生きる勇気を与えるのみならず、復興を支援

するボランティアや環境保護運動などとの結びつきをもたらして、あたらしいコミュニティの絆を都市にもたらしたのである。こうした取り組みの積み上げの上に市民、大学、経済界、行政などで組織される「デザイン都市神戸推進会議」（事務局：神戸商工会議所）が設置され、「創造力あふれる人々が住み集い、文化や産業における創造的な活動が活発に展開されることにより、都市の活性化や市民のくらしの質の豊かさを実現する都市」の実現を目指すことになった。このように「まちのデザイン」、「くらしのデザイン」、「ものづくりのデザイン」を総合的に進める独自のデザイン都市・神戸は2008年10月16日にユネスコが提唱する創造都市ネットワークのデザイン分野への登録が認定された。

　さらに、2011年の日本の東北地域を襲った地震と津波による大災害からの復興過程においては、物理的なインフラの復旧のみではなく、伝統芸能や祭りが被災した人々の生きる希望やコミュニティの絆を強めることによって、社会の復元力が高まることが次第に明らかになっており、「復元力のある創造都市（resilient creative city）」という新たな政策領域が広がっているように思われる。今後、ユネスコ創造都市ネットーワークに期待されるのは、世界的規模での大規模災害に備えて、文化芸術を通じた相互支援ネットワークを構築することではないだろうか？

▶ 生物文化多様性とレジリエントな創造都市——金沢

　地球環境の維持保全という点で、国際連合 United Nation は2015年9月に17の持続可能な開発目標（Sustainable Development Goals）を決定し、2030年を目標年次にした取り組みを新たに開始した。その11番目には、'make cities and human settlements inclusive, safe, resilient and sustainable' と都市や居住地の安全と持続性とともに社会包摂とレジリエンスが取り上げられている。

　国連は従来から持続的発展の観点から生物多様性の維持にむけた取り組みを積み重ねており、近年は都市における生物多様性や、生物多様性と文化多様性との関係性への関心が高まり、「生物文化多様性」という概念も注目されている。また、スウェーデンのストックホルム・レジリエンスセンターでは、『都市と生物多様性』と題する報告書をまとめ、都市の持続性やレジリエンスを高

める上で都市が生物多様性とエコシステムを健全にマネジメントすることの重要性を指摘しており、都市における生物多様性は外的ショックに対して多様な復元力を担保するものと言えよう（Stockholm Resilience Center 2012）。

国連大学高等研究所においても、都市のレジリエンスと生物文化多様性との関連について研究が開始され、金沢市に所在するそのオペレーティングユニットでは2015年5月に「生物文化多様性圏」に関する国際シンポジウムが開催されており、金沢市は都市における「生物文化多様性」を議論する最適のフィールドを提供すると思われる。

クラフト分野でユネスコ創造都市に登録された金沢市は人口45万人のヒューマンスケールの都市であり、伝統的な町並みや、伝統芸能や伝統工芸を育む生活文化の営み、市内を流れる二つの清流と緑濃い周辺の山々とに囲まれた豊かな自然環境に恵まれるとともに、独自の経済基盤を保持しており、経済発展と文化・環境とのバランスの取れた中規模都市として、生物多様性と文化多様性の両面から高く評価されている。

金沢市における「生物文化多様性」を保持してきたものは、美術工芸品を産み出す職人の手仕事への評価と尊敬、それらに基づく「文化的職人的生産様式」と日常生活に工芸品を取り入れる市民の「文化的生活様式」の存在とそれを支援する行政の取組が巧みに組み合わされた結果である。

金沢市の伝統工芸品は江戸時代にこの地を治めた加賀前田家が代々、奨励して、日本中から優れた職人を招いて制作にあたらせたものであり、加賀友禅、金沢漆器、金沢箔、金沢仏壇、九谷焼、加賀繍などの国指定の6業種をはじめ、大樋焼、加賀象嵌など23業種に上り、国内では京都に並ぶ質と量を誇っている。そして、伝統工芸品の多くが、その素材やデザイン、そして生産工程において美しい動植物や、正常な空気と水を必要としている。例えば、友禅染のデザインは庭に咲く草花、絵筆は狸のお腹の毛、そして、描画の際に米から作った糊を使い、仕上げ工程では、市内を流れる浅野川の清流が必要であり、この流れ落ちる糊を食べに鮎が群がって来る。このように、美術工芸品は金沢の文化多様性を高めると同時に、生物多様性の恩恵によって生産が持続してゆくのであり、工芸的生産は生物多様性と文化多様性とを結合する媒介項となっているのである。このため、金沢市は環境保全と文化景観保

存に早くから取り組んでいる。

　金沢経済の発展は、外来型の大規模工業開発を抑制し産業構造や都市構造の急激な転換を回避してきたため、江戸時代以来の独特の伝統産業とともに伝統的な街並みや周辺の自然環境などを守ることにより、生態系とアメニティが豊かに保存され、独自の都市経済構造が地域内で生み出された所得の域外への「漏出」を防ぎ、中堅企業の絶えざるイノベーションや文化的投資を可能にしてきた。

　現在、金沢市内の伝統工芸品に関する事業所は約820、従業者は約2,500人で、それぞれ、都市全体の20％と5％を占めている。工芸は金沢を代表する創造産業であるが、きわめて小規模な事業所や、工房の形をとり、店先で展示販売することも多いため、都心部に位置する旧金沢城から半径5キロメートルには工芸作家139名の工房とショップ74店舗が集積して、まさに、街の中に点在する工芸クラスターを形成しているといえる。

　これら伝統工芸品は現代日本の生活では徐々に使われる場面が少なくなり、販売額が減少し、従業者が減少する傾向が続いており、このため、2004年に都心に新設された21世紀美術館の現代アートとの融合による「未来工芸」を目指す試みや、3Dプリンターを活用して前衛的デザイナーとのコラボレーションによって、斬新な作品を生み出す「新しい工芸プロジェクト」を開始して、創造産業としての再構築を急いでいる。

　また、金沢市では工芸を創造産業として振興するのみならず、文化財としても重視し、工芸作家が営む工房などの所在する歴史的な町家と街並みを文化景観として保全し、整備する都市計画を推進してきた。さらに、近年は、21世紀美術館が中心となり、多数の美術館・博物館をネットワーク化することにより「文化地区」を形成してきたといえよう。こうした、取組が高く評価されて2009年にユネスコ創造都市にクラフト分野で登録されることになったのである。

　金沢では都市政策の各分野において、独自の文化的視点が貫かれており、第2次大戦後、いち早く市立金沢美術工芸大学を設立し、友禅や蒔絵などの伝統工芸や芸能の後継者育成や著名な教授を外部から迎えるなどインダストリアルデザインの導入による工芸の近代化を担う人材養成に乗り出した。また、

全国に先駆けて「伝統環境保存条例」や「用水保存条例」を制定し伝統的町並みの保存の全国的なリーダーとなり、さらに2016年には、金沢版生物多様性戦略を策定して生物文化多様性に向けた取り組みを開始している。(佐々木2001、2012)

このように金沢の生物文化多様性を保持させてきたものは、脱大量生産の文化的生産方式と独自の都市マネジメントによるところが大きく、このため、金沢はグローバル化や知識情報化による急激な産業構造変化に対応して内発的に自己再編成する能力を高く維持しており、「レジリエントな創造都市」の代表的なモデルとなっていると言えよう。

まとめにかえて

漂流を続ける既存の社会システムを転換し、ヘゲモニーを競い合う「超大国の世紀」を乗り越え、新たな「都市の世紀」を切り開くためには

第1に、金融を中心とした市場原理主義的グローバリゼーションから、文化多様性を認めあい、生物多様性を保持するグローバリゼーションへの転換、

第2に、地球環境を損なう大量生産＝大量消費システム（フォーディズム）と大規模開発から離脱して、環境に優しい脱大量生産の「グリーン経済」と、文化的生産に基づく「創造経済」への転換、

第3に、本物の自然と文化がもつ「固有価値（intrinsic value）」を認識し、それを高める創造的仕事の復権と、偽りの消費ブームを超えて自ら生活文化を創造する「文化創造型生活者」の登場、

第4に、従来型の福祉給付でなく、ベーシックインカムを保障しながら、市民一人一人の創造性を発揮できる包摂型、全員参画型社会への制度設計、

第5に、地球環境の激変や大災害を乗り越えるレジリエントな創造都市、とりわけ、都市における生物文化多様性の維持向上に関する研究と実践が重要になるものと思われる。

参考文献

- R. Florida (2002) *The Rise of the Creative Class*, New York: Basic Books,（井口典夫訳2008年『クリエイティブ資本論：新たな経済階級の台頭』ダイヤモンド社）
- C.S. Holling (1973) "Resilience and stability of ecological systems," *Annual Review of Ecology and Systematics, Vol.4*, pp.1-23.
- C. Landry (2000) *The Creative City: A Toolkit for Urban Innovators*, London: Comedia（後藤和子監訳2003年『創造的都市』日本評論社）
- T. Piketty (2013) *La Capital au XX1e siècle*, Seuil,
- M.Sasaki (2010) "City, Culture and Society (CCS) — Opening up new horizon of urban studies," *City, Culture and Society, Vol.1, No.1*, pp.1-2.
- A. Sen (2006) *Identity and Violence: the Illusion of Destiny*, W. W. Norton
- Stockholm Resilience Center (2012) *Cities and Biodiversity Outlook*, Secretariat of the Convention of Biological Diversity
- 佐々木雅幸（2001、2012現代文庫版）『創造都市への挑戦』岩波書店
- 佐々木雅幸・水内俊雄編（2009）『創造都市と社会包摂』水曜社
- 佐々木雅幸他編（2007）『創造都市への展望』学芸出版社
- 佐々木雅幸・オフィス祥編著（2006年）『CAFÉ――創造都市・大阪への序曲』法律文化社
- 佐々木雅幸（1997）『創造都市の経済学』勁草書房

第 2 章

復元力(レジリエンス)・文化編集・世界遺産：
──創造的な述語(動詞)で編集・包摂する

》岡野 浩

1. 序

　近年、エネルギー、資源、食糧、人口、気候変化、宗教対立、文化の流動化や不安定化など、解決すべき多くの問題が生起している。普遍的な価値としての文化や芸術などの創造性を認識し、それらの連携を高め、人類全体に資することが叫ばれているものの、多くの困難に直面している。

　本章では、創造性と復元力(レジリエンス)との密接な関係性を見出すため、①コンセプトとしての文化編集と述語的包摂（共通の創造的な「動詞」を見出し、「包摂」や「すり合わせ」を模索すること）を用いて、レジリエンスの3つの特質（バランス・即興性・リズム）の重なりの程度によって社会的に編集されること、さらに、②他の地域との文化・学術・日常生活といった多様なチャネルの存在によって重層的なネットワークが構築され、創造性が隠された「動き」を見出すべきことを示したい[*1]。

　また、その基盤としてのレジリエンスや利他主義、国を跨いだ（トランスナショナルな）文化遺産や記憶遺産などを検討しながら、都市に根付いた歴史的価値と地方を含む文化圏とのつながりを明らかにし、市民が各々のレベルで自らの文化的・創造的な活動を持続するための理論的基礎を提示する。

2. 文化編集と述語的包摂：文化と記憶を編集する

　社会における様々な行動様式や文化遺産、人々の営みなどが時代の流れの中で変容を加えられ、元々別のものであったものが重なったり、複数あったものが他のものに埋没したり、まったく新たなものが突如として生まれたりすることを「文化編集」と名付けた（岡野2010, Okano & Samson 2010, 岡野2012 a, b, Okano2015, 2016）。

　日本文化の基本作法[*2]として「かさね」をあげ、神仏習合が神道と仏教とが同じ空間で棲み分けてきたこと、すなわち、一方が他方を排斥したり圧殺したりすることなく、重なりながらもそれぞれの領分を守り、親しく交わるのが有利とみれば「溶け合いなじみ合って」きた（藤原2008）。そのうえで、「くずし」や「やつし」、「もじり」や「うがち」、「あそび」や「見立て」などの発想や作法を取り上げ、あくまで神仏習合の「習合」は混淆ではなく、交接し混血の神を生むことはなかった。

　ヒトが重要なアクター（行為者）であることはいうまでもない。しかしながら、「誰がやったか」という問題を特定するのではなく、述語に焦点を当てることによって、ある特定の集団や人々が排除されるのを避け、ものに籠められた想いや言葉、そして言葉にならない想いに焦点を当てることによって、そこから抜け出てくるものが浮かび上がるのである。

　ここでは、モノが重要な行為者であり、記憶やコトを動詞で捉えること（述語的包摂）によって、主体の議論を弱め、ともに形成してきたもの（共創のプロセス）を出土させることを目指したいのである。ヒト・モノ・コトとの関係性のみならず、それらの一体化を想定しながら、世代間をつなぐモノのエージェンシー化と捉えるのである。

　この思考の基礎にはアクターネットワーク理論（ANT）がある。ANTは、1980年代後半からフランスのM. カロンとB. ラトゥール、イギリスのJ. ローが中心となって発展させた理論であった（Amin & Cohendet 2007）。ANTの方法論的な特徴として、研究の初期段階から一切の前提を置かない点があげられる。ANTは西洋における「自然」と「社会」、「主体」と「客体」という近代的二分法を採用せず、「人間」と「非人間」のイデオロギー的区別を超

越しようとしていることにある。以下、三つの点にわけて考えてみよう。

　①いかなるモノが「行為者」であるか、「行為者」でないかを先行条件とせず、フィールドワークで判断する。こうした視点からすれば、内的意図を持って合理的な行為を行う「者」と、ただその行為の背景となる受動的な「モノ」との区別は単なるイデオロギーにすぎないとし、アクター（行為者）は近代的な人間主体を示すアクターではなく、独立して本質的な特質を持たず、単にエージェンシー（行為能力）であるアクタント（actant）とみなされることによって、ヒトとモノの結合からエージェンシー（行為能力）が生まれ、アクターネットワークに分散されていると考える。

　②さらに、意図（intentionality）を行為から分離することによって、「物のエージェンシー化」（行為主体性）を可能となる。「意図」というのは行為の基準でなく、社会的事実としての「意図」は、行為の原因ではなく、逆に「意図」をネットワークが生じる行為の結果と捉える道を開くことになる。「アクターが他のアクターを取り込むための方法」あるいは「種々のアクターが変化し結びつけられていく過程」と意味づけられる。

　③ある「翻訳」（translation）が失敗したときにはさらなる「翻訳」のため、既に安定化されたブラックボックスを開き、アクターの立ち現われ方が変幻自在に変容するのである。そこでは、意味はヒトや言語使用によって一方的にモノに付与されるものではなく、ヒト以外のモノを含む様々なアクターが織りなすネットワーキングの効果として生み出されるとする。

　村松（1973）は、大工道具がモノとの対話の通訳者であると指摘し、次のように述べる。「日本の木は幸いにして昔からわれわれ日本人の多くにとって、単なる材料ではなくて、モノとしてあった。……（中略）……材料と対話し、それをモノにするための、その対話の通訳者になってくれるのが道具である」。

3. レジリエンスへのアプローチ：都市間ネットワーキング

　レジリエンス（resilience）は、ラテン語の"resilire"という反動で跳ね返る、跳び戻るという意味の動詞に由来し、弾性、弾力性、跳ね返り、復元力、回復力、

などと訳される。その研究のルーツとしては、精神疾患（たとえば統合失調症）、貧困、トラウマなど発達やメンタルヘルスのさまざまなリスクを負いながらも年齢相応の発達を遂げた子ども・若者の研究に遡ることができる。近年、他の領域にも広がっており[*3]、とりわけ東日本大震災との関わりから危機管理に関するものが多数みられる[*4]。これら弾性、弾力性、跳ね返り、復元力、回復力など、レジリエンスの訳語として掲げられた言葉のすべてに植物は適合したものである。

　文化という言葉は、西洋では"cultivate"からの派生語として「耕す」ものであると解されることが多いが、「耕す」というよりも、意味や時間をずらし[*5]、（イメージを）重ねながら範囲や奥行を広げ、これまで見えなかった新たな意味を繋ぎ合わせながら展開していくダイナミックな「動き」として理解すべきであろう。ここでは、①定型性と自由度とのバランス、②即興性、③リズム、といった文化編集という視点から、メタセコイアとレジリエンス、文化の創造性の要素、などについて考察する（岡野2012b、2014b、岡野・塚腰2015）。

▶ 定型性と自由度とのバランス

　定型性とは、型を創り出しながら、個人および社会の自由度を獲得することを意味する。自然や人から、過去の文化的なエッセンスを消化し、過去の様々な遺産や思考法を借りながら、文化編集によって定型化して自由度を獲得する方法がこれである。たとえば、一方において、杉科の木であるメタセコイアが埋め込まれた土から作る信楽焼の定型性が見られるものの、他方において自由度がみられる。この差異が、新たなダイナミズムを生み出す源泉になるのである。

　信楽焼＝タヌキという定型性とともに、信楽の陶板技術が西洋絵画と結びつくことによって、大塚国際美術館で見られる複製絵画が実現することになる（岡野2014b）。色彩の不変性によって、常に劣化していく実物を超えることもできるかもしれない。これは時間のずらしを実現するテクノロジーであるともいえよう。キトラ古墳への応用や空襲で焼けたゴッホのひまわりの再現によって、歴史遺産の保存や学習目的などにも使う道が開けるのである。

　ここで、大阪万博の芸術面を指揮した岡本太郎が縄文に惹かれ、なぜ「芸

術の本質が爆発である」と主張したかを想起すべきである。定型性を残しながらこれを打ち破るという、相反するものを同時に達成しようとしたのであった。また、風水および陰陽道の影響も見逃せない。鬼が出入りするとされる北東－南西の「鬼門」（および裏鬼門）を避けるため、「南天（なんてん）」を植えることによって「難点（なんてん）」を避けることも行われてきたが、道そのものを鬼門の方向に据えて各家の鬼門を逃がしていたというのも重要であろう。これも「文化編集」の一つといえる。

　さらに、生活の中での「利便性」や「心地よさ」が生まれている。「都市の軸」を形成する長い歴史の積み重ねが都市の創造性にとって重要である。もちろん、今の生活に影響を与えているのも多いが、見えなくなっているモノやコトが多く、それらに気づくのは難しい。埋め込まれた創造性を見抜く目をいかに養うかが課題である。メタセコイアとバランスの関係性については、対生という属性により、遠くからでも一目で認識できる定型性を持っていることは自明である。樹形の復元力（レジリエンス）も関連している。

　これに対し、欧州で見られるメタセコイアについてはこうした定型性のみならず、パリ植物園のメタセコイアの自由闊達さに見られるような「自由度」を有するものが存在するのであり、多様性の観点からも興味深い。

▶ 即興性

　第2の要素としてあげられるのが即興性である。即興（improvisation）とは「構図（作曲）と実行（演奏）の行為が不可分であり、構図（作曲）/実行（演奏）のそれぞれが過去のそれらとは異なること」、「自発的な方法で行為を導く直感」などと説明され、アドリブと同義とされる[*6]。

　岡本（2008）は、根源的に疎外されている人間が、それを悟り己を取り戻す場が「祭り」であり、日常の自分を抜け出して「生きる喜び」がそこに生まれるとする。「勤勉で純粋だが、底ぬけの豊かさに欠けている」日本人を解放させるもの、これが大阪万博のシンボル「太陽の塔」の理念にも関わっている。

　また、河内音頭の、伝統をベースにしながらも、現在性をアピールし、「即興性」を交えながらダンスと共に物語を語るという手法は、伝統的な社会への抵抗や社会批評のようであった（岡野2013）。「即興性」の分野ではジャズ音

楽が引き合いに出されることが多いが、ジャズの象徴への接近は避けることができず、ジャズは即興がさらに大きく洗練されたものに発展した静かな現象の一つとなった事実がある。探究へと進歩させた団体の有効性は、学者が徹底的に調べた比喩的なアリーナと交響楽団の演奏会ほどの違いが見られる。

「即興による創造性」とは、価値の創造、効果的な新製品、もてなし、ひらめき、行動、また複雑な社会的組織の中での個人の働きによるプロセスに関係するのである (Woodman *et al.* 1993)。メタセコイアの木節を含む粘土で作られた信楽焼の出す多様な色や形、そして木節そのものによって生まれる「穴」などは、メタセコイアの醸し出す即興性による創造性の賜物であろう。信楽焼の持ち味であるとしてこうした風合いを楽しむ人々の存在がある。

▶リズム

リズム[*7]と拍子という2つの似通った言葉がある。リズムとは、時間軸における二つの点を置くことにより、その二点間の時間に長さを感じるようになるが、その「長さ」をいくつか順次並べたものである。拍子は、たとえば弦を一様に叩くこと、あるいは弾くことである。

このリズムと拍子との対比については、あるものが「リズミカル」なものとして体験されるためには、拍子がそれに加わらねばならず、リズムの決定的要因としてとどまる。リズムと拍子が本質的に異なる源を持つにもかかわらず、互いに融合しうることを示している[*8]。

メタセコイアのリズムは、並木として、「点」や「線」でなく「面」を形成することにより、境界面を作り上げることと関連がある。さらに、メタセコイアを繋げることによって、単調にならず、並木にその外形からの「リズム」が生みだされるのである。

クレストン (1968) は、リズムの要素として、拍子・速度・アクセントおよび型をあげ、アクセントがリズムの生命であるとする。メタセコイアの並木においていかなるものがアクセントとして機能するかが緊要点になる。

リズムと拍子、そして都市の創造性との関係については、時間的および空間的に「ずらす」(文化編集) ことによってリズムが生まれ、創造性が生みだされるといえよう (岡野2014b)。すなわち、異なる地域における文化の重なり、

時間の重なり、「ずらし」の文化編集によって、新たなリズムが生まれ、創造性に繋がっていくのである。世代の感性の違いにより文化に変容が加えられる。問題はその変容に対して支持が得られるかにかかっている。

4. ウプサラ市による世界遺産の提案と
植物分類学者リンネ：国を跨いだ植物文化

　ここでは、植物と文化、とりわけ産業との関わりに焦点を当ててみよう。両者の近代的な関わりの探索は、植物分類学の父であり泰斗であるカール・フォン・リンネ（Carl von Linné）に遡ることができる。その弟子であるカール・ツンベルグ（Carl Peter Thunberg）は徳川時代にオランダ東インド会社の医師として来日し、日本の植物をオランダや本国（スウェーデン）に持ち帰り、その学問的成果を世界で初めて出版した[*9]。リンネのネットワークに基づくユネスコ世界文化遺産として、ウプサラ市を中心に、箱根や長崎（出島）、パリやケープタウンなどを含めた連携型の形で提案され、昨年、暫定リストに含められた。すなわち、世界の都市が運営する植物園の歴史的役割や市民との関わり方の変化など現在の状況を調査し、ウプサラ大学内にあるスウェーデン国立先端研究コレジアム[*10]の設立経緯（リンネの分類による庭園、弟子のツンベルグの標本館）を社会科学と自然科学との融合と日本の学術社会のネットワークについて焦点を当てながら、創造性と復元力（レジリエンス）との密接な関係性を見出すための植物園の在り方を示したい。

　こうした事例は、決定後に国際的な紛争や対立が起きている最近の文化遺産や記憶遺産の状況に一石を投じるものであろうし、インドを発祥としながら東アジアを核とする仏教や儒教と樹木・植物との関わりについてのエピソードなども永く人々に伝えるべき事柄である。昨年に文化遺産に認定されたシンガポール植物園は、戦時中、郡場寛氏（元京大教授、メタセコイアの三木茂の指導教官）等が E.J.H. コーナー氏（後年、ケンブリッジ大学教授・ロンドン・リンネ協会幹部）とともに観察・研究し、園を破壊から守ったものであるが（コーナー 1982）、時を経るにしたがってそれを知る人も少なくなってきた。また、科学博物館や自然史博物館では植物学や地質学など自然科学の学問そのものに

国際ネットワーク型の世界遺産の例

「リンネが構築した体系的生物学の生成による世界遺産」（世界遺産暫定リスト）

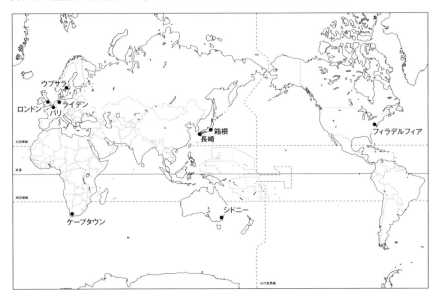

リンネ記念プレイス・ツンベルグの館（ウプサラ）、パリ植物園（パリ）、チェルシーフィジックガーデン（ロンドン）、バートラムガーデン（フィラデルフィア）、ケーメイボタニー湾国立公園（シドニー）、テーブル山国立公園（ケープタウン）、長崎・箱根（日本）、ホータス植物園（ライデン）

焦点が当てられ、「国を跨ぐ」ことの文化的意味については取り上げられないことが多い。

　このプロジェクトの中長期的な視野としては、文化遺産と都市における文化産業の総合的な研究拠点を構築し、ユネスコやWTO（世界貿易機関）、UNCTAD（国連貿易開発会議）など文化産業や都市経営に関心を持つ組織のシンクタンク機能を兼ね備えた研究センターやコースも必要であろう。すなわち、多様な人々・仏教などの宗教・植物の相互関係から、文化多様性の大切さを示して、都市と都市、都市と地方の創造的なネットワークの在り方を提示することが重要である。

　また、アジア各国における植物由来の創造的産業化の歴史や現状を観察し、ユネスコ文化局が推進する「世界（文化）遺産」・「創造都市ネットワーク」・「記憶遺産」の連携の方向性を探りながら、これまでにはない「アジア型の創造

都市」や「国を跨いだ」協調・連携体制についての提案を行う必要がある。

　さらに、メタセコイアは石炭の元になったことが確認されており、信楽焼の「木節粘土」に含まれ、信楽焼の独創的な色や風合いにメタセコイアなどの圧縮化石が影響を与えてきたこと、また、大塚国際美術館の陶板絵画は信楽焼の技術を用いながら信楽の大塚オーミ陶業㈱により制作され、この技術はキトラ古墳などの復元にも用いられている。この技術は1000年以上も変色しないことから、文化遺産の保存などや教材にも用いられる可能性を持っている。

　すなわち、2016年は三木教授がメタセコイア属を設立して75年、胡教授が「メタセコイアが生きていた」との発表を行って70年目の年に当たる。これらを記念し、大阪市立大学の「博学連携事業」として、大阪市立自然史博物館と共同でメタセコイアの講演会や観察会などを行う計画である。三木教授は、在職中から大阪市立自然史博物館の設立に関わり、友の会会長も務めるとともに、三木教授の研究によって出来上がった標本は「三木コレクション」として自然史博物館に収蔵されている。記念事業では市民向けに提示する予定である。

　また、メタセコイアが校庭にあり、教育の軸としている高等学校からも参加したいという要望が来ている。たとえば、夕陽丘高校高等学校は、メタセコイアの命名者である三木茂教授と実験などの研究を共同で行った元学生がその後教諭となり、長きに渡ってメタセコイアやセコイアが持つ文化的・教育的意義について生徒たちに語ってきたという。共に「樹木文化マップ」や教材などを作成することは次世代への文化の継承として重要である。ユネスコとUNハビタット（国連人間居住計画）との共同で文化および居住に関する国際会議の開催が本年にエクアドルのキトで、来年にはバンコクで予定されており、そこで報告するとともに、各国の文部省や各市の教育委員会に働きかけ、各国の教科書にも掲載されるなどカリキュラムに含めるよう調整を進めたい。

　さらに、文化遺産や記憶遺産の審査マニュアルやガイドラインにおいて、本事業の成果を反映させ、国を跨いだ文化遺産や記憶遺産を進展させるべきことを、文化遺産の審議を行うICOMOS（国際記念物遺跡会議）にも進言する必要がある。また、林野庁や日本植物園協会、市役所の戦略、公園整備、教

育委員会の施設や文化財などの諸部門との連携が求められるであろう。

5. 結：利他主義の重要性

　ここまで、創造性とレジリエンスについての関係性について検討してきた。4つの地域の創造性の基底として共通に挙げられるものに利他主義（altruism）がある。これは他人の幸せ（welfare）に関心を払う主義ないしそのための行動を指すといえるが、利己心（selfishness）を持つ一方で利他心も共に持ちあわせるものであり、多元的な動機を有すると理解できる（岡部2014）。

　本章の文脈でいえば、植物由来の素材（柿渋や漆）を用いた芸術家と素材の生産者との連携により地域と地域を結びつけ、都市や地域のレジリエンスを高めるいわばソフトパワーとしての役割に繋げることができる。そのプロセスが植物社会デザインのサイクルとなり、その中に「他を利する」という「利他主義」が生まれるといえよう。伊勢神宮などの式年遷宮や春日大社などの式年造体もその先駆的事例として考えることができる。

　その主体は地元市民や他の地域の市民・業者の参加があって初めて可能となるのであり、利他主義が埋め込まれていることが必須となる。こうした連携の知識をここでは「市民知」と呼ぶ。「市民知」とは、「市民による実践知」として捉え、「市民が持っている実践・理論の相互浸透から長い年月をかけて形成された知」と定義づけている。こうした作業によって、都市の創造性についての理論的・歴史的考察を行い、4つのレポートシリーズ（空堀・八尾・交野（私市）・信楽）を提示した。

　UNESCO創造都市ネットワークの7つのカテゴリーを統合したり拡張したり、それぞれの関係性をよりダイナミックなものとする「枠組み」を示し、都市の創造性の源泉は、こうした市民の日々の活動とそれを集約し、発信するための「世界の人々に開かれた」オープンスペース[*11]と様々な「道」を理解する能力であるといえる。また、そうした有形・無形の文化財を維持し、発展させ、ヒトやモノを総体として尊重する感性が重要であり、文化を社会が編集するという認識が求められる。

注

*1 ド・セルトーは、モノが幾千もの過去の実践を生来させ、実践をとおして使用者たちは社会文化的な技術によって組織されている空間を「我がもの」にするとし、数々のテクノクラシーの構造の内部に宿って繁殖し、日常性の「細部」にかかわる多数の「戦術」を駆使してその構造の働きを壊してしまうような、微生物にも似た操作を行っている「モノ」に焦点を当てるべきであるという（ド・セルトー 1987, p.17-18）。さらに、彼はさまざまな集団や個人が、これからも「監視」の網のなかに囚われ続けながらも、他方でいたるところに散らばりながら、戦術的な意味での「創造性」が隠されたかたち（隠密形態と表現する）をとっているか、この在り様を掘り起こすことが必要であるとする。

*2 日本の「方法」に焦点を当て、あらゆる行為を「編集行為」に接近するものとして松岡（2006）がある。「日本の方法ではなく、日本という方法」という視点から、松岡は日本文化形成の方法（編集法）に焦点を当て、二項対立でなく二項同体（述語的包摂ともいう）として考えること、および言挙げされていない本質部分を暴き出そうとした。

*3 櫻井・國領（2014）は、レジリエンスを生態系の議論から生まれた概念であるとし、生態系の持続性を議論するうえで stability（安定性）と resilience を切り分けるところから始まったとする。stability が, 生態系に何らかの秩序の乱れ（disturbance）が発生した場合に、その前の均衡状態に「戻る」ことを指しているのに対し、resilience は外部との関係性を維持しながらもこの秩序を吸収し「持続していく」概念だとされたとし、組織論やサプライチェーンマネジメント、ビジネスモデル等の経営学や工学で論じられてきたとする。

*4 また、ゾッリ（2013）は、生態学と社会学からの議論を援用し、レジリエンスを「システム、企業、個人が極度の状況変化に直面したとき、基本的な目的と健全性を維持する能力である」と定義する。

*5 日本的な文化編集の典型として、「ずらし」や「差し引き」、「リバースモード」などがある（岡野 2014b）。

*6 即興演奏は「演奏の過程において作品が創作されること、あるいは演奏過程において作品に最終的な形が与えられること」と定義される。

*7 岡（1987）は、リズムが音楽・芸術・文化をはじめ、日常生活の隅々にまで浸透しており、東と西の文化が各民族の「リズム的風土」の上にしっかりと根付いていると主張する。

*8 クラーゲス（1971）は、昼と夜、明と暗、夏と冬、生長と衰弱、生誕と死亡、貯蔵と分配、逗留と放浪、拘束と放逐のリズム的交替のなかに、また、天と地、太陽と太陰、火と水、男と女、上と下、前と後、右と左のリズム的交互性においても、生成と消滅へと対極化する万象の姿を明らかに見出そうとする。

* このような諸現象のリズム学は現象世界の領域内にとどまり、直接現象するリズムの本質的特徴を拡大することによって、原則的に測定可能な中間ではなく、上がり下がりと下がり上がりの質的対立によってリズム的な交替現象になっているという。

*9 リンネの高弟ツンベルグが江戸の後期にオランダ東インド会社の社員研究者として日本を訪れ、当時の緑あふれた大阪を「日本のパリである」と述べたことはあまり知られていない（ツンベルグ 1928, 128頁）。ツンベルグが大阪の植物のどういった側面からそう述べたのかに思いを馳せることが、自然と都市との創造性の研究を開始した契機の一つであった。

*10 岡野（2014a）では、日本でのコレジアムの設立を提言した。

*11 創造的なオープンスペースとしての「コレジアム」の構想については岡野（2014a）を参照。

参考文献

- 岡利次郎（1987）『リズム考：東と西の文化の源流』草楽社
- 岡野浩（2010）「グローバル創造都市の文化ブランド戦略：都市の包容力・バランス・俊敏性」『創造都市と社会包摂：文化多様性・市民知・まちづくり』水曜社
- 岡野浩（2012a）「原価企画の文化史的含意：動詞化・述語的包摂による文化編集の視点から」『会計』第182巻第4号
- 岡野浩（2012b）「都市創造性と文化編集：アクター（ヒト・モノ・コト）による集合体と動詞化・述語的包摂の視点から」岡野浩・三島啓子編『都市文化プラットフォームとしてのアートギャラリー：大阪空堀・楓ギャラリーをめぐる文化ネットワークの形成』大阪市立大学都市研究プラザ・レポートシリーズ No.25。
- 岡野浩（2013）「都市のリズム・即興性・定型性：都市創造性の源泉」岡野浩・西辻豊編『大阪・八尾の都市創造性：市民知による文化実践分析と文化編集』大阪市立大学都市研究プラザ・レポートシリーズ No.28
- 岡野浩（2014a）「自然と都市の創造性：「都市文化デザイン・コレジアム」の創設」岡野浩編『大阪・交野の自然と創造性：大阪市立大学・私市植物園と庵原遜のコスモロジー』No.29
- 岡野浩（2014b）「都市・自然・文化：都市のあいだを繋ぐ社会デザイン」岡野浩編『信楽の都市創造性と社会デザイン：自然と都市と市民知に関する文化編集分析』No.30
- 岡野浩・塚腰実（2015）『メタセコイアと文化創造：植物的（ボタニカル）社会デザインの招待』大阪公立大学共同出版会
- 岡部光明（2014）「利他主義（altruism）の動機と成立構造について」『SFC ディスカッションペーパー』SFC-DP 2014-002.
- 岡本太郎（2008）「万国博に賭けたもの」平野暁臣編『岡本太郎と太陽の塔』小学館
- クラーゲス，L.（1971）『リズムの本質』（杉浦實訳）みすず書房（原著出版年1923年）
- クレストン，P.（1968）『リズムの原理』（中川弘一訳）音楽之友社
- コーナー，E. J. H.（1982）『思い出の昭南博物館：占領下シンガポールと徳川候』（石井美樹子訳）中央公論新社
- 櫻井美穂子・國領二郎（2014）「レジリエントな社会システムのデザイン思想」『情報社会のソーシャルデザイン：情報社会学概論II』NTT出版
- ド・セルトー，M.（1987）『日常的実践のポイエティーク』（山田登世子訳）国文社
- ゾッリ，A.（2013）『レジリエンス 復活力：あらゆるシステムの破綻と回復を分けるものは何か』ダイヤモンド社
- ツンベルグ，C.P.（1928）『ツンベルグ日本紀行』（山田珠樹訳）駿南社
- 藤原成一（2008）『かさねの作法：日本文化を読みかえる』法蔵館
- 松岡正剛（2006）『日本という方法：おもかげ・うつろいの文化』（NHKブックス）日本放送出版協会
- 村松貞次郎（1973）『大工道具の歴史』岩波書店
- ロジャース，R.（2002）『都市：この小さな惑星の』鹿島出版会
- Amin, A. and P. Cohendet (2007) *Architectures of Knowledge*, Oxford: Oxford University Press.
- Okano, H. (2015) "Cultural Editing for Linking City, Culture and Society," *Publications* 3.
- Okano, H. (2016) Cultural Editing for Creativity: A Framework to Associate Person/Thing, Event, Road and Memories, *City, Culture and Society*, Vol.7, Issue 1, March.
- Okano, H. & D. Samson (2010) "Cultural Urban Branding and Creative Cities: A Theoretical Framework for Promoting Creativity in the Public Space," *Cities*, Supplement No.1, June 2010.
- Woodman, R. W., Sawyer, J.E. and R.W. Griffin (1993) "Toward a Theory of Organizational Creativity," *Academy of Management Review*, 18 (2) .

◎大阪市立大学 都市研究プラザ レポートシリーズ

(http://www.ur-plaza.osaka-cu.ac.jp/archives/report.html)

- No.25:岡野 浩・三島啓子（2012）『都市文化プラットフォームとしてのアートギャラリー：大阪空堀・楓ギャラリーをめぐる文化ネットワークの形成』
- No.28:岡野 浩・西辻 豊（2013）『大阪・八尾の都市創造性：市民知による文化実践分析と文化編集』
- No.29:岡野 浩（2014a）『大阪・交野の自然と創造性：大阪市立大学・私市植物園と庵原遜のコスモロジー』
- No.30:岡野 浩（2014b）『信楽の都市創造性と社会デザイン：自然と都市と市民知に関する文化編集分析』
- No.34:岡野 浩・潘 山海（2016）『利他主義・レジリエンス・創造性：日本・中国における植物（ボタニカル）社会デザイン』

◎『大阪市立大学 都市研究プラザ ドキュメントシリーズ』

(http://www.ur-plaza.osaka-cu.ac.jp/archives/document.html)

- No.11: Okano, H. *et al.,* Creating Cities; Culture, Space and Sustainability: The 1st City, Culture and Society (CCS) Conference (Feb. 2012)
- No.10: Okano, H. *et al.,* Chinese Cities and the Outside World: A Workshop for City, Culture and Society (June 2011)
- No.7: Okano, H. *et al.,* Managing Sustainability and Creativity: Urban Management in Europe and Japan (Nov.2009)

◎『大阪市立大学 都市研究プラザ・ブックレット（市販用）』

- No.3：岡野 浩・塚腰実（2015）『メタセコイアと文化創造：植物的(ボタニカル)社会デザインの招待』大阪公立大学共同出版会

第3章

包容力ある都市論を構想する
―― 東アジア包摂都市論のさらなる転回を通じて

≫ 水内俊雄

1. 東アジアホームレス問題への出会い

　1998年の初夏、当時の磯村大阪市長は、激増する野宿生活者（大阪市の当時のホームレス状況の人々への公称）への「概数調査」、翌年に「聞き取り調査」を、大阪市立大学で実施することを要請した。当時の文学部社会学の森田洋司教授をトップに、都市生活環境問題研究会が設立され、全学部横断型で調査体制が組まれた。地理学教室は、教員、院生と共同体制で、社会学教室とともに調査の主力を担った。

　1998年の夏、2週間の昼夜間調査を経て明らかとなった、大阪市の8,660人の野宿生活者の数は衝撃的であった。施策は秋から翌年にかけ、大阪市、東京都、そして厚生省を巻き込む形で、日本で初めて動き始めた。そのことが現場にいた私にはまだ実感できない1999年1月、純粋にアカデミズムにおけるクリティカルな地理学の立ち上げを東アジアで図ろうとの試みで、韓国の慶州にて、私も中心メンバーの一人として、地理学者の小さな集まりをもった。会議名称はこのときの議論を経て、東アジアオルタナティブ地理学地域会議East Asian Regional Conference in Alternative Geography、略してEARCAGと名付け、以降第8回まで会議を重ねている。

　実はこの会議での、韓国、香港、台湾の地理学や都市計画の研究者との出会いは、その後の私の研究アプローチに大きな影響を与えることになった。大阪でのホームレス調査のまとめや分析からしばし離れ、純粋に地理学界の国

際的展開の中での、批判地理学の東アジアでの確立というアカデミズムの営為に頭を切り替えて発表に臨んだ。偶然にも、韓国側から発表の一つが、激増する韓国のホームレス問題の現状と、政策的にどのようにアプローチすべきかの国際比較も行った、短くも要を得た発表であった。この発表後、大統領秘書官（社会政策担当）となった、金秀顯氏によるものであった。

　私自身の発表は、執筆中の博士論文、近現代日本の国土開発、都市開発のプロセスを、建造環境や国家の介入理論から説明するものであった。D・ハーベイの建造環境や、M・カステルの集合消費を意識した発表であったので、理論的にも実態的にも、香港、韓国、台湾からの参加者の関心を呼んだ。ただ私としては、大阪ではホームレス調査の分析に明け暮れていたこともあり、金秀顯氏の発表は、新鮮でもあり驚きでもあった。顕著な都市問題であるにも関わらず、繁栄と成長の東アジアから英語発信がほとんどないジャンルの発表であった。当時の欧米の都市社会地理学の向き合っていた都市の現実、特にホームレス排除と、ジェントリフィケーション、（N.Smith 1996）と近いものがあったことに、私自身はほとんど、大阪のホームレス問題と結びついていなかった。当のN.スミス氏がこの会議に基調講演者として招かれ、熱き交流をしていたのに、である。金氏のイギリス留学を経て学術的にもイギリスではホームレス問題も地理学で整理され始めていたことに加え、さらに驚いたことは、同じようなホームレス問題が韓国でも1998年から顕著に社会に関心を呼んでいることを知ったことであった。

2. ボトムアップ式に始めた東アジアホームレス調査

　翌2000年8月に、EARCAGの親会議にあたる第2回国際批判地理学者会議が、韓国の大邱で行われ、EARCAGメンバーは東アジアで再会することになった。私としては、研究代表として採択されていた科研、「地政学・植民地主義との関連からみた近代日本の国家形成および地理-空間の思想」のテーマにそった、アカデミズム中心の国際会議出席と研究会の開催、英語報告書刊行を軸とするだけの共同研究に、少々物足りなさを感じていた。韓国に加

え、少なくとも香港でも同様の現象が進行し、少々系譜は異なるもののスクオッターへの施策が、ホームレス施策の展開との関連もあることが、会議の合間に確認できた。EARCAGの主要メンバーの国外研究協力者になっていただく了解を得て、帰国直後、海外学術調査の科研の申請を行ってみることにした。「アジア先進地域におけるホームレス・不法占拠住民問題─日本・韓国・香港の比較研究─」と題した研究課題は、2001年度から2003年度の期間で採択された。2001年12月に、第2回EARCAGが香港で開催され、その機会を利用して現地調査を開始した。日本側のチーム編成は、大阪でのホームレス調査の盟友である、中山徹（府大・社会福祉・社会政策）さんと、福原宏幸（市大・経済・労働経済）さんを主要メンバーとしていた。

　ホームレス研究といえども、地理学の特性を生かすならば、ホームレス状況の人々という個人への関心が社会学などの得意とする分野であり、ホームレス支援、そして脱ホームレス支援である、サービスの提供側、施策のほうに研究を当てたほうがよいとの判断がまずあった。その当時、特にアメリカにおいて、ホームレス状況が都市問題の1つとして大きく取り上げられ、J.Wolch, *et al*（1993）やL.Takahashi（1996）の地理学者の研究を読んでいれば、展開の方法はもう少し理論的な枠組みを用意できていたであろう。ただ施策に関してはこれら東アジア都市において、先行研究は皆無であったことと、同時に行政的にも既存施策が機能しないエリアでもあり、施策として展開すべきことが多々あった。そのため、調査対象も必然的に、打たれ始めた施策とそのアウトカムに集中することになった。

　最初の調査対象地域となった香港で、まずわれわれが着目したのは、ホームレス状況の人々そのものではなく、そうした街頭で居住する人々へのアウトリーチ活動であり、一時的に過ごすことのできるシェルターに代表される中間ハウジング／施設そのもの、及びその運営、そしてそれに携わる組織＝都市政府、NGOなど、組織や制度であった。

　現場から積み上げ式に調査を重ねてゆくというスタイル、現場対応型、ボトムアップ型を採用したのも、政策自体にそのような福祉開発型の性格があったことにも起因した。1998年のいわゆるIMF経済危機で、香港においても、古典的な、慢性的なホームレス状況の人々が往還している状況に加え、失職ホー

ムレスが激増し、観光地も含む公共空間に段ボール生活者が多く出現したことにより、社会の注視を浴びた。そこで打たれ始めた施策は前例がなく、極めて若い施策となり、また直接都市政府が手を下すよりは、居住福祉系のNGOの出番となっていた。香港ではベッドスペースやケージハウスのような極めて狭小な住宅問題への対処に、中間ハウジングが導入され始めていたこともあり、ハウジング付きケアを行うNGOが登場していた。ホームレス状況への人々への福祉支援と、中間ハウジングを提供する居住支援、そして脱ホームレスの望まれるべき結果としての就労につながる就労支援などがメニューとして、ボトムアップ式に開発されることになった。そして都市政府は、若干の直営部分を当初は持ちつつも、こうしたNGOをグリップし、当面の活動方針を示す、アクションプログラムを制定する、それが、われわれが調査を始めた2001年のことであった。実にタイムリーに、施策の形成過程そのものに、接することができたのである。

施策そのものに歴史がほとんどない若い施策であったので、国情が異なれば制度も異なる中で、いわゆる制度の背景のレビューに費やす時間が少なくてすみ、入りやすかったというのが真相であった。ボトムアップ式の調査は、香港の現実から取るべきアプローチとして編み出された。調査自体は、直感的にではあったが、地理的な立地を伴い、その立地が施策的にも、都市空間的にも意味を持ち、それを拠点にアウトリーチ、居住支援、就労支援が、多機能なサービス拠点である、中間ハウジング／施設に集中することになった。20ヶ所弱の中間ハウジングの特徴と、運営NGOへの聞き取りが積み重ねられた。この中間ハウジングへの着眼は、その後の調査研究の広がりに重要な役割を果たすことになった。

3. 脱ホームレス支援がインナーシティの再成につながる回路の発見

2002年3月から始めた台北、2003年8月から始めたソウルにおいても、中間ハウジングから入るという調査方式を踏襲した。中間ハウジングだけ見た場合、直営は台北市に1ヶ所あるのみで、いわゆる1998年以降のアジア経済危

機の中で生じた新しい失職ホームレスへの対応という意味では、ソウルも含め、中間ハウジングはNGOの運営に委託あるいは補助事業として行われていた。韓国においては、アジア経済危機が最も強く現れたため、中央政府のこの問題に対する対応は迅速で大規模であった。ソウルにおいてもシェルターは一気に百か所以上、市内各所に設置された。

　科研の調査では、数多くこうした中間ハウジングへの訪問を3国・地域に繰り返して行い、2004年～2006年度にかけて、「東アジア先進地域における単身高齢・ホームレス・住宅困窮層の自立支援システムの構築」という科研テーマで、ターゲットは、中間ハウジングを拠点に進められる自立支援システムのアウトカムの比較を、日本も含めて総括する作業に入った。

　そのまとめが雑誌 *shelterless* に連載した調査レポートであり（水内ほか 2005）、それを英語の報告書としてまとめあげたのが、Mizuuchi, *et al*（2006）であった。

　ホームレス支援は、被支援者とのファーストコンタクトから始まるアウトリーチの支援から、路上での支援の継続、短期の中間ハウジングであるシェルターへの入所支援、また利用者への支援、利用が中期になるホームレス自立支援センター、シムト（韓国）、アーバンホステル（香港）などの中間ハウジングでの支援、宿泊所、そして中間ハウジングを利用後の、地域コミュニティでの生活を支えるアフターケアと、一連の支援の継続がある。支援期間が少々長くなり、食事の提供も場合によっては含みつつ、支援の具体については、ホームレス状況という共通項以外は、実にさまざまな背景を持ち困難状況を抱えた人々に対するものとなるので、ケアの中身は、専門的な部分も含みながら総合的な支援とならざるを得ない。見守り、身の上相談から、住宅確保支援、就労支援、社会生活自立のための支援、通院支援、なんらかの依存や障がいに対する対処など、多種多様で広範なものとなっている。

　そしてこの支援の空間的拠点は、中間ハウジングとなり、ここでの被支援者との共同生活は、支援と被支援の関係をケアで取り結ぶ関係を生み出した。家族との縁が切れている大部分の利用者にとって、場合によっては家族代わり、大部分の場合は、信頼できる相談者となり、地域での暮らしに移行した場合には、数少ない相談相手となることがわかってきた。支援拠点としての

中間ハウジングが、ある程度数があるとサービスハブとなって、特にインナーシティの困窮層にとって貴重な安全網となることが重要な知見となった。ケアの提供だけでなく、ハウジングを時には一般住宅市場価格で確保し運営していくためにも、NGOは事業マインドで臨まねばならず、社会的ビジネスとして、公的資金のみならず、寄付や事業収入をもとに運営してゆく実態に接することになった。NGOにとっては常に社会的ミッションを掲げ、事業の広報につとめ、時には政府や議員へのロビイング、陳情、場合によっては抗議もあり、様々なファンドレイジングにも努める活動的なNGOとの連携も進んだ。

研究は一面、NGO研究とも呼んでよいかもしれないという関心の集中が、ホームレス支援のNGOに向けられ始めたと同時に、この中間ハウジングの機能と、その延長線上での地域コミュニティでの脱ホームレスを果たした人々の支援が、大きな調査課題となってきた。この点において、先頭を走っていたのが日本のホームレス支援であり、ここで研究はいったん、日本国内に向けられることになった。2007-2009年度科研「排除から包摂をめざしたホームレスの中間居住施設と地域定着事業の支援体系構築」が、その方向性をバックアップした。研究メンバーとして、今まで韓国や日本での通訳でお世話になって、そして同僚となった全泓奎さん、主に香港担当として、都市論渉猟の中心的役割を担う、コルナトウスキ・ヒェラルドさんが主力として関わるようになった。

日本の先進NGOの取り組みは、地域居住においては東アジア諸国に比し高額な生活保護費を利用し、その中での住宅扶助費を最低限の住宅確保にまわし、その家賃とNGOが運営or管理する住宅のレンタルやサブリースする価格の差額で、支援経費や建物の更新の経費を編み出すこと、加えて食事などの提供を通じた食費や関連する支援経費などで、運営していくスタイルが一般的であった。中間ハウジングを「卒業」し、自助、互助で地域でのひとり暮らしの支援＝アフターケア支援と、中間ハウジングで暮らし続けざるを得ない層への継続支援が、ある程度の密度をもって、特定の地域でセットとして動き始めたことがわかってきた。東京の台東、墨田、新宿の各区、大阪の西成区、北九州の八幡東区や、札幌の北区で見られ始めた。

見方を変えると、インナーシティの遊休住宅資源を再活用した、都市の再生の取り組みとして位置づける回路の発見となったのである。特に大阪の西

図1 脱ホームレス支援の流れと研究対象の拡大化

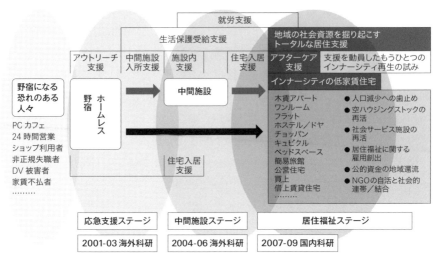

2001-2003年度（海外）「アジア先進地域におけるホームレス・不法占拠住民問題—日本・韓国・香港の比較研究—」
2004-2006年度（海外）「東アジア先進地域に置ける単身高齢・ホームレス・住宅困窮層の自立支援システムの構築」
2007-2009年度（国内）「排除から包摂をめざしたホームレスの中間居住施設と地域定着事業の支援体系構築」

成区においては、居宅保護で脱ホームレスを果たす事例が多く、そうした層を受け入れた地元の不動産業者が、生活支援を行うこととなり、意識せずして「社会的」不動産業者になったのである。支援の人々の集積も含めて、フィジカルな面の強い印象を有する「再生（renewal）」というタームを使わず、最近では「再成（regeneration）」を使用していることをここで付言しておく。

こうしたインナーシティに胎動し始めた動きを、再度東アジアでの調査対象地域に当てはめようとした科研が、「東アジアのホームレス支援が創り出すもうひとつのインナーシティ再生の試み」2010-2012年度となる。図1はその時の申請に利用した図を改変したものであるが、右の青色枠内には、それぞれの地域における遊休あるいはこのような支援に使える住宅のリストと、インナーシティにおけるこうした住宅資源の再活用のもたらす効果を列挙している。

この回路の成立には、使命を有したNGOと、その活動を支える公的扶助や補助がないと回らないという前提がある。しかしこうしたシステムの根付きが必要であることは間違いなく、この科研では、特に台北の萬華区や香港の

深水埗区において、NGOへの活動のバックアップや公表・広報に力を注いだ。最大の成果は、関わるNGOや研究者の集まりとして定期的な交流と、それによる活動の点検や新たな仕組みの開発などを話し合うネットワークを築いたことであった。2011年3月に最初に台北で開催した、東アジア包摂型都市ネットワーク会議、略してEA-ICNであるが、以降、ソウル、大阪、香港の持ち回りで毎年開催を続けている。

4. 東アジア包摂型都市論をさらに理論的に転回する必要性

さて、EA-ICNの設立で、研究者、実践家とのネットワークが構築され継続的に状況交換の場を持てた段階で、一連の東アジアの調査はこの会議に達成点を実質的に得たと判断している。科研は、2013～2016年度にかけて「東アジアの広義のホームレス支援に基づく包摂型都市生成と支援の地理学の構築」という現在進行しているテーマのもとに、支援の地理学と称するジャンルの構築に向け、理論的な練磨の段階に入った。

ただし問題が3点あった。実践的色合いを濃く有する研究チームにおいて、理論的練磨とは何を意味するのか？社会的な認知や合意形成を図れるような都市構想的理論が、支援の地理学というタームで達成できるのかという疑念があったこと。第2点は、西成や台北の萬華で典型的に適用される包摂都市のあり方について、福祉開発的色合いはありつつも、高齢化社会の持続可能性を公的資金に依存しながら保持している、この強依存に対する閉塞感があったこと。第3点は、ホームレス状況のとらえ方であり、ジェントリフィケーションの犠牲になる弱者を照射する批判都市論を、日本の都市現実に当てはめることに対する違和感が生じていたことであった。

まず第3点目の違和感をどのように解きほぐすかであった。生活困窮層が集住する地域だけでなく、より広くインナーシティ、時にはアウターシティも含めてみた場合、大阪の独特の土地市場の働きもあり、インナーシティの再生にジェントリフィケーションが後押しする新状況が出現していることが、ある程度実証できた（水内ほか 2015）。このポジティブともいえるジェントリフィケーショ

ンが、上述の違和感の克服に部分的につながったが、よりグローバルな都市論の文脈からは、次のような研究転回のコンテクストの確認が、我々の研究指向の再整理に役立つことになった。

　欧米都市における、土地市場の新たな価値づけを空間的に実現するジェントリフィケーションの進行に伴う、貧困者排除とスティグマ抹消に関する苛酷な懲罰的、報復主義的な状況に対する批判都市論は、Smith（1996）やMitchell（2003）に代表され、また今もって優勢である（Lees et al. 2010）。

　その主力は欧米の都市社会地理学者にあり、多くはホームレスと、ジェントリフィケーション・都市の再編成・公共空間のポリティクスといった広範なテーマを接合し、ホームレスに関する議論が、地理学的研究の一つの主流となってきた。また暴力やテロ事件の頻発は、その温床を宗教的エスニックな空間的分化を要因とする議論も、人文社会科学を皮肉にも活気づけている。さらに現実の都市空間、特にスティグマを有し、問題にセンシティブで、貧困問題が顕著であるインナーシティやアウターシティ（郊外地区）のイメージが悪化しており、研究やメディアを通じて、単にテロリズム・犯罪の温床としてみなされがちな状況も見られる（Slater, 2016）。

　上述の第2点の閉塞感とも関わるが、その打破のため、このような欧米の都市の荒々しい現実と、社会モビリティが非常に高い状況の中、穏健ともいえる包摂型東アジア都市論の再定位がどうしても必要となってきた。この再定位で出会ったアプローチが、批判都市論を乗り越える必要性を説いたDeverteuil et al（2009）の研究であった。進行中であった科研において、翻訳を試み（松尾 2015）、タイムリーにもその主導者のDeverteuil（2009）から、理論的パースペクティブと実証の兼ね備えた新著に接することができたのである。手厚いサービスを行っている支援団体（NGO）や社会的不動産業者を担い手とした、地域の社会的・空間的レジリエンスのプロセスに目を向けた、本研究チームの指向に見事に合致していた。

　とりわけ着目された概念は、サービスハブであり、キータームとして導入されたレジリエンスであった。グローバル経済から地域に強まる圧力や新たな貧困問題に対し、低所得者やホームレスを含む様々なマイノリティ向けの支援を続けている支援団体の集積であるサービスハブ＝空間的なレジリエンスが

見られる。そしてこうした支援が、ジェントリフィケーションの脅威があっても、拠点とする地域で根強く維持され続けている＝社会的なレジリエンスが指摘できる、という彼の主張である。

　この主張は、ロンドン、ロサンゼルス、シドニーでの実証に基づいており、サービスハブの機能自体が、東アジアの調査で対象とし続けてきた中間ハウジングや相談拠点に相応し、国情のコンテクストは大きく異なるものの、分析ツールとしては極めて応用性の効くものとなったのである。閉塞感の打破には大いに貢献することになった。

　新たな追究課題は、都市論的には次のような展開になると予想される。東アジア発信の社会包摂都市論が空間的に築いた最後の安全網空間の存在が、グローバル都市には不可欠であること、そうした空間を寛容に受け止める包容力ある都市論の構築にとりかかることである。暴力やテロ事件とも向き合いつつ欧州のより現実的で政策指向の都市社会地理学の実践を、理論的、実質的交流を通じて推進することにかかってくると思われる。

　そうした事態とも向き合いつつ、最後の、もうひとつの安全網を有する地域における、レジリアントな復元力ある地域の社会的認知と、政策的実現可能性を高める社会実験を行う、政策指向の国際協働プログラムを実践することになろう。

5. 批判都市論を超えた包容力ある都市論をめざして

　我々の研究の位置づけを図2にて紹介する。簡略的に定位すれば、上部の国家・経済の表formalな位相にあるⅠは批判都市論であり、Ⅱは公営住宅や福祉を扱う従来の公共サービスの地理学である。一方下部の国家・経済の裏informalな位相にあるⅢは、我々が唱えてきた支援の地理学も含み、前頁で紹介したもうひとつの都市社会地理学に対応する、しかしさらに欧州都市の暴力やテロリズム、難民の激増に対し、Ⅳ象限の研究対象化の必要がでてきたのである。自助的に高めるinformal経済、グレイからブラックな働きも視野に入れることになる。

図2 本研究の基盤となる都市論の位相に関する図式

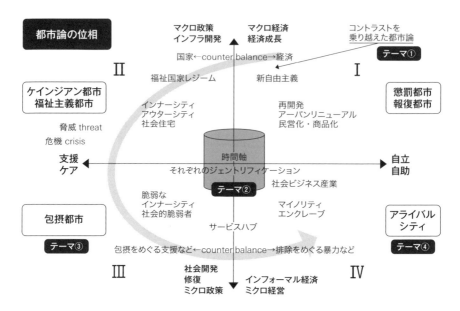

　グローバル都市であればあるほど、脅威や危機が生じた場合に最後の安全網は不可欠なものとなる。多くの人を引き付けると同時に、成功と失敗は裏腹な関係にある。この社会的モビリティの脆弱さを補う安全網を我々は、暫定的に「跳ねるトランポリンのようなベッド＝跳ベッド」、「跳ねない安楽なベッド＝楽ベッド」という形容を用いて、Ⅲ、Ⅳの両象限で機能する、都市の最後の安全網の中身として定位する。

　公的扶助が働く前提の下で動かしてきた東アジアの今までの事例分析に対して、欧州都市の事例は、移民増加の大きなプレッシャーの中で、極めて流動的で多様な都市地域を形成している。特に東アジアで指摘した「跳ねない安楽なベッド」的機能だけでなく、「跳ねるトランポリンのようなベッド」である躍動的な地域が、数多く見られる。しばしば貧困や差別、スティグマと同居しつつ、さまざまなサービスハブが生まれ、社会階層上昇を支え、場合によっては階層的上昇を果たせず滞留してしまう人々への安全網ともなる、というのが実態となっている（Saunders 2011）。今回欧州都市を研究対象とすることで、

そうした典型地域の存在のメカニズムと、それを担保とするサービスの実態やガバナンスのあり方を明らかにすることになる。

科研で新たな対象に加えていた都市国家シンガポールのそうした移民労働者の受け皿地域にも、今後同じアプローチを適用するだけでなく、東アジアの都市において、生成継続のメカニズムの生まれていることも新たに紹介する。ベッドの二つの機能を有する地域として、エスニックなエンクレーブとしても懐深い「跳ベッド」機能を併せ持つ大阪生野、東京新宿、ソウル大林洞、加里峰洞などの朝鮮族集住地、台北の南機場（in 萬華区）を対象とする。従前の「楽ベッド」地域を合わせて、それぞれのグローバル都市の最後の都市網の張られた空間と「跳ベッド」空間をしたたかに拮抗させるcounterbalanceする都市構想を、理論、実践の双方で達成することになろう。

極端な事例紹介になるが図3は、「楽ベッド」化が世界で最も進行している大阪西成と、「跳bed」的要素の強いロンドンのブリクストンの人口ピラミッドである。Ⅱ＋Ⅲ、Ⅳ象限それぞれの典型となる。グローバル都市はこの2要素を不可分に抱えることになる。EU離脱に揺れるロンドンと少子高齢化の先頭を

図3　大阪・西成とロンドン・ブリクストンの年齢構成比（いずれも2014年調査）

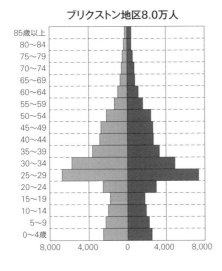
ブリクストン地区8.0万人

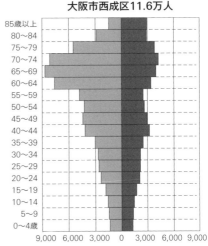
大阪市西成区11.6万人

走る大阪のインナーシティにおいて、安全網の本質は同じである。この両象限を架橋する寛容であり懲罰を超えた包容力のある都市論を構想しようとする、挑戦的で独創的な試みであることは間違いない。

　この困難ともみえるアプローチを可能とするのは、Ⅱ、Ⅲ象限でのより相応しい包摂の支援やケアの抽出と、同時にⅣ象限の、排除されるべき逸法、脱法の搾取ビジネスでありながら、場合によっては支援やケアのサービス機能もある局面を洗い出すこと。地理的に、よい意味でも悪い意味でも、特定の空間が安全網となっている実態把握を行うことが、研究に独自な味を出すことになろう。

　また、厳しいスティグマの形成による地域差別の固定化や、暴動、テロ事件の頻発により、場所の政治化への動きも高いところである。地域史としての正確で冷静な歴史的叙述も、図2の真ん中で示しているように、あわせて重要な時間軸アプローチとなってくる。

　包摂の局面だけでなく、排除して切り捨ててしまう地域も抱え込むことを意味し、より大きなくくりで、清濁あわせのむ都市の包容力を理論化するというタスクである。批判都市論に留まらないそれを超えた、東アジアと欧州を架橋する徹底した（都市）理論化が必要であり、社会に可視化する任務を背負っている。そのキックオフとして今までの調査結果を、この分析枠組みを意識しつつ整理し直し、各国・地域の事例報告として、水内・福本（2017）編著で公刊している。参照していただきたい。

謝辞
本研究には、特にコルナトウスキ・ヒェラルド、キーナー・ヨハネス、福本拓、松尾卓摩各氏をはじめ、科研の研究会メンバー間の議論から生み出されたことを付記しておく。

参考文献

- DeVerteuil, Geoffrey, May, John and von Mahs, Jurgen (2009) "Complexity not Collapse: Recasting the Geographies of Homelessness in a 'Punitive' Age, Progress in Human Geography" 33(5), pp.646-666、松尾卓摩訳(2016)「「懲罰」の時代のただ中でホームレスの地理を位置づけ直す―ホームレスの地理は崩壊しているのではない、複雑なのだ―」、空間・社会・地理思想19、81-100頁
- Deverteuil, Geoffrey (2015) *Resilience in the Post-welfare Inner City*, Routledge
- Lees, Loretta, Slater, Tom and Wyly, Elvin (2010) *The Gentrification Reader*, Routledge
- Mitchell, Don (2003) *The right to the city: social justice and the fight for public space*. London, Guilford.
- 水内俊雄　他(2005)「ソウル・香港・台北におけるホームレス支援施策の現状　連載」(上)(中)(下)、23号、87-119頁、24号、163-200頁、25号、171-214頁
- Mizuuchi, Toshio ed. (2006) *Current Status of Assistance Policies for the Homeless in Seoul, Hong Kong and Taipei*, URP Research Report, No.2, Osaka City University.
- 水内俊雄・コルナトウスキ・ヒェラルド、キーナー・ヨハネス編(2015)『都市大阪の磁場―変貌するまちの今を読み解く』、大阪公立大学共同出版会
- 水内俊雄・福本拓編(2017)『都市の包容力――セーフティネットシティを構想する』、法律文化社
- Slater,Tom (2016) "Revanchism, Stigma, and the Production of Ignorance: Housing Struggles in Austerity Britain", in Susanne Soederberg (ed.) *Risking Capitalism* (Research in Political Economy, Volume 31) Emerald Group Publishing Limited, pp.23-48
- Smith, Neil. (1996) *The new urban frontier: gentrification and the revanchist city*, London, Routledge. ニール・スミス著 , 原口剛訳(2014)『ジェントリフィケーションと報復都市―新たなる都市のフロンティア―』ミネルヴァ書房 .
- Saunders, Doug (2011) *Arrival City: The Final Migration and Our Next World*, Vintage Books, New York
- Takahashi, Lois (1996) "A decade of understanding homelessness in the USA: from characterization to representation", Progress in Human Geography 20, 291-31.
- Wolch, Jennifer. and Dear, Michael (1993) *Landscapes of despair: from deinstitutionalization to homelessness*. Princeton, NJ, Princeton University Press

第4章

就労なき社会的包摂の可能性

》阿部昌樹

1. 就労による社会的包摂

　「社会的排除」が問題として指摘され、それへの対応として「社会的包摂」を促進する施策の必要性が唱えられるとき、就労していない状態や不安定な職に就いている状態が社会的排除の一形態と見なされ、安定した職に就けるよう支援することが、社会的包摂を促進する施策のひとつとして位置づけられることが多い。

　たとえば、A. バラと F. ラペールは、長期におよぶ失業を「労働市場からの排除」と、本人の意思に反したパートタイム勤務等の不安定就労を「労働市場内部における排除」と捉えたうえで、それらの労働市場への十分な統合が実現されていない状態は、ただ単に労働市場との関係で排除が生じているということを意味するにとどまらず、種々の社会的サービスへのアクセスを妨げ、コミュニティにおける生活にかかわる機会を制約するなど、他の形態の社会的排除へとつながっていく可能性が高く、それゆえに、「排除アプローチの核心」に位置づけられるべきものであると論じている（Bhalla & Lapeyre 2004 ＝ 2005：35-36, 75-77）。

　また、宮本太郎は、「社会的包摂」とは、「貧困、失業、差別などにかかわって社会から排除されている人々を、社会の相互的な関係のなかに引き入れていくことを目指す考え方である」と述べたうえで、「社会的包摂」を実現していくためにとられる具体的方策に関しては、「失業者を就労させることに留まるこ

ともあれば」、「職業訓練や所得保障など、より包括的な支援をおこなうことを強調する場合もある」し、「地域コミュニティなどへの参加を重視する場合もある」ことを指摘している（宮本 2009：65）。そして、宮本自身としては、「就労を軸とした社会参加の拡大」を指向すべきであるという立場をとっている（宮本 2009：120）。社会的に排除された者が社会的包摂へと至る途として、就労による経済的自立を重視している点においては、バラとラペールの立場と同様であると言ってよいであろう。

　それでは、就労による経済的自立こそが十全たる社会的包摂へと至る途であり、それゆえ、社会的排除への対応策としては、何よりもまず就労支援の強化が重視されるべきであるというスタンスをとったとき、頑強に就労を拒む者には、どのように対応することになるのであろうか。まずは、この問いに関連した具体的事例を見ていくことにしよう。

2. 別府のパチンカー

▶ 別府市のケース

　2015年12月、別府市の生活保護受給者に対する対応が、大きな反響を巻き起こした。ことのあらましは、以下のとおりである。

　発端となったのは、12月15日に開催された別府市議会定例会における質疑応答である。一人の議員が、自身が出席した市民と市議会議員との対話集会において、ひとりの市民から、生活保護受給者が昼間からパチンコ店や競輪場に立ち入っていることを問題視する発言があったことに言及したうえで、10月に市としてパチンコ店等の遊戯場の立入調査を実施したと聞いたが、その状況はどうであったかという質問を行った。それに対して、社会福祉課長が以下のように答弁した。

　当課では、先般、10月5日より30日まで、全ケースワーカーを延べ5日間動員しまして遊戯場調査を実施いたしました。その中で立ち入りを禁止しているにもかかわらず25人の保護受給者の方を発見し、また、そのおよそ6割が65歳以上の高齢者でありました。私自身、その一人一人を当課に呼んで厳しく注意するとともに、複数回の指導に従わない方には、保

護の停止など厳しい措置を実施したところであります（別府市議会平成27年第4回定例会・第4号12月15日議事録）。

　この質疑応答を傍聴した朝日新聞社の記者が、別府市役所および厚生労働省に対して追加取材を行ったうえでまとめた記事が、翌12月16日の『朝日新聞』西部本社版の朝刊に掲載された。その記事では、別府市役所としては、遊戯場調査を実施した5日間に2回、遊戯場でケースワーカーに発見された生活保護受給者に対しては、本来支給されるはずであった保護費の大半を1か月支給停止とするという措置をとっていたことと、厚労省社会・援護局保護課の職員から、「生活保護法に遊興費の支出を禁じる直接の規定はなく、調査は適切でない」という指摘と、保護費の支給を停止したことに対する「やりすぎではないか」というコメントを得たことが報じられた（『朝日新聞』（西部本社版）2015年12月16日朝刊）。

　その後、別府市においては、25年以上前から、パチンコ店や競輪場を対象とした同様の遊戯場調査が行われてきたことと、新たに保護費を受給することになった市民や、遊戯場で遊興している現場を遊戯場調査によって発見された生活保護受給者に、「パチンコ店や競輪場に立ち入った場合には、生活保護を廃止されても異存ありません」といった文面の書面への署名を求めていたことが、新聞社の追加取材に基づく報道によって、広く知られるところとなった。そして、そうした別府市における生活保護制度の運用実態に対して、賛否両論が巻き起こった。

　厚労省は、上記のとおり、別府市が遊戯場調査を実施していることが明らかになった当初から、調査それ自体に対しても、繰り返し遊戯場に出入りする生活保護受給者への保護費の支給を停止する措置をとることに対しても、批判的であった。これに対して大分県は、当初は、世活保護受給者が保護費をパチンコ等のギャンブルによって費消することは、生活保護法の趣旨から見て不適当であり、遊戯場調査それ自体には問題はないというスタンスをとっていた。しかしながら、その大分県も、遊戯場でケースワーカーに発見された生活保護受給者に対して、保護費の支給を停止する措置をとることや、そうした措置に異存はない旨の文書に署名を求めることに関しては、不適切であるという

見解を示した。

　そして、厚労省や大分県のそうした見解を踏まえて、別府市としても、25年以上継続していた生活保護制度の運用を改めざるを得なくなった。すなわち、遊戯場調査は継続するが、それはあくまでも、パチンコ店等に頻繁に出入りする生活保護受給者に、自立を促すための指導を行うことを目的としてであり、遊戯場に繰り返し立ち入っていることのみを理由として受給停止措置をとることや、そうした措置に異存はない旨の文書に署名を求めることは、2016年度からは行わないことを決定したのである[*1]。

▶働かずに遊興する者への憎悪

　別府市のケースに関してまず留意しておくべきなのは、長年にわたって継続されてきた行政実務が問題とされる、そもそもの発端となったのは、市民と市議会議員との対話集会における一市民の発言であったことである。

　生活保護受給者がパチンコ店等に立ち入り、保護費を遊興のために費消するのは許すべからざることであり、そうした事態が放置されているのは役所の怠慢であるという批判は、別府市に限らず、生活保護を所管する多くの自治体に、地域住民から寄せられている。いくつかの自治体では、そうした批判を受けて、不正に保護費を受給しているのではないかという疑いを抱かせるような場面に遭遇した地域住民が、そのことを電話で役所に通報するための「生活保護ホットライン」を開設している（安田2014）。また、兵庫県小野市では、市民が、保護費等の福祉給付金を「パチンコ、競輪、競馬その他の遊技、遊興、賭博等に費消してしまい、その後の生活の維持、安定向上を図ることに支障が生じる状況を常習的に引き起こしている」者を発見した場合には、「速やかに市にその情報を提供するものとする」という規定を含む福祉給付制度適正化条例が、理事者側からの提案で制定されている（粟野2013、安田2013）。

　これらの事例は、役所としては生活保護制度の適正な運営に努めていることを、地域住民に対してアピールすることを意図したものであろうと推測されるが、その背後に、保護費が受給資格のない者に濫給されているのではないかという疑念が、社会に広く共有されているという事実が伺われる。多くの人々にとって、保護費を支給されながらパチンコ店等に頻繁に立ち入っている者は、

その事実のみで、保護費を不正に受給している可能性が高い、疑わしい者なのである。

　また、『朝日新聞』には、読者からの、パチンコや競輪は「余暇を楽しむ遊興というよりギャンブル」であり、「生活保護受給者のお金の使い方として、納税者の納得は得にくいと思う」という投書や、「われわれ国民は不況に耐えて所得税、住民税、国民健康保険税を払っており、滞納すると督促状や差し押さえ予告書が送られてくる」し、「累積滞納者は差し押さえを受けることもある」という状況に置かれていることを踏まえるならば、「生活保護者のパチンコ、競輪を『黙認』することなど到底納得できない」ことであり、そうした事態が続くならば「納税を拒否したくなる」という投書が掲載されている（『朝日新聞』2016年3月2日朝刊）。こうした投書からは、生活保護受給者が、支給された保護費をパチンコ店等で遊興のために費消することは、断じて許せないという意識が、広く共有されていることを読み取ることができる[*2]。

　もちろん、法的には、生活保護受給者が、保護費の一部をパチンコ等の遊興のために支出することは、まったくの自由である。生活保護法は、その60条に、「被保護者は、常に、能力に応じて勤労に励み、自ら、健康の保持及び増進に努め、収入、支出その他生計の状況を適切に把握するとともに支出の節約を図り、その他生活の維持及び向上に努めなければならない」と規定しているが、被保護者すなわち生活保護受給者の「支出の節約」を図る義務は、一切の遊興を禁じる趣旨のものではない。たとえば、食費を節約し、支給された保護費の一部をパチンコ等の遊興に費消したとしても、その結果、著しく健康を害したりしない限りは、生活保護法60条に違反したことにはならない。勤労者が働いて得た給与をどのように使おうと自由であるのと同様に、生活保護受給者もまた、支給された保護費の使途を自由に決めることができるのである。そして、当然のことながら、パチンコ等の遊興に費消した額だけ保護費が増額されるといったことはない。しかしながら、生活保護受給者も、法的には、勤労者と同様の消費の自由を有しているということは、広く知られているようには思われないし、また、そのことを知ってはいるが、受け容れ難く感じている者も、少なくないのではないかと推測されるのである。

　ところで、みわよしこのレポートによれば、別府市が2015年に実施した遊

戯場調査の期間中に2回、パチンコ店等でケースワーカーに発見され、その結果、保護費の支給を1か月もしくは2か月停止された者は、合計で9名であり、そのうち3名が高齢者、2名が障害者、2名が傷病者であり、稼働能力を有している可能性が高い「その他の世帯」に分類される者は、60代の男性と30代の女性の2名のみであったという（みわ2016）。この2名が就労のための努力を怠っていたのかどうかは定かでないが、少なくとも他の7名に関しては、働けるにもかかわらず、働かずに生活保護を受け、しかも保護費を遊興に費消していたという批判が妥当する可能性は低い。そうであるにもかかわらず、保護費の支給を停止するという措置がとられたことには、働かずに遊興する者に対して、その者が働けるかどうかにかかわりなく浴びせられる、強い憎悪を感じざるを得ない。

　もしそうであるとしたならば、十分な稼働能力を有しており、働く機会も十分に提供されているにもかかわらず、働かないという選択を主体的に行い、働かずに生活していくために公的扶助を受ける者があらわれたならば、その者に対する憎悪は、さらに強烈なものとなるであろう。もちろん、現在の我が国においては、そのような者が生活保護受給者となることはあり得ない。そのような者が公的扶助の対象となるのは、ベーシック・インカムが制度化された場合においてである。

3. マリブのサーファー

▶ロールズの主張とそれに対する批判

　J. ロールズは、1988年に公表した論文の脚注のひとつで、以下のように述べた。

　……24時間から標準就業時間を引いたものが、余暇として（基本財の）インデックスに含まれるであろう。就労しようとしなかった人々は、標準就業時間分の追加的な余暇を得ることになり、この追加的余暇は最も不利な状況にある人々の基本財のインデックスと等価であると見なすことができる。したがって、マリブの沖で一日中サーフィンをしている人々は、自活する方法を見出さねばならないのであり、公的な財源からの扶助を求める資格を有して

はいない（Rawls 1988：257、ただし括弧内は引用に際しての加筆である）。

　ロールズのこの主張を正確に理解するためには、彼が用いている「基本財（primary goods）」の概念や、この主張の背後にある彼の正義論とりわけその一部をなす「格差原理（difference principle）」についての理解が必要であるが[*3]、ここでは、ロールズが、社会的に不利な立場にある者への強い配慮を含む平等主義的な正義論を展開する一方で、十分な稼働能力を有しているにもかかわらず働こうとしない者に対して公的扶助を行うことには、否定的な態度をとっていたということだけをおさえておくことにしたい。齋藤純一の表現を借りるならば、ロールズは、「労働能力をもつ者については、労働を通じた社会的協働への貢献を強く要請」すべきであり、「労働能力のある者が社会的協働に『ただ乗り』する事態」は防がなければならないと考えていたのである（齋藤2007：115）。

　ロールズのそうしたスタンスに対して、すべての社会成員に、就労意欲や稼働能力の有無にかかわりなく無条件に支給されるベーシック・インカムを擁護する立場から、強力な反論を展開したのが、P. ヴァン・パリースの「なぜサーファーは扶助されなければならないのか」と題する論文である（Van Parijs1991）。ヴァン・パリースは、就労している者が産出している財は、彼らの労働のみによって産み出されたものではなく、自然資源や過去の世代の人々の労働の成果である既存技術も財の産出に貢献していることを主たる論拠として、ベーシック・インカムを擁護している。すなわち、彼によれば、就労していない者も、自然資源や既存技術に対しては、就労している者と同等の権利を有しており、それゆえ、たとえ自らの労働によって財の産出に寄与しなくても、自然資源や既存技術が財の産出に寄与している程度に応じて、産出された財の一部の分配を受ける資格を有している。そして、ベーシック・インカムは、まさにそうした資格を具体化したものとして正当化される。

　ヴァン・パリースは、自らの主張をより精緻に展開した著書を1995年に刊行し、そのジャケットに、サーファーの写真を載せた（Van Parijs1995＝2009）。そのこともあって、ロールズが公的扶助の対象とすべきではない者の例として挙げた「マリブのサーファー」は、ベーシック・インカムの正当性を吟味するた

めの試金石と見なされるようになったのである[*4]。

▶ベーシック・インカムへの心理的抵抗

　すべての社会成員に、就労意欲や稼働能力の有無にかかわりなく、それだけで人間らしい生活を営むことができる程度の金額のベーシック・インカムを支給することに関しては、そうした制度が財政的に維持可能であるのかどうかを慎重に検討する必要があるが[*5]、たとえ財政的には十分に維持可能な制度であるとしても、そうした制度を導入することへの人々の心理的抵抗感は、かなり強いものなのではないかと思われる。神吉知都子は、「日本では生活保護の不正受給、すなわち可能な自助努力をせずに（あるいは隠して）扶助を受けとることに対して、犯罪にあたらない場合であっても厳しい目が向けられている」ことを指摘したうえで、「生活保護受給者への厳しい目が、自助努力可能なのにそれをしない者——社会からもっぱら受けとる側にいること——への反感からくるものであれば、ベーシック・インカムの導入によっても負担する側・される側の区別が不可避である以上、フリーライダーへの寛容さを養うには社会の相当な成熟を要するであろう」と述べているが（神吉 2013：165）、「マリブのサーファー」が就労することなしに、公的扶助を得て毎日サーフィンを続けることを許容するほどに我が国の社会が「成熟」するには、相当の期間が必要であろう。

　そして、神吉が述べているとおり、ベーシック・インカムを導入することへの心理的抵抗と「生活保護受給者への厳しい目」とが、「フリーライダーへの寛容さ」の欠如という点において通底しているとしたならば、「マリブのサーファー」に公的扶助を与えることへのためらいと、「別府のパチンカー」が生活保護を支給され続けることへの憎悪とは、基本的に同根であるということになる。もっとも、すべての国民に無条件で、生活を営むことができる程度の金額のベーシック・インカムを支給する制度を設けている国が皆無であることは、ベーシック・インカム制度への心理的抵抗感の高さという点において、我が国と諸外国との間にそれほど大きな差はないことを示しているように思われる[*6]。フリーライダーの存在は「自由な社会の証し」であるというT.フィッツパトリックの主張（Fitzpatrick 1999＝2005：78）や「人々のあらゆる試みに、それが

素晴らしいものであれ、客観的には愚行に過ぎないものであれ、最低限の報酬を支払うこと」は悪くないという原田泰の主張（原田 2015：157）が、多くの社会成員に受け容れられる社会が到来することは、どの国においても、かなり先のことであるように思われるのである[*7]。

4. 就労なき社会的包摂を許容する心性

「別府のパチンカー」にかかわる実際の事例の経緯と「マリブのサーファー」についての仮想事例をめぐる議論の双方から見えてくるものは、公的扶助を受けながら働かずに遊興する者への強い嫌悪感であり、憎悪である。社会的排除を問題視し、社会的包摂を推進することの重要性を説く者が、就労による経済的自立こそが十全たる社会的包摂へと至る途であり、それゆえ、何よりもまず就労支援の強化が重視されるべきであるというスタンスをとるとき、その者は、同様の心性を、他の多くの人々と共有している可能性が高いのではないかと推測される。そして、そうであるとしたならば、就労による社会的包摂を推進することを是とする立場からは、稼働能力を有しているにもかかわらず働こうとしない者への対応は、社会保障制度の外部に放置するというものとなるはずである。「マリブのサーファー」にはどのように対処すべきなのかという問いへのロールズの答えは、まさにそのようなものであった。

しかしながら、就労による社会的包摂の重要性を説く者のなかには、働かずに遊興する者への嫌悪感や憎悪とは、やや異なる心性を有している者も、少なからず含まれているように思われる。それは、人は働くことによってのみ、人間として成長し、善き人生を送ることができるのであり、就労を拒んでいる者も、何とかして仕事に就かせることができれば、働くことに生きがいを見出すことができるはずであり、最終的には、善い人生を送ることができたという満足感を抱くことになるはずであるという確信のようなものである。たとえば、駒村康平は、「人生の最初から自分が何をやりたいのか、何に向いているのかわかっている人は誰もいないであろう」し、「若い世代は、偶然あるいはたまたま生活のために出会った職業を経て人格の形成、陶冶が行われ、次第に自分にあった職業を選択していくのではないか」と述べ、そのうえで、ベーシック・

インカムに対して、それが若年層をも対象とする場合には、「多様な経験、労働の機会・意欲を奪い、社会参加への刺激を奪い、人格の形成を阻害することになるのではないか」という疑念を表明している（駒村 2007：132）。この駒村のスタンスの背後にあるのは、働かずに遊興する者への嫌悪感や憎悪ではなく、むしろ憐れみであるように思われる。すなわち、働かずに遊興する者は、自らの人格を陶冶し、人間として成長し、善き人生を送る可能性を自ら放棄している憐れむべき者であるという認識が、そうした憐れむべき者を量産するという結果をもたらしかねないベーシック・インカムに対する疑念へとつながっているのである。こうした心性を前提とするならば、働かずに遊興する者への対応は、社会保障制度の外部に放置することではなく、働くよう粘り強く説得を続けるか、あるいは、ある程度の強制力を用いてでも働かせるというものになるであろう。

　稼働能力を有しているにもかかわらず働こうとしない者に、嫌悪感や憎悪を抱くにせよ、憐憫の情を抱くにせよ、そうした者をも公的扶助の対象に含めるような制度には否定的となるとしたならば、働かずに遊興する者が、そうした生活を続けながら公的扶助を受けることを許容するような制度に対する支持へとつながるのは、どのような心性なのであろうか。それは、働かずに遊興する者を憎むことも憐れむこともせず、ただ単に就労している者とは異なる選択をしたにすぎない、共生可能な隣人と見なすような心性であろう。ベーシック・インカムは、そうした心性が社会成員の多くに共有されてはじめて存続しうるものであるように思われる。

　そうした状況がすぐに到来するとは思われないことは、本章において示したとおりである。しかしながら、たとえそうであるとしても、稼働能力を有しているにもかかわらず働こうとしない者をも社会の一員として受け容れていくような、「就労なき社会的包摂」を実現するための制度[*8]を構想することを断念してしまうのは早計である。そうした制度もひとつの可能性としてあり得るという認識を抱き続けることが、就労による社会的包摂を指向した施策が、就労していない一人ひとりの者が、どのような職に適性を有しているのかや、どの程度の稼働能力を有しているのかを個別に判断することなく、とにかく職に就かせるという方向や、さらには、たとえ不衛生な職場や危険な職場であっても、と

にかく就労させさえすればよいといった方向に暴走していくことへの、歯止めとなる可能性は否定できないからである。

　それとともに、どうしたら「就労による社会的包摂」とともに「就労なき社会的包摂」をも許容するような心性が涵養されていくのかを検討することも重要である。それぞれに異なる出自や経験、将来への展望を有する多数の人々が集う都市が、その人的構成の多様性ゆえに、「就労なき社会的包摂」をも許容する心性を涵養する苗床となる可能性が高いのではないかと推測されるが、都市的環境においてもなお、そうした心性の広範な共有は困難であるとしたならば、それはなぜなのかを探究することもまた、重要な課題である。

注

*1　別府市の事例についての以上の記述は、『朝日新聞』西部本社版と『大分合同新聞』の記事に拠っているが、個々の事実について個別に典拠を挙げることは、煩雑となるため省略した。

*2　ただし、『朝日新聞』2016年3月2日朝刊には、生活保護受給者がパチンコや競輪等を楽しむことを罪悪視することに対して批判的な読者の意見も掲載されている。この問題についての生活者の感覚は、けっして一様ではないのである。しかし、生活保護受給者がパチンコや競輪等を楽しむことは許容できないと考えている者が多数存在していることは、疑いようのない事実である。

*3　ロールズの正義論における「格差原理」の意義や「基本財」についての理解については、亀本（2012）を参照。

*4　「マリブのサーファー」すなわち、十分な稼働能力を有しているにもかかわらず就労を拒否する者をもベーシック・インカムの支給対象に含めることは、どのような論拠によって正当化されるのかについては、T. フィッツパトリックが要領よくまとめている（Fitzpatrick1999＝2005:68-78）。

*5　我が国においては、現行の生活保護制度に基づく生活保護費をやや下回る程度の金額のベーシック・インカムを支給する制度は、実質的な税負担を増やさなくても十分に維持可能であるという指摘として、原田（2015:116-144）。

*6　ちなみにスイスでは、最低限の生活を維持するための金額として、月収が2,500スイスフラン（約27万円）に満たない成人すべてに、月収と2,500スイスフランとの差額を毎月支給するとともに、未成年者のいる家庭には、追加的に、未成年者一人あたり毎月625スイスフラン（約6万8千円）を毎月支給するという、ベーシック・インカム制度そのものではないものの、それと近似した制度を導入することの是非を問う国民投票が2016年6月5日に実施されたが、賛成23.1％、反対76.9％で否決されている。

*7　ただし、人工知能の高度な発達によって大半の労働が機械化され、大半の者は働く必要がなくなったならば、すべての人々にベーシック・インカムを支給するという施策が、生活保障の仕組みとして現実味を帯び、多くの者の支持を獲得するかもしれない。そうした展望を示す論考として、井上（2016:203-235）。

*8　そのような制度は、ベーシック・インカムだけではない。所得調査や資産調査を行ったうえで、所得や資産が少なく、公的扶助に頼らなければ生活できないと判断された者のみに、就労意欲や稼働能力の有無にかかわらず、所定の額の扶助費を支給するような制度も構想可能である。

参考文献

- 粟野仁雄（2013）「生活保護『適正化』条例がもたらす波紋」『世界』844号, 33-36頁
- 井上智洋（2016）『人工知能と経済の未来』文藝春秋
- 神吉知都子（2013）「最低賃金と生活保護と『ベーシック・インカム』」濱口桂一郎編『福祉＋α5・福祉と労働・雇用』ミネルヴァ書房 152-168頁
- 亀本洋（2012）『格差原理』成文堂
- 駒村康平（2007）「就労を中心にした所得保障制度」岡澤憲芙・連合総合政策開発研究所編『福祉ガバナンス宣言』日本経済評論社 115-141頁
- 齋藤純一（2007）「排除に抗する社会統合の構想」『年報政治学』2007-II, 103-121頁
- 原田泰（2015）『ベーシック・インカム』中央公論新社
- 宮本太郎（2009）『生活保障』岩波書店
- みわよしこ（2016）「『生活保護でパチンコは禁止』を25年続ける別府市の主張」『ダイヤモンド・オンライン』2016年3月4日（http://diamond.jp/articles/-/87339）
- 安田浩一（2013）「小野市『適正化条例』と民意」『賃金と社会保障』1585号, 4-10頁
- 安田浩一（2014）「敵を発見し、敵を吊るす――世間は、そうした熱に満ちている」『賃金と社会保障』1614号, 4-12頁.
- Bhalla, Ajit S. & Frédéric Lapeyre（2004）*Poverty and Exclusion in a Global World 2nd ed.*, Palgrave Macmillan（2005, 福原宏幸・中村健吾監訳『グローバル化と社会的排除』昭和堂）
- Fitzpatrick, Tony（1999）*Freedom and Security*, Palgrave Macmillan（2005, 武川正吾・菊地英明訳『自由と保障』勁草書房）
- Rawls, John（1988）"The Priority of Right and Ideas of the Good," *Philosophy and Public Affairs*, Vol.17, pp.251-276
- Van Parijs, Philippe（1991）"Why Surfers Should Be Fed," *Philosophy and Public Affairs*, Vol.20, pp.101-131
- Van Parijs, Philippe（1995）*Real Freedom for All*, Oxford University Press（2009, 後藤玲子・齊藤拓訳『ベーシック・インカムの哲学』勁草書房）

第5章
民族関係論の成果と課題

》谷 富夫

1. 日本の民族関係論、米国の人種関係論

▶形成途上にある概念

　「民族関係」(異なる民族間の社会関係のこと)が、社会関係のリアルなカテゴリーであるとする考え方が生まれたのは、日本の場合、そう古いことではない。1985年の「プラザ合意」をきっかけとする、いわゆるニューカマーの来日以後のことだから、たかだか30年の歴史にすぎない。

　それ以前はどのような状況だったかというと、たとえば当時の日本を代表する知識人の意識にはそれが次のように映っていたし、それはまた、当時の日本人の平均的な感覚でもあったと思う。丸山真男が、1981年——プラザ合意の4年前！——に行った講演でこう述べている。「すくなくとも高度工業国家で日本ほど民族的な等質性を保持している国はありません。よく、民族的な等質性などというのはフィクションあるいはイデオロギーだという学者が近頃はいます。記紀に出て来る熊襲とか隼人とか、またアイヌとか、被差別部落の由来とかいろいろな例を出してきます。私が言っているのはそういう難しい議論ではないのです。要するに、他の高度資本主義国と相対的に比較してごらんなさいという簡単な問題なのです。(中略)外国から日本へ帰ってきてまず感じることは、国電に乗っても、『ああ乗客はほとんどみな日本人だなあ』ということです。ニューヨークはもちろんイギリスのロンドンで地下鉄に乗ってごらんなさい……」(丸山1984：134-135、傍点丸山)と講演は続く。

日本の「民族的な等質性」は今なおたいへん高いけれども、昔の「国電」とは違って、私が通勤で利用しているJR大阪環状線や神戸線では外国人観光客やアジア系技能実習生と乗り合わせることが少なくない。「民族関係」の概念は現在、形成途上にある。

　民族関係に関して日本と対極にある国がアメリカであることは間違いない。『人種のるつぼを越えて』などの翻訳でわが国でも著名な米国の社会学者、N.グレイザーによれば、「人種、エスニック集団および言語集団が、米国を世界で最も多様性に富む国にしている」（傍点谷）という。これは2015年に丸善から翻訳刊行された『スクリブナー思想史大事典』の中で、彼が執筆担当した「多様性diversity」の項目（大項目）の冒頭部分からの引用である（Glazer2004＝2015：2221）。ちなみに、この事典（原書2004年刊）は旧版『西洋思想大事典』（原書1974年刊、平凡社から翻訳）の30年ぶりの全面新版で、上の項目の翻訳を私が担当させていただいた。

　それはそうと、日本は民族関係の歴史がとても浅いという話をしている。だが第1に、ローカルレベルでは民族関係がリアルに存在していた歴史的事実がある。たとえば、大阪市生野区旧猪飼野地区には、在日朝鮮人と日本人の戦前まで遡る民族関係の歴史があり、これを説明する理論の構築が私たちの研究テーマであった。第2に、今後大規模な人口減少が予測される日本で、もしも新たな民族関係の歴史が始まるとすれば、先行する同様の経験が何かしら役に立つに違いない。そして第3に、「世界で最も多様性に富む国」アメリカから学ぶべきことは多いはずである。

▶アメリカの人種関係論

　私たちが猪飼野のフィールドワークから索出した結合的な民族関係に関する主要な仮説は、「近接定住」や「経済的統合」などを与件とする「剥奪仮説」と「バイパス仮説」であった。両者は、後者が前者を包含する論理関係にある。詳細は（谷2015）に当たっていただくとして、以下では私たちの仮説とアメリカの人種関係研究から索出された仮説との論理整合性に関心を向けてみたい。

　L.シゲルマンたちが黒人と白人の社会的接触の規定要因を探るために、1992年に実施した「デトロイト調査」の背後仮説は以下の通りである。従来

のアメリカの人種関係に関しては「サイズ」のマイナス効果の研究が主流であった。これを「サイズモデル」という。黒人の人口量・密度の増大が白人に経済的・政治的脅威をもたらし、それによって白人の差別・偏見が助長されるとするH.ブレイラックの理論が代表的である。シゲルマンたちは、これに比して近接居住と相互作用の関係の研究ははるかに少ないと言う（Sigelman *et al.* 1996）。彼らの関心は「サイズ」のマイナス効果をプラスに転換させる接触効果の発見にあった。シゲルマンたちが言うように、長い人種関係の歴史をもつ米国でさえ、結合関係の研究が比較的最近始まったということに、私は驚きを禁じえない。なぜならば、彼らがデトロイト調査を行った1992年という年は、私が大阪市立大学に赴任して、彼らと同様の関心の元に「民族関係研究会」を発足させた年だったからである。むろん彼らの存在など知るよしもない。彼らが大規模なサンプリング調査から引き出した仮説は、要するに「近接効果」、「履歴効果」、「機会仮説」、「態度仮説」――これらで構成される「接触モデル」であった。これが私たちの仮説と多くの部分で重なることは言うまでもない。

　他に「エスニック文化の顕在化」に関する私たちの知見が、W.ヤンシーたちの先行研究と、これまた驚くほど合致していた。彼らは、エスニック文化が顕在化する条件は「家族」などの文化継承の条件とは異なる次元にあるとして、職業的同質性、同胞集住地区における定住、およびサービス機関・公共施設（バーや教会など）における対面的相互作用の3つを索出した（Yancey *et al.* 1976）。総じて「地域効果」である。

　在日朝鮮人と日本人の民族関係が互いに定住を前提としている点で、アメリカの人種・エスニック関係と条件が近似している。加えて、在日朝鮮人の社会経済的統合はかなり進んでいる（政治的統合はともかく）。日本のニューカマーで在日朝鮮人に近い経験をしている人たちは、日系南米人であろう。すでに30年近くの定住の歴史があり、新たに世代が1つ加わっている。オールドタイマーの調査から得られた私たちの知見の中に、ニューカマーの研究にも生かせるものがあれば幸いである。

2. ニューカマー研究への示唆

▶ 在日朝鮮人の存在条件

とは言え、猪飼野に定住する在日朝鮮人と日本人の民族関係から索出された仮説が、現在のニューカマーに無条件に適用できるかというと、それは無理である。なぜならば、日本ではそれぞれのエスニック集団ごとで在留資格や居住環境などの存在条件が大きく異なるからである。このことを大阪市生野区の場合で見てみると、次のことが言えよう。

まず第1に、生野区は在日朝鮮人の人口密度がきわめて高い。区民の4、5人に1人が在日朝鮮人であり、なかには住民の過半数が在日朝鮮人という町丁目もある（西村2008：102）。この人口統計学上の事実が「民族関係の研究」を可能にしている。なお、日本の場合、仮にこの先、人口の多民族化が進行したとしても、この狭い国土ではおそらく民族ごとの空間セグリゲーションは不可能であり、したがって、民族と民族が住みあう対面的相互作用の研究は不可避となろう。こうした将来展望のもと、私たちは民族関係の研究を行ってきた。

第2に、在日朝鮮人は数世代にわたって地域に根をもつ「生活者」である。戦前の植民地時代から住む「身分」すなわち「特別永住」にもとづく法的地位は、「活動」に基づく在留資格とは異なり、「デニズン」（外国人でもなく市民でもない）に近い。これが、彼らを労働者としても住民としても扱う研究を可能にしている。現状において、こうしたニューカマーはきわめて少ない。

第3に、猪飼野とその周辺にはじつにさまざまな「下位文化」（フィッシャー）がセットされている。民族系地場産業、朝鮮市場、政治団体（民団・総連）、民族学校、識字などの社会教育、同胞新聞、各種民族宗教、在日高齢・障害者対象福祉施設、民族舞踊等の文化教室など、さまざまな制度、機関が揃っている。これが「下位文化理論」に止まらず、下位文化間の関係、すなわち「民族関係論」への研究の展開を可能にしている（谷編2002：5）。

第4に、環境への人間の適応と競争に伴う「共同」のあり方を問題とするエスニック・コミュニティの生態研究が可能である。生野区の自営業者たちは競合関係にあるわけだが、特別永住者として長年経済活動に従事し、すでに

「経済的統合」をある程度クリアしているために、彼らを対象に生態学的共生(symbiosis)から社会学的共生（conviviality）へ至るプロセスの解明が可能である。

そして第5に、日本が将来の多民族社会を検討、構想しようとするとき、特殊日本的事情として在日朝鮮人と日本人の民族関係の歴史は避けて通れない課題たることは、多くの論者が指摘しているところである（森1986；梶村1994など）。

以上5点が、猪飼野をフィールドに民族関係の研究をおこなうことを可能にしている在日朝鮮人の特殊条件である。要するに、日本のオールドタイマーとは、世代の再生産を重ね、地域に根ざして生活している人びとのことである。こうした諸条件を共有するエスニック集団は、他に存在するだろうか。現状では、日系南米人がこれに近づきつつある程度であって、その他は否である。在日朝鮮人はこうした諸条件を有しているがゆえに、在日朝鮮人と日本人の民族関係の研究が意味を持ってくるわけで、そうでないエスニック集団を対象に、私たちのような民族関係の研究を行っても、無意味とは言わないまでも、その成果は薄いと思う。このことはまた、私たちが索出した仮説の真価は、ニューカマーがもっと家族史を重ね、定住がもっと進んだ段階で試される、ということも意味している。

▶都市類型論のすすめ

では、どうすればよいか？　エスニック集団ごとに相応しい問題を設定し、その方向へ研究を深めることである。このとき参考になるのが、渡戸一郎（2006）が作成した表1である。この分類表に基づいて、それぞれの地域とエスニック集団ごとに相応しい問題を立て、その解明に向けて徹底的に調査し、その結果出てきた仮説を相互に突き合わせることによって、日本のエスニシティ研究は前進するだろう。ちなみに、大阪猪飼野は、渡戸によって「オールドタイマー中心型×大都市インナーシティ型」に分類されている。

この表の意義を私なりに敷衍すれば、都市の多民族化という将来展望に立てば、現存するあらゆるタイプのエスニック都市を研究の視野におさめる必要がある、ということである。言い換えれば、将来の備えのために、さまざまな

表1　外国人集住地域の諸類型（渡戸2006：119）

	大都市都心型	大都市インナーシティ型	大都市郊外型	鉱工業都市型	観光地型・農村型
オールドタイマー中心型（既成市街地、旧来型鉱工業都市）		大阪・京都・神戸・川崎・三河島等の在日コリアン・コミュニティ、横浜・神戸等の中華街		北九州、筑豊等の在日コリアン・コミュニティ	
ニューカマー中心型（大都市中心部から郊外や地方へ分散）	東京都港区・目黒区等の欧米型コミュニティ	東京都新宿・池袋・上野周辺のアジア系コミュニティ、川崎、横浜・鶴見、名古屋・栄東、神戸・長田等のマルチエスニック・コミュニティ	相模原・平塚市等（南米日系人）、横浜I団地（マルチエスニック・コミュニティ）	群馬県太田・大泉・伊勢崎、浜松、豊橋、豊田、大垣、四日市等の南米日系人コミュニティ	温泉観光地等（フィリピン人等）、山形、福島等の町村（アジア系配偶者、アジア系研修生）

　都市のエスニック現象を政治・経済・社会・文化・歴史の多角的な観点から比較し、説明するための都市類型論の構築が求められている。その足がかりとして、表1は有意義である。本表は、エスニック都市を「時間」と「空間」の2軸で分類しているが、これをたんなる分類に終わらせず、これら諸都市の成立条件を分析するための理念型（類型）に鍛えあげることによって、都市と問いの整合性を担保したい。たとえば、外国人を「労働者」として扱うことがふさわしい都市もあれば、「居住者」として扱うことがふさわしい都市もある。「民族関係」を問うことが妥当な都市もあれば、それは的外れとなる都市もある。「都市と問いの整合性」が今、問われている。

　結局、民族関係論がニューカマー研究に示唆することは、オールドタイマーの研究から索出された仮説をニューカマーへそのまま横滑りさせることではない[*1]。エスニック集団ごとに、都市類型ごとに、もっと研究を深める必要がある、ということの気づきである。

3. 制度論との接合——限界点を超える試み

▶行為論と制度論

　私の民族関係論の特色は、コミュニティレベルで在日朝鮮人と日本人の民族関係を追究するところにあるが、これに対しては「制度の影響の指摘が不十

図1　民族関係の諸類型（谷2015:52）

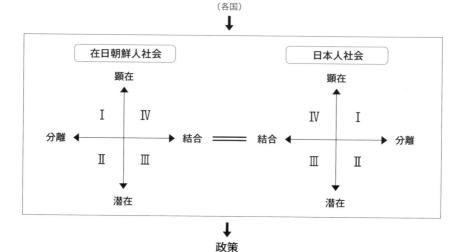

　分である」という批判が多く寄せられている（永吉2016など）。ここで「制度」とは、たとえば自治体が実施する多文化共生政策など、フォーマルな制度のことである。出入国制度、移民統合政策、労働市場の構造、社会保障制度など、国や地域の諸制度との関連の分析が弱いという指摘である。もっともな批判である。

　たしかに、コミュニティレベルで社会的行為や社会関係を分析する場合でも、制度は看過できない。なぜならば、社会制度が集団規範を形成するからである。学校で民族教育を受けた日本人とそうでない日本人とで在日朝鮮人に対する態度が異なるとすれば、地域規範に止まらず、教育制度からもこのことが説明されなければならない。ただ、制度の分析が私たちにまったくなかったわけではない。たとえば、西田芳正（2002：527）は、世代間生活史の語りを分析して、「民族教育運動が肯定的な民族意識の形成を促し、民族性の表出と良好な民族関係の創出にあずかっていることがこの語りからもうかがえる」と論じている[*2]。だが、私自身が民族関係の分析枠組み（図1）に制度、政策を積極的に位置づけることをしなかったために、彼らの研究成果と私自身の研究

との接続が甘かったと思う。

　私が前頁の枠組みを作ったのは1980年代後半のことであった。そのとき、「政策」を枠組みの外に出すことにした背後仮説として、当時すでにそうした研究にはかなりの蓄積があり、多くの人が研究していたので、制度、政策については彼らから学ばせていただくことにして、誰もまだ扱っていない生活構造を中心に分析しよう、そういう意識が強く働いていたように思う。しかし、たとえ制度、政策を分析枠組みの外に措いたとしても、それによって生活者の社会的行為を説明することはできるのだから、やはり両者をつなぐ努力をもっとすべきであった。

▶自己組織化型の民族関係論

　話は少し変わるが、社会的行為と制度をつなぐ連結環、それは集団、組織である。私たちの民族関係論の分析単位は、この集団である。このことをあらためて強調しておきたい。その理由は、生活史法の調査単位が個人であることから、この点が誤解されやすいからである。私たちは生活史法を生活構造変動分析のために用いているが、ここで生活構造とは、行為主体と社会体系の接触パターンのことであり、したがって行為者は集団の中で地位-役割をもった存在として把握されている。言い換えれば、私たちは個人の行為＝生活史を通して社会、集団を見ようとしている。私たちが見たい対象は、主観的世界に閉塞した個人ではない。以上は、次の議論の前提である。

　制度の影響に止まらず、制度の変化の観点から民族関係論の問題構成を組み替えたら、どのような視界が開けてくるだろうか。掲載図でいえば、中央下の矢印の局面である。

　私たちは「結合的な民族関係の形成条件は何か？」という問いを立て、さまざまな社会集団の中に分け入って、その社会的条件を索出することを試みた。いわば「内部探索型」の民族関係論である。これに対して「結合的な民族関係を意欲する人びとは、いかなる集団を形成するだろうか？」という問いの立て方も可能である。行為者の能動性を軸に民族関係論を展開する。行為者から出発して、集団の再組織化を媒介に、制度の変容へ至る、いわば「自己組織化型」の民族関係論である。今田高俊（1986:7）は、ご自身の「自己組織性」

の社会理論に関して、こう述べておられる。「人間界における自己組織現象の特徴は、個人が社会を認識する努力を通じて再組織していく点にある」(傍点谷)。大阪の民族運動の歴史は、このタイプの民族関係の成功と挫折の歴史であったに違いない。私が知っている事例を1、2紹介したい。

▶ 大阪の民族運動――今後の課題

　民族運動が高揚していた1977年のある日、生野区のキリスト教会で開かれた集会に大勢の在日朝鮮人と日本人が集まっていた。そのフロアから生野在住の1人の在日女性が手を挙げ、こう訴えた。「私たちも文字を学びたい」。翌日から在日朝鮮人と日本人のボランティア（結合!）による、民間では全国初となる民族識字教室が始まり、いつしか「生野オモニハッキョ」という名前が付いて今日に至るとともに、その後、大阪市内のあちこちでボランタリーに生まれた識字運動の点と点が結ばれ、やがて大阪市全域をおおう面となって、今では市教委・民間団体・市民グループなどを結ぶ識字ネットワークが構築されている。おそらくこの研究はまだないのではないか。

　もう1つ、生野区にある私立A保育園は、設立母体は日本の社会福祉法人でありながら、現在、園児の7割が在日朝鮮人である。前史から数えて80年以上の歴史をもつA保育園が1982年に、これもおそらく全国初の試みとして「民族保育」を基本方針に打ち立て、今に至っている。その理念は、

1. 韓国朝鮮人の子どもたちが、自国の出身であることに自信や誇りをもつ、
1. 日本人の子どもたちが、韓国朝鮮人の子どもたちを仲間だと実感する、
1. 韓国朝鮮人と日本人の子どもたちが、共に生きていく力を身につける。

　この理念にもとづき、次のような保育が実践されている。朝鮮語で挨拶をする、韓国朝鮮の歌を歌う・物語を聞く・遊びをする・体操をする・楽器を演奏する、ままごとの着替えセットにチマチョゴリやパジチョゴリがある、韓国朝鮮のメニューが給食に出る等々[*3]。

　これを提案したのは日本人保育士と、仲間たちだった（結合!）。保護者たちから無理解な批判を浴びながら、それを克服し、現在も続いている。この矛

盾葛藤の克服過程を追求すること、ならびに、ここで育った園児たちのその後の生活史を辿って、民族関係の「履歴効果」などを確認すること、こうした研究もまだないと思う[*4]。今後の課題としたい。

［付記］
　本章の第1節は（谷2016a）を、第3節は、書評（永吉2016）へのリプライ（谷2016b）を、それぞれ基にしている。第2節は書き下ろしである。

注

*1 この点で、私の民族関係論は誤解される向きがある。たとえば、書評（渡戸 2016:226）は、「横滑り」という言葉こそ使っていないけれども、（谷 2015）の目的はそこにあるとの思い込みから拙著を批判していた。しかし、私の研究の目的は、あくまでコミュニティ次元での在日朝鮮人と日本人の民族関係の解明それ自体にあるのであって、そこで索出された仮説を現在のニューカマーに横滑りさせようなどという安易な考えは寸分も持っていない。私がニューカマー研究に示唆したいことは、本文でこの後すぐ述べる「気づき」の重要性に他ならない。このあたりの詳細は（谷 2015:16-19）に既述しているので、ぜひ参照していただきたい。なお付言すれば、渡戸氏の書評が出た後に二人の間で意見を交わした往復書簡を経て、今では氏も私の考えを理解して下さっている（2016年10月27日付、渡戸氏書簡より）。

*2 高畑幸（2000）も、外国人住民施策の包括的分析の一試みを示した。

*3 2015年11月1日開催「生野・猪飼野フィールドワーク」（多文化福祉研究会主催）における、森本宮仁子大阪聖和保育園園長（当時）の配布資料「共に生きる社会を目指して」から。

*4 自己組織化型の民族関係論への最初の論及は、稲月正（2008）であろう。彼は在日朝鮮人の政治経済的統合に果たした民族運動の役割を、民族関係論の視点から考察する。（同：82）を参照。

参考文献

- Glazer, N. (2004) "Diversity," In: *New Dictionary of the History of Ideas*, Detroit: Charles Scribner, 590-593頁（=2015, 谷富夫訳「多様性」『スクリブナー思想史大事典』第6巻 丸善 2221-2225頁）
- 今田高俊（1986）『自己組織性』創文社
- 稲月正（2008）「民族関係研究における生活構造論的アプローチの再検討」『日本都市社会学会年報』26号 73-85頁
- 梶村秀樹（1994）「日本資本主義と在日朝鮮人──「単一民族神話」と差別」森田桐郎編『国際労働移動と外国人労働者』同文館 291-325頁
- 丸山真男（1984）「原型・古層・執拗低音」武田清子編『日本文化のかくれた形』岩波書店 87-152頁
- 森廣正（1986）『現代資本主義と外国人労働者』大月書店
- 永吉希久子（2016）「書評『民族関係の都市社会学』」『ソシオロジ』186号 113-117頁
- 西田芳正（2002）「エスニシティ〈顕在-潜在〉のメカニズム」谷富夫編『民族関係における結合と分離』ミネルヴァ書房 512-540頁
- 西村雄郎（2008）『大阪都市圏の拡大・再編と地域社会の変容』ハーベスト社
- Sigelman, L. *et al.* (1996) "Making Contact?: Black-White Social Interaction in an Urban Setting" *American Journal of Sociology,* 101:1306-1332
- 高畑幸（2000）「近畿地方における自治体の外国人住民施策──地域類型の視点から」谷富夫編『民族関係における結合と分離の社会的メカニズム』科研報告書（大阪市立大学）641-681頁
- 谷富夫編（2002）『民族関係における結合と分離』ミネルヴァ書房
- 谷富夫（2015）『民族関係の都市社会学──大阪猪飼野のフィールドワーク』ミネルヴァ書房
- 谷富夫（2016a）「民族関係論の射程」『ソシオロジ』185号 139-141頁
- 谷富夫（2016b）「書評に応えて」『ソシオロジ』186号 117-121頁
- 渡戸一郎（2006）「地域社会の構造と空間」似田貝香門監修『地域社会学の視座と方法』東信堂 110-130頁
- 渡戸一郎（2016）「書評『民族関係の都市社会学』」『移民政策研究』8号 226-227頁
- Yancey, W. *et al.* (1976) "Emergent Ethnicity: A Review and Reformulation," *American Sociological Review,* 41:391-402

第6章

近世大坂の非人集団の生存環境と家

》塚田 孝

はじめに

　日本近世は幕藩領主の支配が確立した封建社会であったが、一面では日本史上における都市の時代ともいうことができる。江戸・大坂・京都をはじめとして人口が数十万人から百万人に及ぶ巨大都市が生み出されたのである。こうした巨大都市の発展は、同時に都市下層の貧困層の生成を必然化するが、その最底辺に乞食・貧人が存在する。日本近世では、乞食・貧人層は非人とも呼ばれ、身分集団を形成して社会のなかに一定の位置を占める。

　筆者は、これまで近世大坂の都市社会構造について、多様な社会集団の「重層と複合」関係、それらが形成している分節構造の解明という視点から研究を進めてきた。そうした視角から非人身分の集団＝垣外仲間についても分析を蓄積してきた。本稿では、これまでに発表してきた論文・著書を踏まえて、大坂の非人集団（垣外仲間）の存在形態を紹介したい。その際、特に〈生存環境〉と〈家〉という点に注目する。

1. 17世紀における垣外仲間の形成と展開

　大坂の非人（＝貧人）は、天王寺・鳶田・道頓堀・天満の四ケ所の垣外と呼ばれる場所に集住していた（図1参照）。これら四ケ所垣外は、豊臣秀吉の大坂の城下町建設の頃（1580年代）から大坂の陣を経て、徳川幕府により大坂

の再建が図られた時期（1630年頃まで）に順次形成されていった（本節は、(塚田2013）による）。

　各垣外には、最上位に長吏が一人、次に数人の小頭がおり、彼らは、「（長吏・小頭）御仲」と呼ばれ、垣外の支配層であった。これ以外の一般の小屋持ち非人たちは若き者と呼ばれた。若き者の人数は垣外によって、また時期によって異なるが、数十人から百人を大きく超えることもあった。以上の小屋持ち非人の家族のほか、彼らに抱えられた弟子がおり、三郷町内に垣外番（各町に抱えられた番人）として派遣されることも見られた。四ケ所は高原溜（病気の囚人などを収容）の管理を委ねられていたが、四ケ所の全体に関わることはそこで合議した。また、摂河の村々におかれた非人番も多くが四ケ所の支配下であった。

　四ケ所垣外仲間は、都市大坂の形成と並行して自らが乞食＝貧人として生

図1　四ケ所垣外の位置

み出された存在であった。それ故、彼らの本源的な生存の基礎には、勧進（乞食）行為があったが、仲間として定着した彼らは、17世紀半ばから後半にかけて、新たに生み出されてくる野非人・新非人の統制と救済の役割を担うようになり、それが彼らの本来的な御用として定着する。しかし、その非人（貧人）を対象とする御用の延長上に、無宿や町方・村方の民衆をも対象とする、町奉行所の盗賊方や町廻り方の下での警察関係の御用を担うようになっていく。このような警察関係の御用は17世紀末にも部分的に見られたが、本格化するのは18世紀半ば以降であり、19世紀には垣外仲間は御用集団の様相を呈するようになっていく。

　このような御用の担い手として近世身分社会に位置づけられた垣外仲間は、内部に、それもその中核に取締り・統制の対象である転びキリシタンとその子孫が含まれていた。天王寺垣外と道頓堀垣外に関しては、多数の史料が残されており、その実態を窺うことができる。両垣外に含まれていたキリシタンは、ほぼ全員が寛永8（1631）年の僉議の際に転んでいる。町奉行所では、それら転びキリシタンのその後の状況を十分に把握していなかったようであり、その把握のため寛永21（1644）年12月に天王寺垣外の者は天王寺村庄屋に、道頓堀垣外の者は下難波村の庄屋に全員が預けられて、僉議が行われた。その結果、正保2（1645）年4月、道頓堀垣外では転びキリシタン10人が特定され、下難波村庄屋宛に長吏たちが掌握・責任をもつ旨の手形を提出している。おそらく天王寺垣外でも同様の形で、天王寺村庄屋宛に手形を提出していると思われる。

　大坂の非人については、天王寺垣外の元禄11（1698）年3月の宗旨人別帳（「天王寺領内悲田院中間宗旨御改帳」『大阪の部落史』第1巻所収）が一冊だけ残されている。それによると、17世紀末の段階で天王寺垣外の人別は、《悲田院中間》・《手下新非人分》・《新屋敷手下非人分》の3つに区分して計600人が登録されていた。その内訳は次の通りである。

《悲田院中間》　　　　401人（男233人／女168人）
《手下新非人分》　　　 99人（男51人／女48人）
《新屋敷手下非人分》　100人（男52人／女48人）

本源的な天王寺垣外のメンバーは、《悲田院中間》の部分であり、人数的にも全体の3分の2を占める。《手下新非人分》と《新屋敷手下非人分》は、新非人・野非人の一斉組入れにより、《悲田院中間》の下位に従属的に編成された者たちであろう。転びキリシタンとその類族は《悲田院中間》に含まれる。

　貞享4（1687）年に江戸幕府は、転びキリシタンの類族改めを制度化した。類族の範囲は、転びキリシタンの男系の子孫で5代まで、女系の子孫は3代までであるが、これらの類族の所在・生死を詳細に把握しようとするものである。特定の時点での転びキリシタンとその類族の全員を記載した帳面が作成されるとともに、類族の生死の時点で、転びキリシタンが預けられた村の村役人に宛てて届け出なければならず、そこから幕府に報告された。類族の者が他所に移り住んだ場合にも、元の村の村役人から届け出られるのである。

　天王寺垣外の場合には、類族改めの制度化の直後の元禄2(1689)年の「転切支丹存命幷死失帳」が残されており、さらに正徳4(1714)年と安永4(1775)年の時点の類族の存命者の全体を載せた帳面が残されている（いずれも『続悲田院長吏文書』所収）。また、時々に、類族の者が生まれたり、亡くなったりしたことを届け出た文書も多数残されている（『悲田院長吏文書』（藤原2004）所収）。

　筆者は、元禄2年の類族改め帳と元禄11年の宗旨人別帳を突き合わせて、天王寺垣外の転びキリシタンである兵治・市右衛門・次郎右衛門・久兵衛・久右衛門の家系と難波村で把握された転びキリシタンきくの子孫で天王寺垣外に移り住んだ類族の家系の復元を試みた（塚田2014）。垣外仲間には、17世紀の終わりの段階でも外部からの流入者も見られ、転びキリシタンとその類族はその一部にすぎない。しかし、そこから長吏や小頭が輩出されており、彼らは天王寺垣外の中核をなしていたのである。

　以下、その注目点をあげる。

1）転びキリシタン本人は、大坂天満、摂津、河内、山城、丹波などの関西地方をはじめ、尾張や遠く肥前の生れの者もいたが、その子孫の者（類族）は基本的に天王寺垣外の生れであった。しかし、類族の配偶者についてみると、外部からの流入者も多く見られた。一方で、17世紀半ば以降には、悲田院生れ

同士の婚姻も見られ、徐々に内部的な再生産が行われるようになっていった。

2) 彼らは、現在「天王寺村」(＝天王寺垣外) で「乞食」をしている (父・母と一所を含む) と表現されていることが多く、17世紀末の時点でも、乞食・貧人として生成してきたという本源的なあり様が示されている。また、天満垣外や道頓堀垣外の者との婚姻により移り住む事例が見られ、四ケ所のつながりが存在していた。

3) 17世紀の非人集団の家と相続のあり方を窺うと、複数の子供がいる場合、上の兄弟から結婚すると別家族をなし、親と下の兄弟が残ることがわかる。これは末子相続に近い形と言えるであろう。

こうして、転びキリシタンとその類族の家系の復元から、17世紀の天王寺垣外の仲間としての形成・定着が確認できるのである。

2. 天王寺垣外仲間の生存環境

天王寺垣外仲間の形成・定着とその構成員の〈家〉の形成は、一面では乞食・貧人として生成した彼らの生存条件の確保という側面を持っている。以下では、垣外仲間の生存条件・生存環境という側面から、若干の敷衍を行いたい (本節については (塚田2016) 参照)。

筆者は、歴史人口学には不案内であるが、宗門人別帳から推計された江戸時代の庶民の平均余命 (出生時) は、17世紀には20歳代後半ないし30歳そこそこだったのが、18世紀には30歳代半ば、19世紀には30歳代後半へと着実に伸びたとのことである (鬼頭2000：94頁)。また、多くの子を出産するが、乳幼児で死亡する者も多い多産多死の社会であったということも指摘されているが、出生者の20パーセント近くが5歳以下で死亡し、それを越えると長寿の者も意外に多かったとされている (速水2012：211頁)。こうした人間の寿命に、その地域社会の生存環境が反映しているものと理解して、以下、天王寺垣外仲間について検討を加えることとしたい。

▶ **分析方法**

　先に紹介した転びキリシタン類族関係の史料から得られる情報を統合して、兵治・市右衛門・次郎右衛門・久兵衛・久右衛門・きくの家系をできるだけ復元し、わかる限りでの生年 - 没年とその時の年令の情報を収集した。これを基にして、全体の死去年令の10年区切りでの人数を家系毎に集計した表1と、出生の年代毎に分けて死去年令毎の人数を集計した表2を作成した。これらの作業で、生没年が確認できた者は210人であり、未確認の者も多い。しかし、生没年の知られる事例においては、その生没年自体はほぼ事実を示しており、傾向を見るには十分と判断される。

▶ **生存をめぐる論点**

　表1・2から引き出せる論点をあげておきたい。

1）生没年が確認できる人数は210人である（表1）。全体としてみると、61歳以上まで生きた者も71人の多数を数えるが、31〜60歳の壮年期に死んでいる者も67人であり、その数は多い。さらに10歳以下の幼年時に死亡する者も49人を数え、多数いる。すなわち、死亡する年代は分散しているが、大づかみにいうと、幼年期を無事に過ごすと、長生きする者も一定数いるということである。これは、乞食・貧人として生み出された彼らが垣外仲間として定着するなかで、一定の生存条件を獲得したことを示している。

　なお、10歳以下で死亡した49人のうち、7割余りの34人が5歳以下で死亡しており、5歳までを無事に生き抜くことはとりわけ困難な課題だったことがわかる。

2）以上は全体的な動向であるが、家系毎に見ると、市右衛門の類族では118人のうち40人が10歳までに死亡し、そのうち5歳以下が29人である。生没年がわかるうちの3分の1が10歳以下で、さらにその4分の3が5歳までに死んでいる。他の家系の場合、幼年で死亡する者の情報が拾えていない可能性が高い。また、兵治の家系では、42人のうち12人が71歳以上まで生きているが、これは3割ほどに当たる。これも兵治の家系では長寿の者の情報

に偏していると考えられる。各家系毎のより詳細な分析が求められよう。

3）視角を変えて、これらの者の生まれた年代を区別して何歳まで生きていたかを集計してみよう（表2）。幼少期に多数の死亡が見られるようになるのは、1680年代以降であり、特に1710年代に生れた者では11人が、1720年代に生れた者では何と21人が、1730年代生れでも9人が10歳以下で死亡している。しかし、この時期になって幼少での死亡が急増したと考えることは不自然である。これは貞享4年に類族改めが制度化されたが、それに基づいて作成された元禄2年の類族改帳では、ずっと以前に幼少で死亡した者は記載されなかったためと想定されるのである。その後、類族の生死をその度に天王寺村庄屋（村役人）に届け出るようになったことで史料が18世紀前半に多数残ったために、その時期の幼少時の死亡の情報を事実に近い形で得られることになったのだと想定できよう。すなわち、それ以前にはここに見られるよりも、はるかに多数の幼少期の死亡者があったものと考えねばならない。

また、表2を見ると、1680年代以降の生まれの所からは死亡する時期が各年代に広く分布している。しかし、それ以前に遡るにしたがって、高齢まで生きた者の比重が高まる。これも類族改帳が作られるようになる時期と関わっていると判断できよう。そうだとすると、16世紀末から17世紀半ば過ぎまでにおいても、死亡する年齢は各年代毎に広く分散していたと想定されるのである。（各家系毎に出生年代別に整理するとさらに見えてくる点があるが、ここでは省略する。）

以上、表1、2から引き出せる論点を提示した。史料の限界から時期的な推移を追うことはできないが、幼少期を生き抜くと長寿の者も多かったという点について言うと、歴史人口学で想定されている近世の庶民の生存条件に近いものを垣外仲間の形成・定着のなかで獲得しえていたことが窺えた。しかし、まったく同様だったと速断することはすることはできない。

先に触れた歴史人口学の速水氏は、美濃国安八郡西条村と奈良の東向北町の死亡統計を例として、都市と農村でともに全体の2割以上が5歳以下で死亡しているが、農村（西条村）では50代までに死亡するものは多くなく、50

表1 家系毎

	兵治	市右衛門	次郎右衛門	久兵衛	久右衛門	きく	計
1〜10	6 (2)	40 (29)	0	3 (3)	0	0	49 (34)
11〜20	2	7	0	0	0	0	9
21〜30	4	8	2	0	0	0	14
31〜40	3	15	0	3	0	1	22
41〜50	6	14	1	2	0	1	24
51〜60	5	6	5	3	1	1	21
61〜70	4	15	6	5	4	3	37
71〜80	8	11	3	4	0	0	26
81〜90	3	2	2	0	0	0	7
91〜	1	0	0	0	0	0	1
計	42	118	19	20	5	6	210

表2 生年別

	1〜10	11〜20	21〜30	31〜40	41〜50	51〜60	61〜70	71〜80	81〜90	91〜	計	総計
〜1599							3	3			6	6
1600〜							1	1			2	2
1610〜				1			1	2	1		5	5
1620〜					1	2	3				6	6
1630〜					1	3	2		1		7	10
1640〜		2					1	1	2		6	8
1650〜				3	2		3	4	2		14	17
1660〜				1	1	4	4	3	1		14	20
1670〜			1		3		4	5			13	24
1680〜	3 (1)		2	4	4	5	5	1			24	39
1690〜	2 (1)		1	5	4		2				14	40
1700〜	1	6	6	3	1	3	1	1			22	38
1710〜	11 (4)		1				3	2		1	18	42
1720〜	21 (18)	3	1	2	1	1	2	3			34	55
1730〜	9 (8)			1	4	2	2				18	31
1740〜	2 (2)			2	2	1					7	19
合計	49 (34)	9	14	22	24	21	37	26	7	1	210	362

(　)は5歳以下での死亡人数
総計には、生年は知られるが死亡年不明の者を含む

歳をすぎて死亡が増加し、70歳前後にピークがくるのに対し、都市（東向北町）では20〜50歳にも死亡がかなり見られると対比している（速水2012：211-212）。これを参照すると、天王寺垣外の場合、10歳以下の死亡が3分の1近く、5歳以下での死亡が4分の1程度に及ぶ可能性があり（市右衛門の家系参照）、幼少期を生き抜くことの困難さはより高かったのではなかろうか。また、20〜50歳の青壮年期にも分散して死亡する者が見られ、この点では、東向北町と共通していると言えるであろう。

　以上のことから、天王寺垣外における生存環境は、都市的な特徴と共通するが、いまだ幼少期を生き抜くにはより困難な状況が存在していたと言えるであろう。

3. 19世紀の天王寺垣外の家

　転びキリシタンの類族関係の史料は、18世紀後半までに限られ、19世紀の垣外仲間の構成員の全体状況を窺うことはできない。そこで、御用負担に関わって出現した状況から、その時期の非人身分の〈家〉について浮かび上がらせてみよう（本節については（塚田2011）参照）。

▶御用の増加と代勤改革

　享和4（1804）年1月に天王寺垣外の老分弁助、年行司小八、月行司忠七ら6名が若き者たち総体を代表して「御仲」宛に次のような願書を提出した（『悲田院文書』103）。これによれば、かつては120軒程あった天王寺垣外の家数は、この当時70軒程に減少し、その内、出役・家並銭を負担するのは50軒程であるという。残りの20軒程は「代役定人」（詳細は不明）や後家・隠居または家督のない者で、彼らは出役・掛銭の負担を免除されていたのである。負担者が減り、一方で、出役・掛銭は増加し、「月行司算用方」も困難な状態に立ち至っている。このままでは若き者たちが困窮してしまうため、これ以上御用を勤める家数が減らない措置を採ってほしいと願っている。御用を勤める基準は、「家督家屋敷」を所有していることであったが、ここで「家屋敷」というのは非人小屋のこと、「家督」とは垣外番株のことであり、町旦那（株）と

も言われた。

　若き者の家数70軒程の内、50軒程が出役・掛銭を負担するということは、後家や隠居を除くと、ほとんどの若き者が「家督家屋敷」を所有しており、「家督無キ者」はごくわずかだろうと思われる。長吏・小頭が「家督家屋敷」を所有していることは言うまでもない。とすれば、垣外に居住する非人は、基本的に「家督家屋敷」所有者ということになる。そこには、すべての所有から疎外されて生み出された乞食＝貧人としての非人というあり方から大きく変質している非人の姿が存在しているのである。

　先に転びキリシタン類族の家系を通して見たように、子孫の数は少なからぬものがあったと思われる。にもかかわらず、家数が減少し、増加する出役に対応できないという状況をどう理解すればいいのであろうか。1つには、家督家屋敷の集積が見られたことである。もう一つは、御用と町用の矛盾が生活基盤を掘り崩すのではないかと考えられるが、ここでは触れない。

　19世紀初めから御用を勤める若き者の不足が問題になっていたが、その対策として弘化2（1845）年12月に御用の勤め方に関する改革（代勤改革）が実施された。(これより以前のいつからか)家督を所有していながら、実際の御用に出役できない者には、それに代わる役銭の負担を求める措置が取られるようになっていたが、それでも必要な出役人数の確保が困難になっていき、弘化2年12月に役銭ではなく、代勤者を立てることを求める「御改革」が行われたのである。なお、ここでの若き者の出役は定町廻り方の巡回の御供の御用である。

▶出役困難な若き者層

　「代勤不定　和七」から始まり、代勤を立てることが必要とされた者を列記したと思われる弘化3（1846）年3月の書付が残されている（『悲田院長吏文書』177頁、以下同書からの引用は頁数のみ記す）。これを一覧とし、若干の情報を付け加えたのが表3である。このうち、つたは六蔵の倅仲蔵を養子にしており、セットである。また、儀兵衛の代勤者が柾助であり、楢吉の代勤者が蔦蔵であろう。これら3組を含めて、計23件が列記されているが、この段階での代勤が必要とされた者のほぼ全容を表しているものと考えてよい（但し、実際に

表3 代勤書上げ

代勤不定	和七	(病気)
養子	つた（死亡弥七母）	
願	六蔵	
名前人不定	しやう（小七後家）	代判庄次郎
代勤	福蔵	代判次郎吉
代勤	繁蔵	代判勘三郎
代勤願	儀兵衛	(老年)
同	柾助	
代勤	重吉	代判六蔵
代勤	楠吉	代判富蔵
金兵衛名前人不定	あい	代判富蔵
名前人不定	恵戒	
代勤	嘉七	本人（多病）
名前人不定	きし	代判長五郎
代勤	楢吉	代判東五郎
同	蔦蔵	
名前人同（不定）	つき（20歳）	
代勤	徳蔵	代判伊七
名前人不定	林八	(後家たみ)
養子	ゑん	
養子	のふ（佐兵衛後家）	代判定次郎
願書認替	久次郎	
代勤	与之助	本人（多病）
	とよ	
役差願	忠七	(多病)
藤七・せつ跡名前	みね（17歳） 代判孝三郎	

代勤を出願していた弁蔵・藤吉跡・きんの3件が見えないが）。

　23件の内訳は、男12人、女11人である。代勤が求められたのは、老年者、病者、幼年者、後家など女性である。前3者は男の場合であるが、老年が儀兵衛の1人、病気が和七・嘉七・与之助・忠七の4人で、他の福蔵・繁蔵・重吉・楠吉・楢吉・徳蔵は幼年者であり、代判がついている。

　表3の名前に下線を引いた者は、前年12月に代勤者を立てることを願い出たことが確認できるケースである。例えば、福蔵は奈良屋町で13年間垣外番

を勤めてきた弟子の善助を同家にして代勤させることを出願していた（165頁）。男性の場合、すでに代勤者を立てている者には「代勤」と注記されている。

　しかし、女性の場合は事情が異なった。つた・ゑん・のぶの3名が「養子」、しやう・あい・恵戒・きし・つき・たみの6名が「名前人不定」と注記され、それ以外のとよ・みねの2名がいる。この中には、すでに代勤を立てている者（下線）とそうでない者が混在している。

　弘化2年12月段階で、女名前の者には、御用を勤められる者を養子ないし聟に迎えるか、代勤者を立てることを求められた。「養子」と注記のあるつたは、六蔵倅仲蔵を養子としていた（50頁）。ゑんは、同月に天満垣外の若き者伊助方の同家種蔵（27歳）を養子に迎えている（49頁）。種蔵が御用を勤めることは言うまでもない。のぶは弘化2年12月に養子伊之吉を迎えているが、いまだ幼少だったため、弟子与八を代勤に立てることを願い出ている。しかし、伊之吉が名前人となるので「養子」と注記されたのである。

　「名前人不定」とは男の名前人がいないということである。男の場合には、15歳以下の者であっても、代勤を立てることで問題なかった。それは当人が成長し、御用を勤めるようになるまでの代勤という意味を持っていたからである。「名前人不定」とされている中には、すでに代勤者を立てている者もいたが、「名前人不定」という表現から分かるように、それ以後も養子や聟を見つけることが求められたのである。しやうの場合、弘化2年12月に弟子孫七を代勤に出願しているが、この書付の直後と思われる弘化3年3月に養女しなと二つ茶屋村番人音次郎倅栄吉（8歳）を結婚させることを出願している（51頁）。栄吉は15歳以下であり、この縁組が実現しても代勤が必要とされることは変わらなかった。

　この時期、天王寺垣外の構成員が何軒であったか不明である。しかし、先の享和4（1804）年の御用の勤め方に関する願書では、かつて120軒ほどだった小屋数が70軒ほどに減少しているとあり、ほぼ70軒程度と想定されよう。表3によれば、自分で御用を勤められない「家」は二十数軒もあり、全体の約3分の1に及ぶことになる。それ故、表3に見える者たちの状況は、当時の天王寺垣外の一般的状況をかなりの程度（特に困難を抱えている者たちについて）反映しているものと言えよう。

▶代勤改革の行方

　自分で御用を勤めることができない者たちに、代勤者を立てさせることは本来的に無理が伴った。そのため2～3年のうちには、代勤者を立てることはあいまいになり、取り止めになっていた。代勤改革と連動して、先の書付で「養子」や「名前人不定」とされていた女名前の者たちは養子を迎えることが求められたのだが、それが実現した場合にも内実を欠いていることが多かった。

　例えば、佐兵衛後家のぶの場合は、弘化2年12月に、摂州八部郡駒ケ林村の非人番佐八の倅伊之吉（6歳）を養子に貰い受けるとともに、伊之吉が15歳になるまで三右衛門町の垣外番であった弟子与八を代勤に立てることを願っていた（49頁）。この代勤がいつまで継続したか不明であるが、嘉永6（1853）年3月に至り、養子伊之助（伊之吉改め）が15歳になったことで、問題が浮上した（157頁）。伊之助はのぶの養子となったものの、実家の駒ケ林村非人番佐八方で養育されていたのであるが、15歳になったので天王寺垣外に呼び寄せようと掛け合った結果、7月になって養子伊之助は多病であり、他家の相続は困難だとして、親元佐八方へ差し戻すことになったのである。弘化2年の養子としての貰い受けは名目上のことだったのである。その他、小七後家しやうの8歳の養子栄吉、林八後家たみの6歳の養子楢吉も実家の親元で生活しており、15歳になって呼び寄せようとする段階で養子は解消されている（154-158頁）。

　つまり、弘化2年段階で代勤を立てる必要のあった「家」（家督）のうち、養子を貰い、名前人を確保したかに見えた者たちの内実は決して安定したものではなかったのである。特に幼少の者を養子にしたケースが散見されるが、それらはいずれも実家で養育しており、養家に移り住んでいないのである。こうした名前人を借りるための養子は、御用の担い手確保の問題から、名前人決定への規制力が強まる中で広く進行したのである。しかし、そうした幼少の養子が15歳に達するような時期、特に嘉永6～7年頃から彼らを呼び寄せる段階になってくると、いずれも不縁となり、新たな養子の確保が迫られてくるのである。

　一方で、一定の家相続が成り立たなければ垣外仲間自体の存立が不可能であり、相続していく家もあったことは言うまでもない。幼少の者が15歳に

達し、御用（＝当り役）の見習いに出ることを願い出た事例も見られるのであり、不安定な状態を脱し、何とか「家」を再生産する状況も一方では存在したのである。例えば、嘉永5（1852）年正月には15歳となった弁蔵（代判利兵衛）と太七倅梅蔵について（173頁）、嘉永7年正月には繁蔵（代判勘三郎）について（174頁）、さらに安政2（1855）年には重吉（代判太七病気代印梅蔵）と仲蔵（代判甚七）と楠吉（代判孝三郎）について（174頁）、当り役の見習いとして差し出したい旨の願いが出されている。不安定とはいえ、こうした「家」の相続・維持があって初めて垣外仲間は存立しえたのである。

おわりに

　本稿では、都市内に複合的に展開した社会集団の一例として大坂の非人集団（垣外仲間）の形成・定着の状況を見てきた。そこでは、垣外仲間の生存状況・生存環境という観点からみると、定量的なことは言えないものの、近世の村方・町方のそれと近似的な状況を見出すことができる。生存を脅かされた乞食・貧人として生成した垣外仲間は、その形成・定着によって都市的な特徴を伴う一定の生存条件を獲得したのであるが、幼少期を生き抜くにはより困難が伴ったと考えられる。おそらく、江戸の非人集団は乞食集団としての性格をより濃厚に残していたと思われ、さらに困難な状況が予想される。今後こうした生存条件・生存環境という観点から、江戸を大坂と比較することによって、両者の特質がより浮き彫りになるのではなかろうか。

　また、御用集団としての性格を強めた19世紀の段階の非人の家の様相を垣間見たが、御用負担が家存続を圧迫することも一面であった。そんな状況は、家のあり方を（特に下層においては）不安定にしたが、家存続への希求に支えられて、垣外仲間は存立しえたものと言えよう。

参考文献

- 小野田一幸（2011）「天王寺村における転びキリシタンと類族の動向」『部落解放研究』191
- 鬼頭宏（2000）『人口から読む日本の歴史』講談社学術文庫
- 塚田孝（2001）『都市大坂と非人』山川出版社
- 塚田孝（2007）『近世大坂の非人と身分的周縁』部落問題研究所
- 塚田孝（2011）「近世後期・大坂における非人の「家」」高澤紀恵、吉田伸之、フランソワ＝ジョセフ・ルッジウ、ギョーム・カレ編『伝統都市を比較する』山川出版社
- 塚田孝（2013）『大坂の非人―乞食・四天王寺・転びキリシタン―』ちくま新書
- 塚田孝（2014）「17世紀後期・大坂における非人の〈家〉」塚田孝・佐賀朝・八木滋編『近世身分社会の比較史―法と社会の視点から―』清文堂出版
- 塚田孝（2016）「近世大坂の非人集団の形成と生存環境」部落問題研究所編『身分的周縁と部落問題の地域史的研究』部落問題研究所
- 速水融（2012）『歴史人口学の世界』岩波現代文庫
- 藤原有和（2004、2005）「摂州東成郡天王寺村転切支丹類族生死改帳の研究（1・2）」『人権問題研究室紀要』（関西大学）49-50

主要史料

- 岡本良一・内田九州男編（1989）『悲田院文書』清文堂出版
- 大阪の部落史委員会編（2005）『大阪の部落史』第1巻、解放出版社
- 長吏文書研究会編（2008）『悲田院長吏文書』解放出版社
- 長吏文書研究会編（2010）『続 悲田院長吏文書』解放出版社

第 II 部

都市空間再生に向けた 包摂型アートマネジメントと 多文化都市

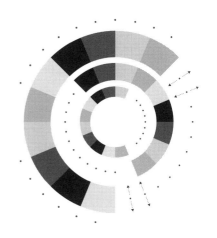

はじめに

　近年、移民問題をはじめ、文化の衝突が深刻な状況にある。異質なものが排除される傾向は、たとえば欧州文化首都などでもみられる。EUが進める首都バレッタ2018（マルタ、2016年11月）の国際会議の席上、出窓のバルコニーのデザインを統一するという決定に、人とは異なるデザインを望む地元住民（とりわけ女性）からの反対の声が上がった。

　多様な価値観や伝統のせめぎ合いのなかで、異質な文化が共存する社会空間をいかに構築するか、また、都市と都市（地域）とをコミュニケートし共存させるための理論枠組みが求められている（第Ⅰ部第2章を参照）。

　第Ⅱ部では、包摂型アーツマネジメント、「水都大阪」の現状と方向性、建築物の再生・活用を推進し、都市の魅力を創造することによって再生へと繋げる「生きた建築ミュージアム事業」、都市研究プラザと生活科学研究科による豊崎長屋の再生モデルや保全・活用事例を人々に公開する「オープンナガヤ大阪」を中心として課題や方向性を考えたい。また、「エスニックマイノリティ」とまちのかかわりを「包摂」という視点からみる。多様なステークホルダーによる立案段階での参画手法を示し、政策の課題や問題点を学際的に掘り起こす準備作業となるであろう。

岡野 浩

第7章

アジアを視野にいれた
社会包摂型アーツマネジメントの
形成に向けて

》中川 眞

1. はじめに

　21世紀における大きな政策課題のひとつである社会的包摂は、アートの介入によって確実に効果的な局面を見せ始めている。もちろんアート単体でできることには限界があり、様々な支援の複合的な協働が必要である。しかしアートを軸とする文化的支援が、他の経済的支援等とともに重要な一角を担い得るのは疑いなく、本稿ではその役割の解明をめざすことによって、社会包摂型アーツマネジメントに関する理解の促進に資するとともに、日本を含めたアジアと共有できる社会・文化技術となり得るのか、その可能性も問うてみたい。本稿では、具体例をまず紹介しながら、社会的排除の現場においてアートが有効に介入し得る要因や根拠、さらに現在直面する課題について考えてみる。

　具体例では、アートによる社会的包摂を示す予定であるが、そもそも「アートによる社会的包摂」というフレーズじたいが、どこか傲慢な響きをもっているように思える。アートへの過度な期待や信頼、あるいは弱者への上から目線を含んだ無自覚な驕りが原因だったりする。本稿の後半ではエティカ（倫理）を課題として取り上げたいが、アーツマネジメントが現場に介入する実践である以上、立場や考え方すなわち行動規範を明確に自覚しておかないと、不用意な混乱や悪化を招くおそれがあるからである。逆にいえば、周到な準備と十分な配慮があれば確実に成果があがるゆえに、社会的領域に足場を置く実務家（アーティストを含む）や行政人にとっては実に挑戦的で魅力的な領域な

のである。

2. 事例1——都市と過疎高齢化村落との協働

　奈良県吉野郡十津川村は奈良県の最南端にあり、面積は672.35 km²、人口は3,515人（2016年7月1日現在）で、1960年代の16,000人を筆頭に、減少の一途をたどっている。人口密度がわずかに約5人/km²の過疎地である。村の96％が林野で、明治時代に隆盛を極めた林業が不振を極めた後は、温泉を中心とする観光業が産業振興の中心となっているが、重なる水害の懸念や道路の寸断による交通アクセスの悪さなどで苦戦が続いている。若年層の離村率は高く、20〜39歳の若年女性（子どもを産み得る女性）の数は2010年に村全体で220人であるが、2040年には93名となり、人口も2,000人を下回ると予想されている。村の課題は、産業の振興とともに、過疎化に歯止めをかけて村の消滅を防ぐことである。本稿ではこれに対する文化の側面からの介入を紹介する。

　本稿で考察対象とする大字武蔵は人口が114名、そのうち60歳以上の高齢者が60名であるが（人口比53％）、自然景観、伝統芸能、史跡、農作物などに恵まれた地で、近年には木造の瀟洒なゲストハウスが村役場主導で建設されるなど、集落再生への投資が始まっている。その目標は村落（コミュニティ）の持続であるが、手法としては①村出身者の都市部からの帰還（Uターン）と、②都市の人々の長・中・短期の来訪での達成が考えられている。本稿で焦点をあてるのは②の「都市の人々の来訪」の取り組みである。

　ここが都市の人々を惹きつけるのは、美しい里山風景や人情に加えて、国の無形重要民俗文化財に指定されている盆踊りが大きな要因となっている。江戸時代初期の風流の様式が残されている踊りは、2枚の舞扇を巧みに操り、一晩で30曲近くの異なる踊りを演じ、そのクライマックスに、念仏踊りの系譜をひく太鼓踊りが荘厳に踊られ、木製灯籠や紙製の派手な飾りをつけた笹竹が輪の周囲を走り廻るというダイナミックな演目として配置されている、近世芸能の生きた遺産が演じられるのである。芸能史や文化財関係者には古くからその値打ちが知られており、1989年に重要文化財に指定されたわけだが、

それとは別に30年以上も前から、その踊りに魅せられた都市の学生たちが社会人になっても盆踊りのときに村を訪れ、村人もそれを受け入れてきた経緯があるのである。彼らはこのコミュニティとは無縁であるが、8月上旬から始まる踊りの練習に参加し、集落の掃除を手伝ったり、盆踊りの会場設営に携わったりしている。

　この動きは、単なる観光客という位置付けを超えて、集落のなかに一定の存在感として浸透しつつある。それは圧倒的な人口の減少、若年層の流出によって、文化財たる盆踊りの継承にも黄信号が灯っていることと関連している。盆踊りは、踊り手と音頭取りという人材のほかに、櫓たて、会場設営・飾り付け、村内への広報・旗たて、電気配線・PA、練習のアレンジ、飲料・食料手配などの人手という、8月1日から本盆の14日に至るまで、相当の奉仕労働が課せられる一大行事であるが、全ての局面において人材が払底している。盆踊りについては、特に音頭取りの継承者難は深刻で、現在の音頭取りは92歳である。また、その他の仕事にしても相当な体力が必要であるが、週日も含めて動けるのは高齢者のみである。そういうなかで、よそ（都市）からやってくるとはいえ、若者の滞在は極めて貴重である。

　そのため、宿泊のできる公民館は無料で開放されている。2016年の夏には延べ161名の人が泊った。彼らは踊りの練習に参加し、草をひいたり、山から崩落してくる瓦礫を取り除いたり、小川や遊歩道の整備をしたりといった、ソフト・ハードの両面から村の夏の運営に参加している。その過程で、非常に重要なことであるが、彼らのなかに少なからず「わたしたちの集落」といった当事者意識が芽生えてきたのである。そのひとつの証左として、150キロ以上離れた大阪での、盆踊りを定期的に練習するプログラムの開始があげられる。もちろん、来たるべき盆踊りのために踊りの腕をあげておこうという目標のためだが、他方で、自分たちも武蔵の盆踊りの担い手であるという自覚も生まれてきているのである。このグループは、大阪市内でのイベントでもときどき踊りを披露している。

　こうした流れが突破口となって、この数年間にゲストハウスの宿泊客などに向けた散策路の整備、ゲストハウスのウェブサイトの英語化、盆踊り時のカフェ出店、広場の野外家具の制作、十津川材によるシェルターハウスの建設実験、

野外交流音楽祭の開催など、集落が伝統的に行ってきた行事（運動会、楠正勝慰霊祭、敬老会など）のほかに、コミュニティ維持を視野にいれた新たな文化活動が展開され、集落資源の付加価値が高められつつある。なぜ盆踊りがその核になるのかといえば、村内の55大字にはそれぞれ独自に盆踊りが継承され（途絶したところも多いが）、その独自性が集落のアイデンティティを構成しているからである。他字から転入してきた人には移住先の踊りの習得が期待されるのである。盆踊りは一種の祭りであり、ともに踊ることによって一体感を醸成していく装置なのである。ここに都市部の人々が参入してきている。いったい、これはどう捉えられるであろうか。

　それは文化資源を媒介とした都市と村落の新たな協働として機能している。村落と都市はともすれば二項対立的に捉えられるが、村落を疲弊させてきた都市もまた人口が減少してゆく趨勢のなかで、村落と都市は敵対するのではなく、協働の道を探る必要がある。盆踊りは単なる集落の行事としてではなく、都市の人々の参入によって読み替えられつつある。それを起点として集落の衰微という問題が乗り越えられようとしている。社会包摂型アーツマネジメントの駆動例のひとつであるといってよい。

3. 事例２──抵抗する村の文化

　マレーシアの首都、クアラルンプールの南約20キロに位置するマンティン村の歴史はおよそ100年前に遡る。中国の漢民族客家系の人々が錫石の採掘のための労働者として移住してきた。当初は順調に仕事があったが、1980年代に錫の相場の暴落によって生産は激減し、村の採掘場も閉鎖に追い込まれた。そして移住当初に土地の登記をしていなかったとして、住民は20世紀末に土地の不法占拠を盾に立ち退きを強いられたのである。その跡地にショッピングセンターなどに変貌させる計画が進んでいる。最盛期の200世帯から現在は50世帯にまで縮小しており、「限界集落」に近づきつつある。

　不当な要求や理不尽な破壊行為（追い出し、家屋の解体など）に対して、デモという形で抵抗が始まったのである。特に2013年10月13日のデモには、村の内外から参加者が集まった。なぜ、この村に支援の輪が外部から集まっ

たのかというと、クアラルンプール市内でも地下鉄工事のために伝統的な中華系集落が壊され、大きな資本の前に力をもっていない人々が叩き潰されようとしている現場があって、それが正義に悖ると考えた人々の抵抗が始まり、彼らが同種の問題で悩むマンティン村にも駆けつけ、支援を行っているためである。

　注目したいのは、当事者たちがデモという示威的な手法以外に、文化的な戦略をとっている点である。彼らは人権や居住権の侵害のほかに、客家マンティンの伝統文化が途絶えることを恐れている。特別に認定された登録文化財や史跡があるわけではない。傷んだ木造家屋のなかの日常生活を支える食文化、インテリア、昔話、お祭りなどが継承されてきただけである。ごくふつうの人々が6世代にわたって継承してきた小さな文化の数々に違いないが、移民の歴史そのものといった貴重なものである。しかも住民にとってあまりにも当たり前だから、その貴重さは彼らに認識されていない。ここに部外者が介入できる余地が生まれる。部外者にはその文化的価値が明確に見えるのである。

　彼らが最初にとった手法は村の歴史ミュージアムを作ることであった。村のほぼ中央にある公民館的な木造の建物のなかの壁面に、昔の写真や絵画、文書などを展示した。写真は黄ばみ、ボロボロで断片的なものだが、全て住民から集めたものである。この小さなミュージアムは部外者にマンティン村の歴史を知ってもらうためにあるが、実は住民自身も知らない。だからこそ「住民による、住民のためのミュージアム」が必要だったのである。

　搾取され虐げられてきた人々は、自分たち自身や自分の村を誇りに思うことから遠ざけられてきた。外からやってきた支援者は、村の人々がこの展示物を見て「自分とは何か」ということを発見し、少しでも自信をもってもらいたいと願う。そして護ってきた生活文化の大切さ貴重さを認識し、当事者として抵抗運動に参加してもらいたいと思ったのである。大家族みんなで助け合ってストレスなしに生きていく、平凡な日常以上に幸せな生活というのはあるのかという問いを発して。

　住民の意識は少しずつ変わり始め、自分の思いを率直に語るようになっていった。それを掬い上げたのが、文化戦略の第2弾、80歳の女性の語りを中心に据えた映画『Memory as Resistance』（2015）の制作であった。この全

編20分の映画は世界各地の国際会議で上映されるだけではなく、YouTubeにもアップされて誰でも見られるようになっている。

　社会的に抑圧されている人々の抵抗の方法としてはデモをはじめとする武力闘争があるが、文化の力でもって当事者や周囲の人々の意識を変革していくという方法がここで示されている。とりわけ映像の力は大きい。また、当事者にとってあまりにも当たり前の日常生活そのものが貴重な文化の宝庫であることが、しばしば外部の人々によって発見されるということも重要である。それによって内と外の人々の連携・連帯の回路ができあがり、その結束が抵抗のための大きな力となる。強者と弱者が二極化し、片方が有無をいわさず相手を押しつぶしていくという風景は、目に見えるところに、そして見えないところにいま広がりつつある。それを可視化し、しかもアクティブに行動していくこと、それが文化のアクティビズムであり、新たなアーツマネジメントだといえるだろう。

4. アートによる社会的包摂

　社会的排除が起こる要因は様々ある。障害、収入、出自、病気、ジェンダー、災害、失業、年齢、民族、受刑、容姿体型など実に多様である。そして差別や貧困、障害問題については既に以前から解決や克服の研究・施策が投じられてきたのは周知の通りである。にもかかわらず、いまなぜ社会的包摂という名の下に再検討が始まっているのだろうか？

　「『社会的排除』という概念は、資源の不足そのものだけを問題視するのではなく、その資源の不足をきっかけに、徐々に、社会における仕組み（たとえば、社会保険や町内会）から脱落し、人間関係が希薄になり、社会の一員としての存在価値を奪われてゆくことを問題視する。社会の中心から、外へ外へと追い出され、社会の周縁に押しやられるという意味で、社会的排除という言葉が用いられている。一言で言えば、社会的排除は、人と人、人と社会との『関係』に着目した概念なのである」（阿部2011：93）[*1]。つまり社会関係資本の不足と言い換えられるのである。様々な原因によって社会のなかでの「役割」や「出番」を失い、「居場所」をも失い、社会から「承認」されなくなってしま

う人々がいる。そして差別、無視、迫害等といった様態をとって苦しめられる。しかも、その声が届かない。というより、声すらあげられないことが多い。その局面に向かい合うためにアートが動員されている。それをアートによる社会的包摂というのである。

　第1の事例（過疎村）を排除の列に並べるのに違和感をもつ人もいるだろう。しかし、村の消滅を全て住民の責とするわけにはいかない。そこには長年にわたって引き起こされてきた都市と村落の大きな落差を形作ってゆく社会構造があったのである。

　では、そういった現場で、なぜアートが用いられるのか？　アートは貧困や差別を直接的に解消することはできない。しかし、アートがその表現力によって人々を励ましたり慰めたりする。そして、そのような直接的な力とともに、アートには間接的ともいえる力がある。すなわち、人々に何らかのコミュニケーションのチャンスや能力を与える力である。排除とはつながりや関係が断たれた状態であるが、それをつなぐ有力な回路にコミュニケーションがある。前述したように、なかなか声は届きにくく、必ずしも日常の言語的なコミュニケーションが有効であるとは限らない。その点、アートには様々な可能性がある。言語のみならず、音、色彩、形、動作、映像などといった多様な媒体がある。そのどれを選ぶかは、まさにアーツマネジャーの腕の見せ所である。ときには、一緒に食べる、あるいは風呂に入るといったことすら、コミュニケーションの重要なきっかけになったりする。そのようなことがアートなのかと思われるかもしれないが、食べることが目的ではなく、コミュニケーションの回路を作るために、アーツマネジャーは思い切ってそんな方法をとることもある。

　なぜ、アートにそんなことが可能なのか？　アートには選択肢を増やし（alternative）、多様性（diversity）を保証する特性があるからである。アートには「正解」はない。多様な答えがある。もちろん「上手い・下手」や「好き・嫌い」はあるだろうが、それもまたアートの奥行きの深さである。「絶対の解答」がない世界、極端にいえば「なんでもあり」がアートであり、それゆえに近づきやすさ（アクセシビリティ）という特性をもっている。

　排除とは社会へのアクセシビリティが断たれることであるが、アートの柔軟さ、近づきやすさがダメージを受けた人を受け入れ、コミュニケーションの手段と

なって他者へと繋いでゆく。うまくしゃべれない、うまく書けなくても、他に何かできることがある。それを手助けするのがアーティストとアーツマネジャーなのである。そして、わずかでも細い糸が社会と繋がったときに、人は少し自信を回復する。自分を大切にする気持ちが芽生える。それはとても嬉しいことであり、生きる力を与えてくれる瞬間である。そういう意味でアートは安全な空間を保証するのである。

5. アーツマネジメントのエティカ

　社会的に弱い立場、排除されている人々の声は小さく、また声を出しにくい。排除されていない人々にはその声が届かない（聞こえない）。声なき声（silent majority）ではなく、別の声なき声（silent minority）に耳を傾ける感性、センスを、個々人そして社会全体が磨いていくことが肝要である。前節の終わりで、アートは安全な空間を保証すると書いたが、それは「風通しのよい公共的空間」と言い換えることができる。

　公共的空間とは「あらゆる人びとの『席』＝『場所』がもうけられている空間」（齋藤2000：iv）である[*2]。誰に対しても開かれていて、誰もがアクセス可能で、その人の居場所となり得る空間のことである。しかし、ここにおける問題の根深さは、「公共的空間が暗黙のうちに及ぼす排除の力は、この境遇に生きる人びとによってしばしば内面化されてしまう」ことのなかにある。つまり、排除されている人々は、排除を訴えることなく自分ひとりで背負ってしまう。それはもちろん個人で背負いきれるものではない。どこかで生活の破綻として現れ、自らを苦しめる。そして、最も重要でかつ最も困難な問題は、ある人々を孤独な境遇に追いやりながらも、私たちがそういうふうに意識しない『分断（segregation）』の問題である。困難だというのは、こういった境遇からはほとんどメッセージが届かないがゆえに、私たちは問題を無視する以前に、問題の所在そのものを見過ごし、忘れてしまいがちとなるからである。

　いま、排除される人々の内面の問題、すなわち不可視の壁について語ったが、実は、支援しようとする私たちのなかにも不可視の壁がある。私たちは、ともすれば自分という存在を括弧にくくり、自らを安全地帯に置いたまま対象に向

かいがちである。例えば、マイノリティ（少数者）という呼称。マジョリティvsマイノリティという二元論は、私たちにマイノリティの存在を気づかせるが、他方でその二元性を固定化してしまう危険性を孕んでいる。しかも、マジョリティという立場からマイノリティを視るという、「上からの目線」を無意識に持ってしまう。この「上からの目線」はしばしば不均衡な「支援する／支援される」関係をつくる。それは「支援してあげる」という傲慢な態度として現れる。私たちはそういった関係をフラットにする必要がある。ステレオタイプの二元論から離れ、私たちはマジョリティではなく、皆がマイノリティになり得るという意味でのフラットな立場から出発しなければならない。私たちの目の前には、一見気づく事のできない不均衡な関係、すなわち差別、不利、不条理、非対称が放置されている。それを放っておくと、無意識、無自覚なモラル・ハザードを生むことになる。それに気づく倫理（エティカ）が重要なのである。

　しかし完全にフラットな関係というのはこの世の中にはない。喩えが難しいが、大学教授である私は学生や行政の人、NPOの方々と会って話をするとき、普通に接しているつもりなのに、相手は気圧されたり、言いたいことがいえなかったりする。見下しているつもりは全くないが、「非対称的な関係」が自然に形成される。それを私はコントロールできない。問題なのは、パワーをもっている者がその非対称に気づきにくいという点である。それは先ほど述べた「声を聴けない」問題と通底している。

　社会包摂型アーツマネジメントのミッションは、排除を受けている人々と協働し、表現手段を通して何らかのコミュニケーションのチャンネルを確保して排除的なコミュニティを包摂的なそれへと変革していくことにあるが、少し踏み込んでいうならば、排除されている人を包摂するというより、もっと手前の基礎的な問題、すなわち支援する側／支援される側といった固定した関係・構造を崩すところが初めの一歩である。そもそも、私たちはそういう社会をめざしているはずである。排除すべきは壁、垣根である。しかし、その難しさは目に見えないところにある。段差があれば、スロープにすればよい。しかし多くの壁はそのように可視的ではない。我々の心のなかにあったり、集合的・歴史的に慣習化されたものであったりする。それをひっくり返したり、別の角度から見直したりできるのがアートの特性である。アートは堅固なインフラ、建

物や制度をつくらないが、ソフトなインフラ、意識や行動規範にかかわるのである。しかしそれがソフトであるがゆえに計量化、定量化が困難であり、評価の困難さに直面するのである。

6. さらなる検討の可能性

　社会包摂型アーツマネジメントは政治的・経済的利害が渦巻く極めてセンシティブな領域にかかわっている。ときにはネガティブな形で問題が露呈している場合が多い。複数の価値観や慣習、制度のせめぎ合いのなかでマネジメントは実行され、その厳しい現場は、文学／社会言語学研究者であるメアリー・ルイーズ・プラットの提示した「コンタクトゾーン」という語で表すことができるかもしれない[*3]。コンタクトゾーンとは異質な文化が出会い、衝突し、格闘する社会空間のことで、植民地主義や奴隷制度のように支配と従属といった非対称的関係すなわち権力関係に差がある状況において生じることが多い。そこでは、通常、強要、根本的な不平等、手に負えない葛藤を含んでいる（Pratt 1992：2）。しかも興味深いことに、プラットは植民地支配と被支配者の関係を分離やアパルトヘイトによってではなく、権力の根本的な非対称的関係が存在するなかでの共在、相互作用の空間としての「相互交渉的なコンタクト」という概念によって説明している（Pratt 1992：7）。これを植民地という文脈からより広義に解釈し、市場原理主義にさらされている現代都市内部の植民地的状況へと敷衍するならば、まさに社会包摂型アーツマネジメントの現場そのものへの言及のように思える。

　しかもアートの本性からいって、マネジメントは、それらを如才なく調整し丸く収めるのではなく、そこに生じる軋みや歪みを浮き彫りにしたり誇張したりするという傾向へと動きがちである。アーツマネジメントは関わる人々を平準化したり均質化したりするのではなく、その差異を残したまま共存の道をはかる。だからこそ非対称性への自覚的関与を捨ててはいけないのであるが、そういう実践がときとして地域の人々を再び分断してしまうという危険性も孕んでいる。例えば、一部の高齢者がアートを通して社会参入が可能となったときに、いままでは横並びにいた他の人々が取り残されていく、といったような。

また、参入や包摂という語が託すイメージは、人々を結びつけ関係づけるということで、それ自身は悪くない。東日本大震災後に絆という言葉が顕著に使われたのは記憶に新しい。絆を深めることは大切であるが、いっぽうで注意を払う必要がある。なぜなら、絆という言葉が水平的ではなく垂直的な構造のために使われる場合、暴力的な装置となる可能性があるからである。絆という名のもとに均質な価値観を押しつけられたり、異質なものが排除されたりする傾向が出てくる。例えば「がんばれニッポン」などという表現のなかに、そういった危うさが潜んでいる。そこには何かをシンボルとして、国家にとって都合のよい社会統合をはかろうとする巧妙な仕掛けが隠されているように思える。

　最後になるが、本論の考察内容はアジアの現実とリンクできるであろうか？

　極端な格差や貧困、頻発する自然災害、テロ、宗教紛争など多重の被災によって疲弊するアジアの諸都市において、アートを媒介として社会的課題を解決・克服しながらコミュニティを再構築あるいは再生する試みが活発化しつつあることに、私は注目している。グローバリゼーションの影響は、まずグローバル企業や国際金融業の跳梁する「先進国」に現れたが、経済力の高まる東南アジア諸国においても同様の格差や矛盾が浸潤しつつある。私は文科省の科学研究費助成「アジアにおける社会包摂型アーツマネジメント」や2006年以来、毎年開催しているアジア・アーツマネジメント会議などにおいて、アジアの実務家・研究者たちと議論を重ねてきた。そこに現れる問題群と諸活動は必ずしも日本のそれと完全に共通するものではないが、広い意味で社会的排除に抗する取り組みとして捉えられる。これまでの調査過程では瞠目すべきアーツマネジメントの手法にも出会った。例えば、コミュニティを支える「共助」の組織を最大限に動員する方法などである。伝統的な社会関係資本を再活用して公共圏を確保する手法は、欧米発祥のアーツマネジメントをアジアに適用すべくカスタマイズするのではなく、アジア固有の慣習に基づくオリジナルなアーツマネジメントの形成可能性を示唆する。地政学的な必然から生み出されてくるアジアの社会包摂型アーツマネジメントを体系化、確立することによって、アーツマネジメントを馴致してきた欧米への応答となすことができるのではないだろうか。

注

*1 阿部彩（2011）『弱者の居場所がない社会』講談社現代新書
*2 齋藤純一（2000）『公共性』岩波書店
*3 Pratt, Mary Louise (1992) "Imperial Eyes: Travel Writing and Transculturation" Routledge,

第 8 章

都市の忘却空間の再生
── 世界の水都再生と水都大阪の挑戦

》嘉名光市

1. はじめに

▶広がり、複合化する都市再生 Space Design から Place Making へ

　都市にある有形無形の資源に着目したストック活用型の都市再生が世界各地の都市で広がりを見せている。例えば、アーティストの定住やアトリエの集積による地域のリバイタリゼーション、歴史的建築物のコンバージョン・歴史的街並みのリノベーションによる再活性化、都市空間をあたかも劇場や美術館のように見立てて、人々に開放し、アーティストの表現空間として活用する、といった取り組みが代表的なものだ。

　Urban Redevelopment や Urban Renewal など、スクラップ・アンド・ビルド型のハード中心の都市改造に対し、ソフトやハード様々な取り組みを有機的に組み合わせ、都市の活力を高めていこうとする考え方を重視するのが都市再生だ。英語ではUrban Regeneration や Urban Renaissance と呼ばれる。そして、近年停滞、衰退という都市の抱える課題解決と、人にとって魅力ある都市への転換という次代都市の要請に対する応答を目指し、都市再生の領域は広がり、より複合的かつダイナミックなものへと展開しているように思われる。

　たとえば、産業構造の転換により低未利用化した都心の水辺や歴史的市街地などを再生させ、魅力的な公共空間の創出や都市の回遊性の向上を生み出す取り組みであれば、歴史的な建築ストックを活用したアートプログラムの展開や、遊歩道や船着場の整備などハード・ソフトの両面で取り組まれ、地

域のまちづくり活動やエリアマネジメントの取り組みと連動し、社会実験などの段階を経て、時間をかけながら、忘却された空間を人が行きたいと思うような魅力的な場所へと転換していくという一連の展開がある。また、その再生のプロセス自体が、市民が主人公となった現在進行形のドラマとして発信され、多くの人の共感を呼び、それがさらなるムーブメントへとつながるというような、シビックプライドを醸成するという対話型の側面も持つようになっている。

このことは、都市再生において、良い空間（ハード）をつくる Space Design が目的とならず、人々の日常や暮らしにとって欠かせない魅力的な場所をつくること、すなわち Place Making が都市再生のなか重要な地位を占めるようになったということを意味する。

本稿では、こうした転換期にある都市再生の潮流について、水都再生のプロセスを中心に述べる。

2. 水とともに生きる都市 水都

▶ 水都のもつ共通点

都市の歴史を振り返ると、水辺と都市、そこに暮らす人々の生活は深い関わりがあった。治水とともに生活水、農業用水の確保、そして古代・中世・近世にわたっては命を守る術である防衛も重要な水辺の役割だった。

とりわけ水辺にその特徴が凝縮された都市は「水都」と呼ばれる。ヴェネチア、サンアントニオなどが有名だが、大阪もその一員だ。これらの都市は、そのなりわい、営みが水辺と深い関わりをもち、それぞれの都市が輝かしい歴史物語をもっている。

世界の水都には、いくつかの共通点がある。

第1に、都市が河川や運河などを骨格とし、顔となる景観（キー・スケイプ）が必ず水辺にある。漁村や渡し場をもとに発展した港町、川沿いの結節点を中心に発展した要衝地、灌漑や埋立てといった土地造成とともに水路を巡らせて発展した水網都市など多様な形態があるが、活動の源泉として水辺が中心となっている。

第2に、水辺と都市との関係はじつにしなやかであるという点だ。両者の関

わりは固定的ではなく、時代や社会の変化に応じて変化する。

　古代ローマ時代の植民都市を起源に現代まで形を変えて発展し続けているパリ、ロンドンや、大航海時代に新大陸との玄関口として繁栄したスペインのセビージャ、産業革命の主役となったニューカッスル・アポン・タインなど、時代のエポックに水都は必ず現れる。

　近代化のはじめ、都市計画の象徴ともなったのも水辺だ。パリやシカゴ、大阪など都市の顔である水辺に都市を代表する建築物や橋梁が存在感を放ち、新時代の幕開けを告げる華麗な水都の姿もつくりだした。

　第3に、人々の営みが水辺と深い関わりを持ち、市民の生活の中に根付いているという点だ。アムステルダムやバンコクなどでは、至るところに船着場があり、いまも多くの船、特に小型船が生活の足として利用され、絶え間なく船が行き交う。京都、鴨川の納涼床の風景はまちの風物詩としていまも健在だ。

　水都では、タイのソンクラーン、松江のホーランエンヤ、大阪の天神祭など、祭でも水が主役だ。大阪・道頓堀の芝居小屋、芝居茶屋のように、水辺が都市文化や芸能の中心となった都市も多い。水辺は都市文化の創出の場でもあるのだ。かつて、水辺は都市の貴重なオープンスペースとして機能していた。市が開かれ、景色を楽しみ、遊興し、船遊びをしたり、夕涼みをしたりと水の恩恵を被るだけでなく、人々の生活に欠かせない場となっていた。

3. 近代化の過程で忘れ去られた水都

▶ 霧散する水都の面影

　水辺と都市が一体となった関係が水都にはある。互恵の関係であってこそ、深い絆が生まれる。しかし、逆にそこに綻びが生じると、そのつながりは、いとも簡単に霧散する。近代以降はその関係を揺るがす大きな変化が起こった。

　近代黎明期は舟運を主体として、水辺が都市の顔となった。しかし、それは長く続かなかった。蒸気機関の普及、橋梁など構造技術の発達とともに、次第に陸上輸送へと物流が転換する流れが起きた。そして水都の産業を支えた舟運も、大型蒸気船の導入により、港湾の沖出しや移転が起こり、市街地から遠く離れていった。

到来した本格的な近代化の波とともに、都市には人々が押し寄せ、市街地は爆発的に拡大した。そのことは建築物の高層化や都心部の再開発、郊外部の新市街地開発など、都市に劇的な変化を起こしたが、その影響は水辺にも及んだ。市街地は水際まで膨れ上がり、洪水や高潮などの災害は深刻な被害をもたらした。工業化や人口集中による地下水くみ上げによる地盤沈下、生活排水の増加による水質汚濁、悪臭など、水辺を取り巻く都市病理が噴出した。

　その利用価値が低下してしまった水辺は、いつしか吹き溜まりのような場所となり、災いをもたらす危険な場という色あいが次第に濃くなっていった。

▶ 水辺と都市の空間的断絶

　さらに、モータリゼーションの到来が追い打ちをかけた。溢れかえる自動車と、慢性的な渋滞問題は都市政策上の頭痛の種となった。近代以前に成立した水都では、物理的に自動車を走らせるような空間がない。そこで利用されたのが使われなくなっていた水辺だ。東京の日本橋川、大阪の東横堀川、韓国ソウルの清渓川、マドリッドのマンサラネス川などのようにかつて河川を利用して道路を通した例は数多く見られる。自動車時代の到来は、かつて多くの水都がもっていた市街地と水辺の空間的なつながり自体を決定的に断絶させた。

　一方で、急膨張した都市の災害問題に対処するため、治水対策としての河川整備も進められていった。洪水や浸水を防ぐための堤防や堰の整備が急がれた。都心部では河積の流下能力に余裕がないため、河川の断面形状は周囲をコンクリートに覆われたカミソリ型となり、水辺と都市との物理的、視覚的関係を断絶してしまった。同時に、安全確保、治水重視の公物管理の徹底によって、利活用が限定された。そのことは安全性や合理性をもたらした反面、水辺の多面的利用、自由な場という意味での魅力が失われた。このような経過を経て、水辺は忘却空間となり、水都の面影は消え失せた。

4. 再び高まる水辺への関心

▶ 水辺の可能性

しかし、20世紀後半から21世紀に近くなると、都市と水辺の断絶された関係に再び変化の兆しが見られるようになった。

環境への関心の高まりにより、上下水道の充実や浚渫等による水質改善が進み、水はかつての美しさを取り戻しはじめた。また、アメニティ、景観といった空間や環境の質への関心も高まっていった。さらに、生物多様性やヒートアイランド現象の緩和など、新たな価値観から水辺の可能性が評価されるようになった。

親水性や市街地とのつながり、人々の水辺利用を念頭に置いた整備も始まるようになった。広島では太田川・元安川の親水護岸のような先進的な水辺景観が生まれた。

並行して、安全性の確保もすすんだ。ロンドンやシンガポールなどは堰などの治水事業によって水辺が安全な場所となった。多くの都市では堰や護岸整備、放水路や下水機能といった対策が進み、安全性を確保しつつその利活用を考える条件が整った。

▶ 水辺の転換が都市を変える

都市の土地利用の転換、機能更新という観点からも、都市の水辺にその活路を見出す取り組みもでてきた。サンアントニオでは、戦前から取り組んできたリバーウォーク構想をもとに、戦後にはPaseo del Rio（リバーウォーク再生計画）により、忘れ去られていた水辺空間を活用して、集客都市への転換に成功した。

一方で、かつての港湾系、工業系土地利用が移転もしくは衰退し、低未利用化していた水辺の有効利用を図っていこうとするウォーターフロント再開発の流れが起き始める。こうして、都市の活性化、再生という観点から水辺のもつ役割を見直す動きは広がりを見せ始めた。ボルティモアのインナーハーバー、神戸のハーバーランドなどがその例だが、欧米アジアの主要大都市では同時期に同じような動きが同時多発的に進んだ。

そして、国際的な都市間競争の時代を迎え、都市の更新・強化あるいは都市再生、都市アイデンティティーの確立といった観点から、未活用で都心に近接し魅力的な空間的資源を有する水辺に再び関心が向けられるようになった。

5. 水辺からの都市再生 文化との接合

都市にとっての水辺を再び有効活用し、再生した都市の顔、シンボルとして発信していく試みは各地で具体的に動き始める。スペイン、バスク地方の小さな工業都市にすぎなかったビルバオでは、水辺に建つグッゲンハイムビルバオ美術館（写真1）が新たなまち再生のシンボルとなった。水辺が次代のビルバオを担う中心となり、文化による劇的な復活を実現した。

20世紀が拡大する都市にあってモータリゼーションなどもっぱら山積する都市病理への対処に追われていたのに対し、21世紀は成熟化の過程に入る。情報・文化といった創造性が都市を牽引する力となり、都市を主役である人のための空間へと転換していこうとする流れが生まれた。水辺でも自動車や工業、物流に独占されていたのを、再び人のものへと取り戻そうとする動きが起こる。

水辺は誰かに独占されるべきものではなく、パブリックな場所であるべきという理念から再生に取り組む動きも出てきた。ロンドン、テムズ川沿いでは、水辺の魅力を生かして、遊歩道や船着場でつなぎながら、倉庫や工場を美術館などの文化施設、オフィス・住宅などへ転換することにより、再び人の場所へと転換することに成功した。

▶ 都市再生のキー・スケープとしての水辺

もともと水辺をその骨格に据えた構造を持つ水都では、水辺は都市の中心であり、かつ遮るものがなく見通しのきく特性もある。だから、その風景は都市の顔となる。事実、多くの水都ではその風景が都市のアイデンティティーとなっている。忘れ去られた水辺空間を再び都市の象徴としていく動きも起き始める。

ソウル、清渓川ではかつてモータリゼーションへの対応と水質悪化問題から、

写真1　再び水辺とつながった都市へ　グッゲンハイムビルバオ美術館

河川を暗渠化し、高架道路を整備した。しかし、その老朽化に伴い、暗渠化されていた河川を復元し、清流の流れる水辺のプロムナードを整備した。生物多様性の確保や、ヒートアイランド対策、人中心の公共空間への転換、疲弊する中心市街地の賦活といった21世紀都市が対応すべき課題を解く方法として、水辺の再生を選択した。結果、清渓川の水辺は新生ソウルを代表する都市風景の象徴（写真2）となった。

▶水辺と都市・人との関係を紡ぎ直す

　次世代都市への転換をはかるために水辺を再生するという計画手法は世界の都市再生の趨勢として定着しはじめた。成り立ち、歴史文化、地勢的重要性、景観的な魅力、舟運の活用など、さまざまな観点から水辺のもつポテンシャルは計り知れない。

　しかし、注意しておきたいのは、水辺だけを見るのではなく、水辺と都市との関係を紡ぎ直す、という視点が重要であるということだ。

　ウラとなった水辺を再びオモテに変えることは、さびれた水辺の低未利用

写真2　ソウル・清渓川

地を使って小綺麗なオープンスペースを整備する程度のことでは解決しない。水辺を魅力的な場所としてプレイスメイキングしながら、水辺と都市を結びつけ、新たな時代にふさわしい水都を創造するという、境界を超えた大きな構想力が必要なのだ。

　仮に、水辺に美しい遊歩道や船着場ができたとしても、それが人々の日常や非日常を問わず、都市で暮らす人々の日々の生活と密接な関係を持っていなければ、人のいない寂しい光景が生まれるほかない。かつて水都が有していた人々と水辺との濃密な関係が、長い年月のなか、次第に忘却されるに至った足跡を振り返れば、表層的な空間操作程度でかつての濃密な関係を再び取り戻すことはできない。

　つまり、水都に暮らす人々の生活と水辺との関係を、もう一度つなぎ合わせなければならない。散歩、憩い、ビジネス、観光、歴史文化、祭り、レクリエーション、交通、人の流れ、景観……あらゆる観点から水辺と都市との関係を再構築しなければならない。

▶ 水辺の利活用と規制緩和

しかしながら、それは簡単ではない。水都再生を実現するには、改めてなぜ人々が水辺を忘却してきたかを冷静に見つめ直さなければならない。産業においても日常生活においても人々と水辺の関係が断絶されたこと、各種治水対策は進んだとはいえ未だ災害の脅威は消えないこと、水辺が魅力的な場所となっていないことなど、様々な理由が複雑に絡み合う。なかでも、公物管理など空間利用に関する規制のあり方という問題は避けては通れない。

河川でいえば、わが国では河川法がそれにあたる。当初は治水、のちに利水を加えるなど時代に合わせて改正されながら河川法は河川管理法として運用されてきた。長らくその考えは変わらなかったが、時代の変化とともに、1997年にはその目的に河川環境の整備と保全が目的に加えられた。環境保全やレジャー、観光利用といった視点も加味されることとなった。これが転換点となり、水辺の利活用は一定進んだ。しかしながら、水辺の賑わいを生み出していくには、河川空間のより積極的な利用、都市とのつながりを強める、賑わいに資する利用、舟運の活性化などが求められるようになった。そこで、河川敷で賑わいの創出をはかる際に支障をなくすため、2004年には国土交通省河川局が「河川敷地占用許可準則の特例措置」の通達を出し、社会実験としてカフェテラスやイベント等の利用が可能になった。広島や大阪がこうした制度適用によって水辺の賑わい空間の創出に成功した。大阪では、特例措置区域を順次拡大し、河川区域に川床を設置した北浜テラスや川の駅はちけんや、とんぼりリバーウォーク（写真3）などその利活用が進んでいる。さらに2011年に準則改正により、特例が一般化され、河川敷地でオープンカフェなどの民間営業も可能となった。

また、2011年の都市再生特別措置法の改正にあたっても、公共空間の利活用に関する規定の弾力化は盛り込まれた。これまでは「一定の要件を満たせば使っても構わない」という立場から、「公共空間の積極

写真3　とんぼりリバーウォーク

的な利活用により、都市の活性化と管理の高質化を実現する」という姿勢へ転換がある。水辺空間の利活用は都市再生と連動した動きが始まっている。

▶ポリシーミックスとしての都市再生

　水辺と都市の関係を再構築するには、それぞれの管理・計画・事業部局が都市の将来像を共有し、足並みをそろえることが重要となる。いわゆる役所のタテワリを打破していくことが求められるが、役割の異なる組織で目的を共有することは容易ではない。次世代都市への転換をはかるための水辺再生という政策が浸透する組織のあり方や仕組みづくりは大きな課題だ。行政で言えば、河川部局、公園部局、都市計画部局、経済部局、企画部局といった様々な部局が関わる事項だ。また、商業者、舟運事業者、観光事業者、水辺の地権者といったステークホルダーを巻き込みながら取り組んでいくことも必要だ。

▶シビックプライドの醸成とプレイスメイキング

　そしてなによりも重要なことは、人々の意識を変えることだ。忘却の彼方にあった水辺は再び都市との関係を取り戻す動きはすでに始まっている。多くの人々の共感も得ている。水辺を愛してやまない人々が自ら様々なアクションを展開しはじめてもいる。そのことが変化を起こしている。事実、水都再生に取り組む多くの都市では、水辺のオープンカフェなどの賑わい施設や、舟運の活性化、橋梁や建築のライトアップ・イルミネーション、遊歩道や広場の整備、水辺の再開発などにより、実際に水辺に足を運び、時を過ごす機会も増え、水辺が身近な存在として定着し始めている。

　しかし、まだまだ水辺はあらゆる人々にとって近い存在になったとは言い難い。日常生活のなかで水辺が登場するシーンを増やし、そのことが都市生活を豊かにしてくれる、という水辺と都市の良好な関係をさらに強くするには、こうした理念を都市のビジョンに据えて、その実現に向けた戦略を立て、水辺が変わったと実感できる具体的な「変化」を生み出し、共感を得ていくプロセスが欠かせない。水辺のアクティビティーを豊かにするプレイスメイキング（写真4）、河川や公園整備にあたって遊歩道や親水護岸、船着場など水辺と都市との関係を紡ぎ直す都市デザインを点ではなく、線や面としてつなげること、

写真4　水都大阪再生のアイコンとなったラバーダック（水都大阪2009）

沿川敷地の土地利用転換や再開発にあたっては水辺と一体となった整備をはかること、水辺のにぎわいや安全管理などを行政任せにせず、エリアマネジメントとして民間や地域などが主役となること、そして、市民自らが水辺を都市の誇れるアイデンティティーとして愛着を持ち、それが広がり、共有されるシビックプライドの実践が求められる。

▶多様な主体が関われる機会づくり

　水辺のにぎわいを生み出していくためのビジネスモデルや市民が関われる場づくりも充実させていく必要がある。一旦は忘却された水辺では、潜在的な立地ポテンシャルはあっても、民間や地域が持続可能な形で関わり続けられるモデルがあるわけではない。仕組みや方法をゼロから考え、育てていく必要がある。水辺でビジネス、まちづくりといっても、まだ実例は少ない。社会実験を繰り返し、一つ一つ問題を解決しながら、成功事例を増やし、水辺空間マネジメントの経験を積む必要もある。つまり、水都を人々の手に取り戻すため、水都再生を実現するためには、実現に向けた多面的なアプローチを粘

り強く継続する必要がある。それは、単純な一事業のステップアップではなく、水辺を使いたいと思う共感が広がるようなムーブメントが欠かせない。

　水辺でコトを起こし、魅力的な水辺をつくり、それらをまちとつなぎ、水辺から都市を展望し、これらのアイデアや計画を動かす仕組みをつくる。この多元的取り組みを繰り返すことが欠かせない。

　もっと水辺を活用したい、もっと水辺を魅力的にしたいという人たちはたくさんいる。その共感が広がれば、水辺と都市との良好な関係を紡ぎ直す動きは自律的となる時がくるはずだ。

6. 水都大阪のこれまでとこれから

▶ 水の都　大阪

　大阪は古代には上町台地が突き出した岬で、以降は内陸側に堤防を築き陸地をつくり、水運の利便性を考え運河を掘削し、港を整備し、後の難波宮へと受け継がれる。大阪の原点ともいえる難波津は遣隋使が出帆港であり、世界とつながる海のシルクロードの終着点でもあった。

　時は流れ、近世にさしかかると、豊臣秀吉の城下町・大坂の開発、そして三の丸の築造に伴う船場開発、そして江戸時代に入ってからも引き続き船場・島之内の開発によって大坂には次々と運河が掘られ、町が開発されていった。当時の水辺は「浜地」「浜」と呼ばれ、堀川沿いには公共地が展開していた。浜地には傾斜した石積み護岸がつくられ、水辺と都市とのアクセシビリティに優れた空間が生み出されていた。浜地は舟運に利用されるだけでなく、夕涼みや遊興など洗練された都市文化を象徴する親水空間として親しまれていた。

　市街を縦横無尽に流れる堀川は大阪が水都と呼ぶに相応しい姿だった。近代に入ると、大阪では商業、紡績、鉄鋼などの産業が栄え、その経済力を背景として近代建築がつくられ、文化・芸術が華開いた。そしてその輝きは水辺にも現れる。水辺に向かって建つモダン建築や橋梁、公園といった風景が大大阪の偉観となった。

▶近代化の波に漂う水都

「大阪は水の都である。水都大阪の美観は先ず水邊からである。」当時、大阪の橋梁事業の意匠設計顧問であった武田五一とともに橋梁設計に携わった大阪市技師堀威夫はこう言った。近代都市計画の初期段階に、質の高い橋梁や公園整備を通じ、水都大阪の美観形成が行われ、都市美運動と一体となった水都づくりの動きが加速していった。いわば、大阪＝水都として都市をデザインしていった。

しかし、その後水都大阪の面影は徐々にその存在感を弱め、「水の都」から「煙の都」へとその名を変えてゆく。陸運への転換、船舶の大型化による港湾の沖出し、工場や急激な人口増による河川汚染によって、水辺は人々の記憶から遠ざかっていった。戦後になってその流れはさらに加速する。室戸台風など度重なる水害への対応、地下水の汲み上げによる地盤沈下、モータリゼーションへの対応から、水辺とまちを隔絶する堤防が築かれ、堀川の多くは埋め立てられ、辛うじて残された堀川の上にも高速道路が建設された。こうして輝かしき水都大阪はいつの間にか人々の記憶から霧散した。

▶水都大阪の再生という挑戦

忘れ去られた水都大阪。それを再び目覚めさせるきっかけとなったのが、2001年「水都大阪の再生」都市再生プロジェクトへの決定だ。これを契機に世界でも稀な都心部をロの字に流れる堂島川・土佐堀川・木津川・道頓堀川・東横堀川を水の回廊として再整備し、水辺を再び人々に愛され親しまれるような場所へと転換していく取り組みが始まった。水辺からの都市再生だ。とんぼりリバーウォーク、八軒家船着場など遊歩道や船着場の整備によって水辺空間づくりが進められた。

▶自律的に広がる水都大阪の取り組みへ

そして2009年には、水都大阪再生のシンボルとして「水都大阪2009」が開催された。水都大阪2009のキーワードは連携・継承・継続。単なる予算消化型のイベントではなく、水都大阪の復興を実現していくための将来への継承を目指したプログラムとして企画・実施された。水辺を魅力的な場所として

写真5　北浜テラス（写真：北浜水辺協議会）

水辺を使いこなす人々を増やしていくソフトプログラムと、その利用を実現するための河川・公園空間の規制緩和、社会実験の展開がその特徴だ。代表例が沿川の建築から堤防上にはり出して川床を設置する「大阪川床・北浜テラス」をはじめとする数々の取り組みだ。地元まちづくり団体の強い思いから社会実験が実施され、その結果、規制緩和が実現された。川床を出す店舗も順調に増え、いまでは北浜の名所として定着している。その後さらにその取り組みは広がりを見せ始めた。市民や民間を巻き込みつつ、大阪の新たな風物詩や水辺の楽しみ方の提案、着地型観光商品、周辺のまちづくりの活性化に至るまで水都大阪の活動は広がっている。より質の高い都市デザインの実現、人々が水辺を愛し日常のライフスタイルへの取り込み、水都を誇りに思うシビックプライドの醸成、など大阪を代表する都市ブランドとしての水都を実現すべく、社会実験や規制緩和による賑わいづくり、新たな水辺の使いこなしの提案、水辺に関わるまちづくりの担い手の育成とコミュニティデザイン、水辺を活かした民間投資、経済活性化などの試みを一体的に取り組み始めた。

すでに水都大阪の取り組みは、未活用の水辺の積極的利用というレベルを超え、都市・大阪を再生するための壮大な挑戦といえる広がりをみせている。今後はこうした動きをさらに広げつつ、沿川の再開発や土地利用転換のタイミングと合わせて、水辺の都市デザインを充実していけば、大阪は古代、近世、近代と並ぶ水都へと復活を遂げるにちがいない。

水都大阪の挑戦はこれからも続く。

参考文献

- 嘉名光市他（2015）『都市を変える水辺アクション 実践ガイド』学芸出版社

第9章

生きた建築ミュージアムによる大阪の都市再生

》高岡伸一

1. 大阪市「生きた建築ミュージアム事業」

　地域の文化資源を活用した地域活性化事業は全国各地で実施され、そこでは建築物が重要な役割を果たしているが、近年、建築物を一斉に公開するいわゆる「オープンハウス」が、国内の各都市で取り組まれている。

　大阪市でも、市内に建つ建築物の再生・活用を推進し、大阪という都市の魅力を創造・発信することによって都市再生へと繋げようと、オープンハウスの実施を含む「生きた建築ミュージアム事業（以下「本事業」）」が、2013年度から実施されている。本事業は後述する「生きた建築」という概念のもと、歴史的建築物のみならず、1990年代の現代建築までを幅広く対象としている点で特徴的であり、オープンハウスの規模が他の事業と比較して格段に大きく、国内最大級を誇る。

　本事業は、2012年12月に策定された「大阪都市魅力創造戦略（以下「戦略」）」に位置付けられる。大阪府と大阪市は、いわゆる大阪都構想など、府市共通の課題について協議することを目的に、2011年12月に大阪府市統合本部を設置した。その議題のひとつが都市魅力創造であり、統合本部の決定に基づいて設置された大阪府市都市魅力戦略会議によってまとめられたのが「戦略」である。

　「戦略」を受け、2013年度から大阪市都市整備局を主要部局として、「生きた建築ミュージアム事業」が事業化された。「戦略」では2015年を全体のシ

ンボルイヤーと位置付けていたことから、本事業は2015年度までの設定で開始された。本稿では、本事業の概要を示した上で、事業の3本柱である「選定」「再生」「活用」の取り組みについて具体的に論じ、最後に本事業に至った背景と今後の展望について述べる。

　なお、筆者は本事業における有識者会議委員の一員を務め、企画段階から継続的に事業に携わってきた。

2. 選定

▶「生きた建築」

　有識者会議では、まず大阪という都市の魅力を創造・発信する「建築ミュージアム」を構成する建築とは、一体どのようなものであるかについて議論し、本事業に独自の概念として「生きた建築」を定義した。結論からいえば「生きた建築」とは、「大阪の歴史・文化、市民の暮らしぶりといった都市の営みの証であり、様々な形で変化・発展しながら、今も生き生きとその魅力を物語る建築物等」のことである。その特徴としては、主に次の3点をあげることができる。

　第1は、概ね20世紀全般を対象期間とした点である。文化財においては建設後50年を経過していることがひとつの目安となるが、戦後の建築に対する評価が急務とされる現状を踏まえつつ、大阪という都市の特徴を、コンパクトな圏内に近代以降、大大阪時代、戦後の高度経済成長期から大阪万博の時代、そしてバブル経済期を経て現代に至るまで、各時代の建築が混在して都市を構成している点にあると捉えた。

　特徴の第2は、近現代建築史にその名をとどめる著名な建築家の作品や、特筆すべき建築のみならず、その都市やある時代を特徴づける、無名の建築やインテリアも積極的に取り上げた点である。例えば喫茶店やバー、レストランといった飲食店舗のインテリアなどは、建築史の文脈で語られることは稀であるが、近現代の都市文化を語る上では、欠かせない存在といえる。

　そして特徴の第3は、「生きた建築」の価値を、文化財とは異なる文脈に据えた点である。文化財としての建築の保存においては、オーセンティシティと

インテグリティの保持が重要とされ、特にオリジナルが重視される。それは建築をある時代の「遺産」と捉え、その時点における状態を損なわないように保存・継承しようとする態度といえる。しかし「生きた建築」では、歴史的に古い建築であっても「遺産」とは捉えず、あくまで現在の建築として評価することとした。オリジナルに近い状態で現在も活用されている歴史的建築に、高い価値があることはいうまでもない。しかし多くの建築では、長いライフサイクルの中で所有者が変わり用途が変更され、その時々の社会状況や所有者の事情に応じて改修や増改築が重ねられてきた。その結果、長い時間を経た建築は、竣工時から大幅に改変されている場合が一般的である。しかしそこには、所有者をはじめとする各時代の多様な人々の営みが織り込まれ、その痕跡からは、都市の歴史や文化の変遷を読み取ることができるはずである。そこで「生きた建築」では、建築の竣工時から現在に至るまでの時間軸全体を対象に据え、建築から語りうる都市の豊かな物語性を重視した。従って文化財としての保存の原則からいえば評価されないいわゆる外壁保存の建築であっても、何かが継承され、そこに都市的な意義が見出せるならば、「生きた建築」として評価することとした。

つまり「生きた建築」は、建築自体の文化財的な価値よりも、都市の空間と時間を構成する、持続する都市財としての価値を評価するものといえる。

▶「大阪セレクション」の選定

本事業では大阪の「生きた建築」を代表するものとして「大阪セレクション」を設定し、50件の建築を大阪市長名で選定した。

選定方法は客観的な評価項目に基づくものではなく、有識者会議の議論によって絞り込まれていった。大阪セレクションは建築の順位を決めるものではなく、50件の全体で大阪という都市の魅力を表現することを目的としたものであり、時代や分布、そしてビルディングタイプ等、バランスと多様性に配慮して全体を決定している。従って大阪セレクションに選定される価値を十分に有していても、類似のものが複数ある場合は選外となった建築もある。また「戦略」が民主導による都市魅力創造を重視していることから民間建築を対象とし、公共建築は除外した。加えて既に価値が定まっているという理由から、指

定文化財も対象外としている。

　大阪セレクションに選定された50件の建築について、一覧表を表1に、地理的な分布を図1に示す。

　範囲は有識者会議の議論によって「戦略」の想定よりも拡大され、北は梅田から南は天王寺まで、東は東横堀川から西は西区の木津川を越えた川口まで広がった。時代は20世紀全般としつつも、結果的には大大阪時代に建てられた船場の近代建築と、高度経済成長期に建てられた御堂筋周辺のオフィスビルを中心とする構成となった。

3. 再生

▶生きた建築ミュージアム・大阪セレクション再生補助金の交付

　本事業では、選定された大阪セレクションの魅力の維持・発展のために必要と認められる工事に対して、工事費の一部を助成する「生きた建築ミュージアム・大阪セレクション再生補助金」が設けられた。単純な工事の補助ではなく、助成に際しては建築を公開するなど、その魅力を社会に発信することを条件とし、工事内容も外観の整備やライトアップ、案内板の設置といった建築の魅力の発信に資するものに限定され、内装工事などは対象とならない。補助金は工事費の2分の1以内かつ800万円を上限とし、事業予算の範囲内で交付される。基本的には公募だが、候補の建築が大阪セレクションに選定された50件に限定されるため、大阪市の担当者が各建物関係者にヒアリングを行いながら、補助対象が決められていった。

▶再生事例

　交付実績としては、2013年度に堺筋倶楽部、2014年度に通天閣、そして2015年度に長瀬産業大阪本社ビルに対して、それぞれ補助金が交付された。

　堺筋倶楽部は1931年に川崎貯蓄銀行大阪支店として建てられた堺筋沿いに建つ建築で、現在はイタリアンとフレンチのレストランとして活用されている。夜間の演出効果の向上を目的として、外観のライトアップを中心とした改修工事に対する補助金487万円が交付された。改修計画に際しては、有識者会議

写真1　堺筋倶楽部　　　　写真2　通天閣の復刻された天井画　　　写真3　長瀬産業大阪本社ビル

の委員から意見の聴取が行われ、建築の魅力を効果的に発信する工事となるよう調整が図られた。

　通天閣は1956年に2代目として建設された大阪のシンボル的存在である。今回、免震工事や天井画の復刻を含めた大規模な工事が実施された。その工事の一部として補助金800万円が交付され、免震部分や照明器具の化粧カバー製作費等に充当された。

　長瀬産業は1928年に建築家・設楽貞雄が設計した3階建の旧館を核に、事業の拡大に伴って増築を重ね、その統一感のある建築群が優れた都市景観を創出している化学系商社の本社屋である。旧館の外観の補修とライトアップに対して、560万円の補助金が交付された。

4. 活用

▶オープンハウス・ロンドンというモデル

　建築の魅力はやはり実際に訪れ、その空間を体験して初めて感得されるものである。そこで本事業では、選定と再生に加えて、「生きた建築」を実際に体験してもらう取り組みとして、建築を一斉に公開する「オープンハウス」イベントを「活用」として実施することにした。

　欧州ではオープンハウスは20年以上の歴史を有し、主に2種類のフレー

表1 大阪セレクション一覧

分類			1910年代	1920年代	1930年代	1940年代	1950年代	1960年代	1970年代	1980年代	1990年代
銀行				1926 三井住友銀行大阪本店ビル							
倶楽部				1924 大阪倶楽部	1930 中央電気倶楽部						
百貨店・ターミナル				1922 大丸心斎橋本館 1928 髙島屋東別館	1932 南海ビル			1969 阪急三番街			
事務所	中高層ビル			1928 長瀬産業大阪本社ビル 原田産業大阪本社ビル 武田道修町ビル	1933 大阪ガスビル 1938 日本生命本店本館			1960 輸出繊維会館 1964 浪花組本社ビル 御堂筋ダイビル 1965 御堂ビル			1993 オーガニックビル
	超高層ビル										1993 梅田スカイビル
教会・寺院				1920 川口基督教会 1922 大阪教会				1962 本願寺津村別院			
ホテル								1965 リーチバー [リーガロイヤルホテル]	1979 スリープカプセル [カプセルイン大阪]		
商業施設							1953 ギャラリー再会 1955 堂島サンボア バー 味園ユニバースビル	1963 純喫茶アメリカン 1968 食道園宗右衛門町本店ビル			
都市居住	非木造（複合用途）			1925 船場ビルディング			1958 西長堀アパート				
	近代木造（複合用途）			1924 清水猛商店 1928 北野家住宅							
モニュメント・タワー							1956 通天閣	1963 梅田吸気塔			
転用保存構法等	レストラン等		1912 北浜レトロビルヂング	1922 新井ビル 1925 今橋ビルヂング 1926 ルポンドシエルビル 1927 芝川ビル	1931 堺筋倶楽部						
	テナント等			1921 青山ビル 1923 伏見ビル	1930 生駒ビルヂング 1935 江戸堀コダマビル						
	保存・活用構法		1918 グランサンクタ淀屋橋	1925 ダイビル本館	1935 大阪証券取引所ビル			1961 大阪商工信用金庫本店			
都市開発									1970 マヅラ[駅前第1ビル] 1970 船場センタービル		

図1 大阪セレクションの分布

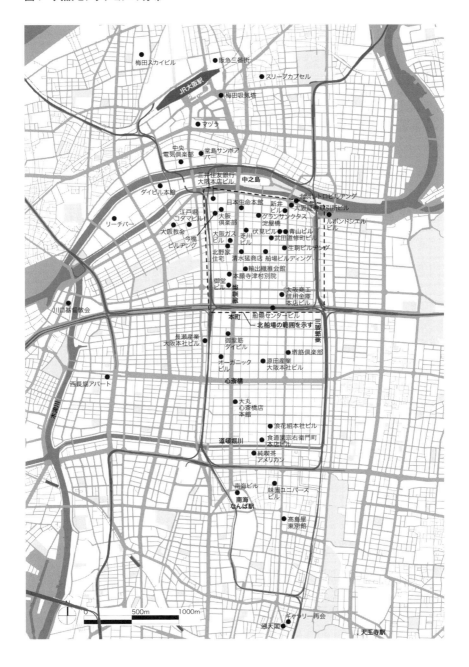

ワークのもとに実施されている。ロンドンにおけるオープンハウス・ロンドンを発祥とし、現在33都市が参加するオープンハウス・ワールドワイドと、欧州評議会と欧州連合EUが主導する欧州遺産の日（European Heritage Days）である。いずれも年に1回特定の週末に、普段立ち入ることのできない建築物等を原則無料で一斉公開するもので、参加と体験を通じて、建築や都市、あるいは歴史に対する市民の関心と理解を高めることを主な目的としている。イベントには開催地の市民に加えて観光客も数多く訪れ、1992年に始まったオープンハウス・ロンドンなどは、今や700〜800件の建築が公開され、延べ25万人が参加する巨大イベントへと成長している。

　ロンドンでは公開される建物も多岐に渡り、歴史的建築物をはじめ、市庁舎や文化施設などの公共機関、民間企業のオフィスビルや商業施設、更に個人の住宅や集合住宅に至るまで開放される。普段は有料の施設が、この日だけ無料で公開されるところも多い。イベント時には街のあちらこちらにシンボルカラーであるグリーンのバナーが掲示され、地下鉄の車内や街角でガイドブックを開いて、次はどこへ行こうかと思案する人たちを多く見かけるなど、街全体が祝祭の雰囲気に包まれる。人気の建物は行列必至で、例えば2013年はバターシーの旧火力発電所が再開発前最後の公開とあり、6時間待ちの行列ができたという。公開現場の対応は基本的に各建物に任されており、市民ボランティアが大きな役割を果たす。この機会を企業PRに活かそうと、事業を紹介するブースを設けてスタッフが説明するところも多い。イギリス人建築家、R・ロジャース設計の代表作であるロイズ本社は毎年人気の建物だが、高いセキュリティが求められる保険会社であるはずなのに、この日は一般のオフィスフロアも開放され、社員の机の上に置かれた書類が見えるような位置まで近づくことができる。

　本事業ではオープンハウス・ロンドンをひとつのモデルとして、誰もが自由に見学できる建物公開イベントを実施することで、多くの市民に建築の魅力を体験する機会を提供することを考えた。

▶ **実証実験の実施**

　オープンハウスは、実施主体と建物所有者、そして参加者の大きく3つの主

体によって成立するイベントであるが、不特定多数の一般参加者が建物内でどのような振る舞いをするか想像が付かないなど、プライベートな領域を開放する建物所有者や管理者にとっては、リスクの大きいイベントといえる。オープンハウスの開催には、何より建物所有者の同意と積極的な協力体制が前提となるが、実績の全くない状態でイベントの内容を理解してもらい、協力を得ることは難しいと思われた。そこで2013年の事業初年度は、小規模な実証実験を試行し、その結果を検証して実績をつくった上で、翌年度に本格的なイベントを開催しようと考えた。

実証実験は11月23日(土)・24日(日)の2日間を中心に、「生きた建築ミュージアム2013・大阪セレクション×実証実験」と題して、大阪セレクションに選定された建築を中心に10のプログラムが実施された。特別公開だけでなく、ツアーやトークイベントなど多様なプログラムを実施して、各形式の効果を検証できるようにした。

試行的な実証実験で大々的な広報は行わなかったが、それでも多くの参加者が集まり、テレビ局の取材も行われた。参加者に対して行ったアンケートの結果も、「とても良かった」「良かった」の合計が90％を上回り、特に大きなトラブルもなく、建物所有者からも好意的な感想を得ることができた。

▶「生きた建築ミュージアム フェスティバル大阪2014・2015」の実施

前年度の試行を踏まえ、2014年度は本格的なオープンハウスを実施すべく準備を進め、11月1日(土)・2日(日)の週末2日間を中心に、「生きた建築ミュージアム フェスティバル大阪2014(通称「イケフェス大阪2014」)」を開催した。公開された建築は「大阪セレクション」を中心に55件を数え(うち大阪セレクション45件)、77の多様なプログラムを設定して、延べ約1万人の参加者を得ることができた。

秋の週末に2日間開催というスタイルは、オープンハウスに倣ったものである。オープンハウス・ロンドンの創始者であるV・ソーントン氏へのヒアリングでも、長期間実施するとイベントとしての祝祭性が薄れて注目度が低くなり、公開する側の負担も大きくなるとのアドバイスを得た。当然2日間で全ての建築を巡ることは不可能だが、それゆえに参加者は事前に見学ルートを熱心に検討し、

写真4（上）　公開された船場ビルディングの様子
写真5（下）　御堂ビルで行われたかんな削り体験

終了後も来年はどこを巡ろうかと、関心を継続させる効果が期待できる。

　イベントの周知は、詳細をまとめたガイドブックの発行と、地下鉄構内等へのポスターの掲示、そして大阪市のホームページを中心としたインターネットによる情報発信を行い、SNSのtwitterも積極的に活用した。開催当日は公開された建築のひとつにインフォメーションセンターを設けてスタッフが常駐し、総合案内とプログラムのキャンセル待ち等の対応を行った。ロンドンではガイドブックが有料で販売され、売上げがイベントの大きな財源となっているが、本事業は大阪市の公共事業であるため、1万部印刷したガイドブックは、大阪市役所など市の関連施設等で無料配布された。

　建築の公開にあたっては、建物所有者や管理者の事情に柔軟に対応できるよう、公開の度合いを複数設定した。最も望ましいのは誰でも自由に見学できる無限定の公開であるが、セキュリティや人員等の問題から難しい場合は、時刻を指定する方法や、事前申込にして参加者情報を把握する方法などを採った。また自由見学が難しい場合は、解説者や管理者と一緒に回る方法を採り、単体の建築を見学する「特別見学会」と、複数の建築を巡る街あるきの「ツアー」を設定した。

　2015年度も2014年度とほぼ同様の体制と内容で、10月31日（土）・11月1日（日）に開催した。参加建物は55件から95件と1.7倍に増え、参加者も述べ3万人と3倍に増大した。公開建物は北船場の近代建築や御堂筋沿い

のオフィスビルを中心に、梅田スカイビルといった現代建築や、ミナミの喫茶店や元キャバレーといった商業施設、また建築家の黒川紀章が設計した世界初のカプセルホテルなど、バラエティーに富んだラインナップとなった。普段は入ることのできない建築の内部が公開され、安井武雄設計の大阪ガスビルや、船場の近代建築を代表する船場ビルディングなどには行列ができ、参加者はみな熱心に写真を撮っていた（写真4）。三井住友銀行大阪本店や大林組の歴史館など、平日しか開いていない施設も特別に週末公開することで多くの人が訪れ、竹中工務店の御堂ビルや村野藤吾が設計した左官会社の浪花組などでは、大工や左官を体験するワークショップなども行われた（写真5）。不特定多数の参加者に対して自由に建物を公開する「特別公開」は、2014年度の17件から34件に倍増し、プログラム全体の比率でみても、22％から28％へと増加した。これには初めて建物を公開する所有者や管理者が、最初はリスクの少ない人数限定や事前申込制で見学を受け入れ、実際に経験して状況を確認できたことで、安心して翌年度に特別公開へと踏み切れたことがある。

▶「生きた建築ミュージアム フェスティバル大阪」の評価

　イケフェス大阪2015は大きな反響を呼び、開催前から新聞・テレビ等のメディアに繰り返し取り上げられ、少ない予算の中で予想以上の成果を得て、行政内部でも高い評価を得た。長蛇の列ができた建築では、一時現場の混乱がみられたが、特に大きなトラブルもなく終えることができた。

　今後の事業に活かすため、イベント開催時と終了後に、イベント参加者へのアンケート（有効回答数約5,000）と、建物関係者へのヒアリングを行った。

　参加者のアンケート結果をみると55％が女性で、大阪市内、大阪府下、大阪府外からの参加者がほぼ3分の1ずつとなり、東京を中心に全国からの参加もあり、大阪府外の関心も高いことがわかった。参加した感想は「とても満足」と「満足」の合計で83％を占め、「大阪という都市やまちづくりへの興味・関心が高まったか」との設問に対しては、約90％が「とても高まった」「高まった」と回答した。参加者の年齢構成は、40代が最も多く26.7％で、次いで50代の24.1％となった。

　建物関係者へのヒアリング結果をみると、「思っていた以上に人が来た」「自

分たちの建物を知るきっかけになった」「社員教育の一環としたい」など、公開して良かったと答える意見が多く聞かれた。ガイドとして参加した専門家からは、「建物関係者のホスピタリティの高さに驚いた」という意見があり、多くの建築で建物関係者が積極的に参加者をもてなす場面がみられた。

3年間の事業総体としては、大いに評価できる結果といえるだろう。

5. 生きた建築ミュージアムに至った背景と今後の展望

▶ **産官学の連携を醸成してきた北船場における近代建築の活用**

本事業が3年間という短期で大きな成果を得られた主な要因のひとつに、事業主体である大阪市と、公開建物を所有・管理する企業・団体、そして建築や都市の専門家の産官学が、フラットな関係で緊密に連携するプラットフォームを構築できたことがあげられる。これは2005年頃から大阪の歴史的都心である北船場地区をフィールドに実践を重ねてきた、近代建築による地域活性化の取り組みの10年の蓄積が、その核となっている。

北船場地区は江戸時代から高度経済成長期にかけて、常に大阪の都心として都市の近代化と発展を牽引してきた。とりわけ大正時代から昭和のはじめにかけてのいわゆる「大大阪時代」には、多くの商家が木造の町家から鉄筋コンクリート造の近代建築へと建て替え、この時代の日本を代表する近代建築が多く建てられた。戦災から高度経済成長期とバブル期の開発によってその多くは失われたが、現在でも30件の近代建築が現存し、1km四方のコンパクトな範囲にこれだけの近代建築が残っているエリアは珍しい。

都市研究プラザでは、2006年の設立時から船場に現場プラザ「船場アートカフェ」を設置し、初年度から毎年「船場

写真6 近代建築を会場にした船場博覧会の様子

図2　北船場における活動主体間の連携と展開

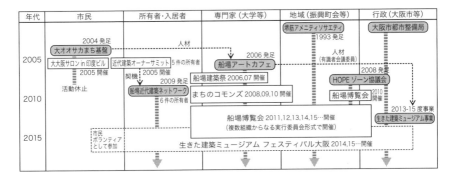

建築祭（2006，2007）」「まちのコモンズ（2008〜2010）、そして「船場博覧会（2011〜）」（写真6）と、北船場に残る近代建築の魅力を発信し、イベント会場として活用する地域活性化イベントを、建物所有者や地域の人々と毎年協働して開催してきた。

一方、大阪市でも都市整備局が地域固有の環境を活かした居住地づくりを目的に、2008年から北船場をHOPEゾーン事業のモデル地区に定め、地域の協議会を立ち上げ運営をサポートしてきた。協議会では地域でとりまとめた「まちなみガイドライン」に基づいて、修景補助制度を実施すると共に、地域の魅力を発信する地域主体のイベントを行ってきた。

2011年からはその船場アートカフェと船場地区HOPEゾーン協議会、そして堺筋の沿道企業によって構成されるまちづくり組織の堺筋アメニティソサエティが合流し、北船場の歴史と文化、近代建築やオープンスペースといった「コモンズ」を活用した「船場博覧会」を毎年11月に実施しており、今では毎年恒例の地域イベントとして定着するに至っている。

この間における、各活用主体間の関係を図式化すると図2のようになる。市民や大学、行政といった外部の存在が、所有者や地域へ働きかけることから動きが始まり、人材の移行や連携を通じてスキルや経験が共有され発展しつつ、徐々に各主体を包含するプラットフォームへと成長してきたことがわかる。

生きた建築ミュージアム事業はその大阪市都市整備局が主管部局であり、

船場アートカフェの活動を推進してきた研究者が有識者会議の委員に名を連ねている。また建物公開においてもその中核を成すのは北船場の民間の近代建築群である。つまり本事業のプラットフォームは、この10年の間に北船場において培われてきた産官学の連携がそのベースとなっており、逆にいえば、本事業は北船場の活動を更に拡張したものともいえる。

▶ 今後の展望

　当初から予定されていた通り、大阪市主催によるイケフェスの開催は2015年度で終了したが、主催者と参加者、そして建物関係者からも継続開催を望む声が強く、2016年7月に専門家と民間企業、そして大阪市からなる実行委員会が組織され、2016年は実行委員会の主催によって、11月5、6日に開催することが決定している。

　しかし実行委員会は財源と専従者を持たない任意組織であり、当面は企業協賛による開催経費の確保と、事務局的役割の相当部分を大阪市職員に依存する不安定な運営を続けることになる。当面の最大の課題は、この組織を法人化して、安定した活動を継続できる体制を整えることである。

　本事業は当初よりオープンハウスイベントの開催自体を目的とするものではなく、成熟したストック社会の実現という理念のもと、近現代建築のもつ価値と魅力を大阪の新たな都市魅力として創造・発信し、社会における建築文化を育むことで、市民の都市に対する関心を高めてシビックプライドを醸成し、もって文化的な都市再生を図ることである。そのためにはオープンハウスイベントの開催のみならず、現在の都市を構成する「生きた建築」としての価値を多様な手法によって市民社会に発信する、大阪における建築文化の拠点機関となることが求められる。それは建築文化が市民社会に未だ根付かない日本において、大きな挑戦となるだろう。

　（本稿は、高岡・嘉名・倉方・佐久間（2016）をベースに、大幅に加筆・修正したものである）

参考文献

- 高岡伸一・嘉名光市・倉方俊輔・佐久間康富（2016）「大阪市「生きた建築ミュージアム事業」の取り組みについての報告」『日本建築学会技術報告集』22巻51号 749-754頁
- 高岡伸一・嘉名光市・佐久間康富（2016）「地域資源としての近代建築の活用主体間の連携とその展開　大阪市北船場地区を事例として」『日本建築学会大会学術講演梗概集（九州）』129-130頁
- 橋爪紳也 監修、高岡伸一・倉方俊輔・嘉名光市 編著（2015）『生きた建築　大阪』140B
- 岡村祐・野原卓・田中暁子（2015）「建物一斉公開プログラム「オープンハウス」の地域資源マネジメントにおける教育・啓発手法としての可能性」『日本建築学会技術報告集』21巻49号、1241-1246頁
- 岡村祐・野原卓・田中暁子（2015）「建物一斉公開プログラム「オープンハウスロンドン」における住宅公開オーナーの参加動機と役割」『日本建築学会技術報告集』21巻47号、317-320頁

第10章

大阪の長屋保全まちづくり
―― この10年の振り返り

》藤田 忍

1. はじめに（要約）

　大阪には、全国レベルの市街地建築物法（1919）に先立ち、明治19年（1886）には「長屋建築規則」、その後明治42年（1909）には「大阪府建築取締規則」が制定され、独自の長屋、長屋街が形成されて来たという歴史がある。ここでは前面道路幅員、セットバック、1棟当たりの戸数制限などの空間的特徴がみられ、また明治、大正、昭和戦前期特に大大阪といわれる昭和一桁期など、時代ごとに材料や意匠などに特徴があり、これらは大阪型近代長屋と呼ばれている。特に大大阪時代のものは門塀、前庭、後庭を持つお屋敷風長屋や、青銅の箱軒、うだつ、袖壁などを持つもの、洋風長屋等、意匠的にも優れた魅力的な長屋も多い。

　2006年の5月に大阪市北区の豊崎の長屋街に足を踏み入れ、その魅力に一瞬で引き込まれ、大阪長屋に取り組もうと決めた日から、はや10年、これを一区切りにこれまでやってきたことをひとまず整理する必要性を感じている。

　当初の目標は、まずは3年間の大学の研究費を獲得し、豊崎のYさんの所有する仕舞屋（しもたや）といわれる立派な町家であるお屋敷（これを主屋と呼んでいる）と6棟19戸の長屋をなんとか残す。そのためには、構造的には耐震補強をし、内装・設備も一新して若者が思わず飛びついてくるような、お洒落な長屋に生まれ変わらせる、それと並行して大阪長屋の実態をつかみ、大阪全体として長屋保全の方向を探るというものだった。

大学の正式な位置づけを得るために、この豊崎の主屋と長屋を大阪市大都市研究プラザの現場プラザ・豊崎プラザとし、かつ学内の都市問題研究、基盤研究などの研究費を獲得した。

写真1　豊崎プラザの路地

　その結果は、2007年から2012年までの6年間で、主屋1棟と長屋5棟14戸の工事が竣工し、大家さん一族が目を見張って驚くような長屋再生のモデル、大阪市大モデルを作り出すことができた。最初の1戸が実現するまでの彼らの不安そうな目、表情、それに対して、出来上がった美しい長屋の室内を見渡した時の笑顔を私は昨日のことのように覚えている。

　私は設計と施工には関わっていない。その私自身目を見張ったのは、工事前は揺れていた、心もとなかった1、2階の床が補強されビシッとなり、安全が体感され、安心感が生まれ、美しいインテリア、快適性が目に見えたのである。

　しかしながら、これらを実現するためには、木造住宅の耐震補強、内装工事という設計、施工の技術、建築基準法や消防法などの法制度、不動産としての経営、居住性の向上などの住生活、工事を進めるための合意形成、専門家や行政、市民NPOによる支援といった、多くの面で問題、課題を解決することが求められた。

　このモデルを広める、さらにそれにとどまらず大阪で多様に繰り広げられている様々なタイプの長屋保全・活用事例を多くの人々に公開するイベント・オープンナガヤ大阪を開催した。

　以上の内容を敷衍し、この十年間での大阪長屋再生まちづくりの到達点と成果を述べてみたい。

図1 豊崎プラザ配置図、工事の実績

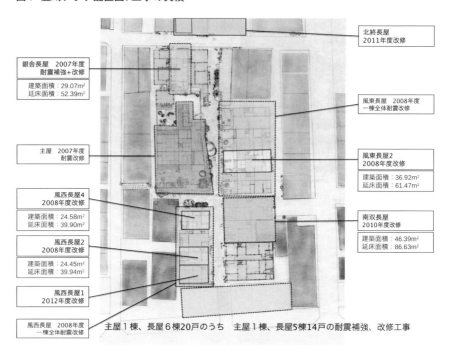

2. 北区豊崎長屋での取り組み

▶安全、安心、快適、美しい長屋

　豊崎におけるプロジェクトの第1の成果は、安全、安心で快適な、そして何よりも美しい…長屋の耐震補強、改修工事を実現したことである。これには建築家が果たした役割が大きい。

　建築家とは、「建築設計を業として、そのデザイン力の高さが世の中に認められた建築士」と私は定義している。デザイン力が高いとは、その作品が建築界等の各種の賞を数多く受けている、あるいはコンペ（競技設計）において入賞作品が少なからずあるといった具体的な指標で定義することも可能であるが、大事なことはその建築を見て、入って、実際に使い、体感した人々が心から「歓ぶ」空間を設計し実現できるということである。

豊崎の長屋プロジェクトにおいては、当時生活科学研究科教授であった竹原義二、現在同准教授である小池志保子という二人の建築家が腕を振るった。

　この二人が果たした役割は、私なりにひと言で表すと「マジシャン＝手品師」である。つまり、誰が見ても信じられないような離れ業をやってのけ、周りの人間達をビックリさせ、特に大家さんを「歓ばせ」、この住戸に住みたいという若者が門前列を成すという状況を生み出した。次頁の４枚の写真をご覧いただきたい。あたかも使用前使用後のような二組の写真である。

　銀舎長屋の工事前の凄まじい状況である。古く、汚れ、元いた居住者の適当な改修の結果見るも無残な部屋となっている。小さな欄間はポスターのような紙で塞がれていた。南側が増築されており、光も風も入ってこなかった。畳はブヨブヨだった。この部屋を見て、工事後のお洒落な姿を予想できる人はそういない。私自身イメージが全く湧かなかった。

　風東長屋は、それまでフランス人の画家が住んでおり、室内はほぼ全面薄い水色のペンキが塗られていた。なんと畳の上に板を貼り、これも同じペンキが塗られていた。柱も一本抜かれていた。欧米人は木造といえばペンキを塗るものという固定観念に縛られているのだろうか。

　こうした悲惨な状況を前にしていたにもかかわらず、建築家竹原と小池の頭の中には、すでに竣工後の全く異なる住戸の姿、皆がアッと〈歓ぶ〉部屋の様子がおおよそ浮かんでいたのである。空間のイメージ、その質感を、工事前の現場に立つ時、生き生きと思い描くこと、そこへ至る最もふさわしい「種と仕掛け」を数多くの手持ちの引き出しから取り出し、長屋マジックを我々に見せてくれたのだった。

　では、長屋再生の「種と仕掛け」すなわちここでの建築家の職能は、一般的な建物の新築の場合に比べ、どのようになるのであろうか。

　新築工事の場合、まず敷地が与えられる。工事の施主から、おおよその金額が提示される。敷地の場所によって、用途地域などが決まり、そこから建ぺい率、容積率、高さなど課される建築規制が明らかとなる。建築家はその制限内で施主にとっての最適解を作り出し、提案する。その場合使用者にとっても、近隣の社会にとっても最適解となることが求められることは当然である。白いキャンバスに絵を描く行為に似ている。

写真2　銀舎長屋1階　工事前　南から北を見る

写真3　銀舎長屋1階　工事後　北から南を見る

写真4　風東長屋1階　工事前

写真5　風東長屋1階　工事後

　長屋再生では、すでに存在している絵、それもかなり傷んでいる絵、キャンパス自体歪んでいるかもしれない絵を修復し蘇らせる行為に似ている。豊崎の場合、下絵をなるべく復元し、そのまま表に表す部分と、新しい絵の具を塗る部分とに分け、いわばモザイク状に新旧を調和させたところに特徴がある。言い換えると、木造の伝統工法と現代の耐震技術のコラボによる耐震補強工事となる。

　建築的に言い直すと、建物の現状を詳しく調べ、残して使えるものと使えないのですてるものを、仕分けなければならない。基礎、土台、柱、梁、外壁、内壁、屋根、天井…全ての部材、材料の痛み具合、使用の可否、竣工時の様子とその後の改修、補修の履歴。耐震診断のための壁の調査も行う。

　長屋再生工事では、建物ごと、住戸ごとに、状況が異なり、以上のような大量の事項について正確に把握、記述する必要があり、そこから耐震補強、改

修工事の大きな方向性を見定めなければならない。所有者の経済状態、相続の事情、施工に携わる大工工務店の技術力、行政の木造住宅に対する耐震補強への補助制度などを見極め、材料や寸法などの詳細を一つ一つ選択しあるいは決定していくことによって、その空間を実現する、これが建築家の職能である。

特にここで留意すべきは、新築では一応企画、計画、基本設計、施工・工事監理という順序で進むが、再生工事では現存する各部分を剥がしてみないとわからないことが多く、その場その場でどう対応するかを瞬時に判断しなければならないという点であろう。長屋再生のマジシャンには、反射神経の鋭さが求められるのである。

以上のように美しく快適な長屋を実現することによって、はじめて入居希望の若者のニーズをつかむことが出来、空家を埋めることが出来るのである。

▶住み続けることを大切する改修工事

豊崎長屋にはここで生まれ育ち、結婚してからもずっと住んできたお年寄りたちがいる。7〜80年住み続けてきた、長屋のいわばプロである。そんな人たちに住み続けていただきながらの耐震補強、改修工事が大きな課題として浮かび上がってきた。

大規模な耐震補強・改修工事は空家でないと出来ない。いわば空家がチャンスなのだが、では既存の居住者を追い出さなければ工事はできないかというとそうではない。豊崎での第2の成果は, 住み続けながらの耐震補強工事が可能であることを実際にやってみせたことである。

豊崎の4戸一の西長屋の場合は一戸おきに空家があったため、これらを大規模に耐震補強工事をし、間の居住中の住戸は居住者の転居期間を2〜3ヶ月と短くするために、押し入れに小型リブフレームを設置するだけという小規模な補強工事とした。これによって、家賃も小規模工事住戸は数千円程度の値上げにとどめことができ、既存居住者の経済的負担を軽くした。この提案によって居住者の合意を形成することが出来た。「住み続け工事」の実現である。

ちなみに、大規模工事住戸は小規模工事住戸の元の家賃のほぼ2倍としたが、若者が二人でシェアすれば、大阪駅から歩いて15分の立地である、充分

に魅力的な物件となった。

　既存居住者が「住み続けることが可能」な耐震補強工事は、このように工事の計画によって、工事内容、工期、家賃の上昇額などを総合的に勘案する必要がある。

▶減築

　第3の成果は、減築が居住性を向上させるという実例をつくりあげたことである。減築というのはヨーロッパの団地再生では見たことがあるが、わが国ではほとんど例がない。

　長屋は接地型住宅であることから、多くは狭いながらも庭を持っている。部屋数を増やしたいということで、庭を潰して増築している長屋が多い。面積は増えても、その分日当たり、風通しが悪くなり、居住性を損ねることになっていた。

　これを思い切って減築し、原型の庭を復元すると、日当たり、風通しが復活し、居住性の向上につながったのである。

▶登録文化財

　長屋を登録文化財として登録した第一号は、大阪阿倍野区昭和町の4戸一の寺西家長屋であるが、豊崎での第4の成果は、主屋を囲んだ長屋街を一体として登録文化財としたことである。こうした形、規模での長屋街の登録文化財は日本で初めてである。

　築後50年以上がたち、歴史的景観や造形に優れ、再現が容易でないというのが選考基準。外観を大きく変えなければ改修や改装も認められる。

　登録されると、保存・活用のために必要な修理の設計・工事監理費の2分の1が国から補助されたり、家屋の固定資産税の5割、相続税の3割が控除されたりするなどの優遇措置がある。繰り返しになるが、大阪駅から歩いて15分のいわば都心である。約440坪の敷地の地価を想像すると、相続を予定されている方々へのメリットは莫大である。

　これが実現出来たのは、ひとえに建築史家である谷直樹（当時）教授の力によるところが大きい。

全国で今、こうした歴史的な遺産を守るお手伝いをする専門家として、ヘリテージマネージャーを養成するという動きが、全国の建築士会などを中心に活発になっている。その仕事の主なものは、この登録文化財としての登録業務である。

豊崎は、大阪で毎年開催される（公社）大阪府建築士会主催のヘリテージマネージャー養成講座の一会場となり、受講生達に登録文化財＝ヘリテージの魅力を体感していただく機会を提供している。その時講師は谷直樹先生、小池志保子先生がつとめている。

写真6　豊崎南長屋2階　キッチン

▶耐震診断・改修補助事業

木造住宅の耐震化を進めるのは容易ではない。なぜなら所有者の多くは経済的に余裕がない、ということで諦めているのが実情である。耐震補強の工事とはどんなもので、いくらかかるのか……分からない。

実は分からないのは、普通であり、そういうものなのである。

これはどういうことか。まずどんな状況なのか、柱、梁、床、土台、基礎、剥いで見てみないとこのままでいいのか、補強しないといけないのか、取り替えないといけないのか、分からない。現状が使えた場合も、壁の量を調べなければ分からない。次いで、その現状に対応して、どんな補強工事があるのか、選択肢は数多い。どのレベルまで補強するのか、震度でいえば6弱でよしとするのか6強まで強めるのか。そもそも所有者はいくらまで出せるのか。そして、大阪市の耐震補助は使えるのか、それはいくらなのか。

ざっとこのような気の遠くなるような多くの項目について、確認し、意思決定をしなければならない。

ここでの第5の成果は．以上のようなハードルを乗り越えて、2008年度に風西長屋が大阪市耐震診断・改修補助事業による木造長屋建物の耐震改修工事補助の第一号となったことである。

▶ バリアフリー化にぴったりだった明治長屋

主屋と主屋を囲む長屋群は、大正10年から14年にかけて建てられたということだった。実は区画の北側の道路を挟んだ4戸1の長屋がもう一棟あった。外観は実に貧しく、古い長屋であった。住戸の中は荒れ果てており、中に入ると病気になりそうと冗談で言っていた。ところがよくよく調べてみると、なんと明治時代（1897年）の長屋だったのである。

空間的に豊崎の他の大正時代の長屋との大きな違いは、敷地が道路面より低く、床高がわずか数cmであることだった。ちなみに大正時代の長屋、主屋の床高は40cmほどであった。

これを大幅な修繕を行い、お洒落で美しい長屋に変貌させるとともに、低い床高であることはわずかなスロープをつくれば車椅子で入れる、つまりバリアフリー化が容易である、すると福祉的な施設に向いているということに気がついた。

障害者自立支援事業所ということで、長屋の改修工事の費用の1部に対して厚労省の事業助成も得て、手織体験工房「SAORI豊崎長屋」が開設された。

インテリアで特徴的なのは、壁一面の棚である。さをり織りの色とりどりの毛糸を並べると、機能的であり、かつ美しく楽しい。トイレも、幅広い引き戸で、車椅子対応であり、福祉的にはかなり水準の高い改修工事となっている。

公式ウェブサイトによれば、ここでは「障がいのある人が指導者となり、体験織りの人々に優しくゆったりと指導することで、のんびりとした癒しの空気の中で、楽しく手織りを堪能していただくことが出来ます」というユニークな施設となり、TVの朝の番組でも取り上げられたことがある。

明治時代の長屋全てとは言えないが、この長屋に関してはバリアフリー化が容易で、福祉転用がしやすかったということがこのプロジェクトの第6の成

写真7(上) さをり豊崎のインテリア(公式サイトより)
写真8(右) 同・入り口と車椅子

果である。

▶借家経営モデル

　不動産所有者がその気になって動くこと、これがなければまちづくりはほんものにならないということを痛感している。長屋の所有者つまり大家さんは、どうしているか。

　所有している長屋は老朽化している。空家が増えているが、まだ何割かは住んでいるので、壊すことも、売ることも出来ない。相続が発生したら、どうしたら良いんだろう。なす術を知らず、手をこまねいている……これが多くの大

家さんの実情である。

　空き家だった長屋がお洒落によみがえり、そうすると若者が借りたいと列を作って待っているという実例を見ると、「そうか、これなら行ける」と勇気がわいてくる。値上げしても、若者が二人でシェアすれば、充分借りてくれる。家賃で、数年で工事費を回収できるという見通しが求められているのである。

　レストランやカフェ、雑貨屋などの商業用途へ転換する場合は、家賃はかなり高く設定できる。問題は、居住する住宅としたときの家賃設定、想定入居者と工事内容、そこからくる総工事費のバランスである。

　家賃で工事費を回収できる経営モデルを作ったことが、第7の成果として挙げられる。実は大家さんの心を動かすということでは、これがもっとも大事な点なのである。

3. 大阪市大モデル、オープンナガヤ大阪

▶大阪市大モデルと長屋路地アート

　以上が社会実験として行ってきた豊崎における長屋再生プロジェクトの到達、成果であり、これらをまとめると長屋再生のいわば大阪市大モデルを作ったことになる。このモデルを多くの市民に体感してもらうイベント(長屋路地アート、オープンナガヤ大阪)を開催し、情報を発信し、広げてきた。

　その結果、竹原、小池両先生の設計によって、寺田町の長屋(2012～)、住之江区の町家(2012～)、阿倍野区の長屋(2014～)、住吉区の長屋(2014～)と、耐震補強、改修工事の事例を一歩一歩増やしてきた。市大モデルが計5事例、町家2棟、長屋9棟23戸と着実に広がっている。

　2007年11月からはじめた長屋路地アートは、当初、特に長屋居住者とご近所の住民に対する保全事業の紹介とお礼が主たる目的であったので、講演会や落語の寄席、ミニコンサート、アートやカフェ等と様々な楽しい催しを開催した。

　この長屋路地アートは、イベントの内容・豊崎プラザの貴重性など様々な面において来場者には喜ばれ、また、他の大家さんにとっても長屋改修に関する最新の情報に触れることができるものであった。しかし長屋の居住者のプラ

イバシー保護の観点から身内しか呼ぶことができないという課題があった。それでも、少なくとも70〜80人多い時は百数十人の来場者を得てきた。しかし、その内訳は居住者以外には学生や専門家が多く、肝心の他地区の大家さん達に大胆に広報して参加してもらうことは出来なかった。

この長屋路地アートは今年2016年でちょうど10回目になったが、市大モデルを広げたいが公開できないというジレンマをずっと持ち続けてきた。それをオープンナガヤ大阪という形のイベントで乗り越えようと考えた。

▶オープンナガヤ大阪（暮らしびらき）

オープンナガヤ大阪は世界的なイベント「オープンハウス・ロンドン」をモデルに、2011年11月から今年で6回目を数える。主催は実行委員会と大阪市大長屋保全研究会（市大教員）で、実行委員は各会場の担当者すなわち大家さん、居住者、店長さんたちであり、事務局を大阪市大の院生、学生が担っている。その他にも、多くの団体の共催、後援、協賛を得ている。

第一回目は住宅のみということで、完全予約制のバスツアーとしたため来場者は33人であった。第二回は店舗等が増えたため、その会場は新聞で公開することが可能になり、一挙に15会場、500人と増加した。その後も増加を続けている。専用住宅は数戸で店舗が主流で多いが、2015年には建築設計事務所・併用住宅が4戸となり、また毎年工事中の住戸も1、2戸ある。会場数は合計で28会場35プログラム、来場者はのべでおおよそ2,000人を超えるまでとなった。

各会場の企画は、全て自主的、自己責任性となっており、内覧会、説明会、お茶会、カフェ、相談会、ワークショップ、コンサート、落語、ギャラリー、まち歩きなど多彩なものになっているが、共通の目的として長屋（町家、古民家含む）の空間としての魅力、そこでの生活の魅力を多くの人に伝えるという「暮

表1 2011年度から2015年度の参加会場、来場者数の推移

	2011年	2012年	2013年	2014年	2015年	2016年
会場	3(4)会場	15会場	20会場	18会場	28会場	40会場
来場者	33名	約500名	約700名	約1,100名	約1,928名+α	3,244名

写真9　第5回オープンナガヤ大阪　2015

らしびらき」を掲げている。

　来場者は、ガイドマップ、フライヤーを片手に、市電や地下鉄、あるいは自転車で廻る。すれ違うときは、場所などを教えあったりする。来場者は、参加前は長屋について、「古い、暗い、住みにくそう」と思っていたのが、参加後は「明るい、お洒落、住みやすそう」と評価は大きく向上しており、このイベントの一番の成果である。

　大阪長屋を上手く保全し、活用している事例を発掘し、その魅力を多くの人に広げることで、更に保全・活用の輪を広げる…これがオープンナガヤの狙いである。ここで気をつけないといけないことは、長屋は空間であり舞台であり手段であるということ。もちろん空間の持つ力、魅力が大事なのだが、一番大事なものは、そこで繰り広げられる暮らしや商い、すなわち生活であり、なによりもその担い手である「人」である。人が動けば、物事は進む。

　長屋所有者、居住者、入居希望者、専門家、業者など、関わる人々が、大阪長屋の保全・活用の世界に「豊かさ」を確信し、手をつなぎ、笑顔で歩んでいく、その契機となることが、オープンナガヤのミッションである。

4. 研究

　このプロジェクトは総じて社会実験であるが、並行して進めた学術調査研究は建築学会の近畿支部、大会や住宅総合研究財団論文集などに発表し、まとまった成果としては単行本「いきている長屋」(2013, 3 大阪公立大学共同出版会)として発表した。

　この本は、歴史、貸家経営、住生活、改修工事のデザイン、耐震改修、福祉的活用、まちづくりといった各分野の研究成果により構成されている。以下に目次を掲載する。

「いきている長屋 大阪市大モデルの構築」 目次

序章　直して住むデザイン改修術／古いものに新しいものをあてがう

1部　豊崎長屋の歴史と暮らし
　　1章　豊崎長屋再生への道のり──大阪市大モデルの構築
　　2章　豊崎長屋の誕生と吉田家の貸家経営
　　3章　持続的長屋居住と生活文化の継承

2部　豊崎長屋のデザインと構造
　　4章　豊崎長屋の再生と改修のデザイン
　　5章　木造住宅における耐震改修
　　6章　教育の現場としての豊崎長屋

3部　豊崎長屋の活用に向けて
　　7章　民家・長屋を再生した介護拠点の魅力と効果
　　8章　まちづくりからみた大阪長屋の再生戦略

4部　図面集／豊崎長屋年表／豊崎長屋関連受賞リスト審査講評集

5. 教育

　教育面では、豊崎長屋を初めとした各工事および、調査研究、長屋路地アート、オープンナガヤ大阪などに学生が、授業、卒業研究、卒業設計、修士設計、ゼミ活動、ボランティア活動といった様々な場面で、参加、参画することによって、現場で、ほんまもんに取り組んでくれた。これにより2010年度日本建築学会教育賞（教育貢献）を受賞した。「大阪長屋の再生 ストック活用力養成プログラム」

図2　長屋プロジェクトと教育プログラム（大阪市大生活科学部居住環境学科）

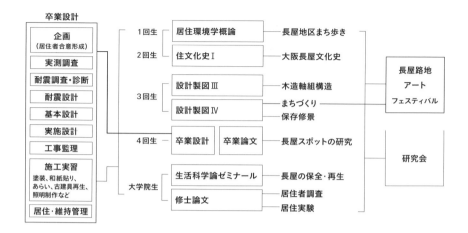

6. 長屋再生の鍵

　私がこのプロジェクトの中で作り出したキーワードが4つある。長屋スポット、長屋人（ながやびと）、オープンナガヤ大阪、創造的不動産情報。加えて、私にとって、目からうろこだったのがマジシャンのような建築家とミッションを持った不動産屋の素晴らしさであった。

　つまり「何が大阪長屋再生の鍵なのか」という問題のひとつの答えは「人」である。第一に長屋所有者：大家さん、第二に入居希望者、居住者そしてとびきりの居住者である長屋人、第三にそれら両者を繋ぎ再生を実現していく専門家：建築家あるいは不動産屋などの関係者である。

▶ 長屋人（ながやびと）

　4回目となった「オープンナガヤ大阪2014」の実行委員会でのことだが、イベントの準備をどう進めるか　という話が一段落し、各自が今取り組んでいることや、今年のイベントで何をやろうとしているかという話になった時、一人一人の生き様や、考え方が実に生き生きと語られ、その会合の後私はものすごく感激している自分を発見したのである。

自宅の玄関の三和土を子供向けの絵本図書館に開放している人、さをり織という福祉事業所を運営し、障がい者に先生になってもらっている人、御主人がとても ロマンチックなイラストを描き、奥さんがそれに詩と曲を作り二人でコンサートを開いているご夫婦、ヨガとかアロマセラピーの教室に自宅を提供している人、建築設計のアトリエの一角をお茶会などの場にしている人、アーティストでありながら、長屋の改修をまちづくりイベントとして展開し、かつ町中に十数店舗を 持ち、数十人のアーティスト達の暮らしと生活を支えあうビジネスモデルとネットワークを作り、さらにそうした活動を被災地支援や途上国にまで広げていると いう驚くべき人…つまりそれぞれの哲学、ミッションを明確に持ち、古い長屋に愛着を持ち、そして多くはアートの特技をもち、その場を周りの人々の居場所として提供し、幸せのおすそ分けをすることを日々実践している人々…というのが共通であり、こういう人々を私は長屋人（びと）と呼ぶことにして、この言葉を広めようと考えている。

▶長屋所有者：大家さん

　空間の持つ力は大きい。伝統的な意匠を持ち、木造という自然素材の長屋の建物には、新しい現代住宅とは違う魅力がある。また複数棟の長屋が軒を連ね、緑豊かな路地を囲んでいる風景もただそれだけで価値がある。

　行政が政策として進めようとする時、その対象の数が膨大である時、事業の可能性、施策の費用対効果の面から、優先順位という言葉が出て来ることは普通の発想である。とすると、一見して残す価値があると見なされる外観の美しい長屋の順位が高くなる。またそれらがある数まとまっている街区があれば、より順位は高くなるだろう。前者を大阪市都市整備局は「優良長屋」と定義付け、その分布を把握する調査を実施した。後者は著者の研究室で調査し、大阪型近代長屋スポットと名付け市内4区について分布をつかんだ。

　しかし、これらはいずれも保全する価値を空間面から見ており、この長屋、この長屋スポットを保全できたらいいなという希望的な観測にしか過ぎない。問題は可能性である。

　豊崎で最初の年に取り組んだのは、豊崎長屋スポットの主屋と一戸の長屋住戸であった。2節で述べたように、この長屋は外観を見てもとても優良とは

いえず、内部も荒れており、畳みは波打ち、2回の床は揺れた。しかしこれが見事に蘇ったことを思い出して頂きたい。残す価値がほとんど無いと見なされるような長屋も、構造上も補強され、安全・安心で、内装も綺麗で快適になり、現代の若者好みのお洒落な住戸として生まれ変わるという可能性を持っているということである。これは、第一に長屋所有者：大家さんの決断が大きい。もちろんその背中を後押しし、実行した我々専門家集団、そして大いに頑張ってくれた学生諸君の存在もある。

この住戸は、大阪中にある普通の長屋のレベルであったものが、素晴らしく再生されたという点で普及すべきひとつのモデルである。大家さんが動けば、ほとんどの長屋は再生され得るという事実を示した点に、大阪市大豊崎モデルの意味がある。

▶ 大阪長屋ネットワーク

我々大阪市大グループにとっては、オープンナガヤ大阪は我々のモデルを広める絶好の機会であるが、他の事例も豊富に情報発信することによって、長屋と長屋暮らしの魅力を多彩に多くの市民に広げることができる。同時に、実行委員会を開催することによって、大家さん、居住者はじめ専門家や行政も含めた長屋関係者の密な出会いの場、情報共有の場を提供することが出来、ネットワークを構築しつつある。今後長屋再生の事例を増やしていく地道な努力と、オープンナガヤを発展させ、大阪長屋ネットワークをさらに拡大強化していくことによって、大阪の都市再生が大きく進むと言っていい。

オープンナガヤ大阪に関するウェブサイトなど

1. 公式ウェブサイト　http://opennagaya-osaka.tumblr.com/
   この中にはプロモーションビデオが6本アップされている。
2. Facebook Page　https://www.facebook.com/opennagaya/
3. Twitter　https://twitter.com/opennagaya
4. Slides Show *OPEN NAGAYA OSAKA* 2013 Youtube
   https://www.youtube.com/watch?v=e_9gATBJphA

第11章

まちとエスニックマイノリティと包摂

》鄭 栄鎭

1. はじめに

　本章では「外国人」とまちのかかわりを「包摂」という視点から考察していくが、ここでいう包摂とは「社会的包摂」の意であり、それを考えるに、まずはその対概念となる「社会的排除」からみていこう。

　これについて、全泓奎は欧米の議論をふまえながら、基本的に「関係的な概念」であり、とりわけ社会の諸制度との関係性を強調している。かつ、メインストリームの社会的制度やシステムからの排除という「関係性の貧困」などをも指摘している（全泓奎 2015：21-22）。ならば、これら諸制度から排除されていないことが「社会的包摂」、すなわち「包摂」された姿だとまずはいえるであろう。したがって、「外国人」がまちに包摂されるにはメインストリームの社会的制度やシステムから排除されないことを志向する必要があるといえる。

　2015年末の日本における在留外国人数は223万2,189人[*1]であり、全人口の1.75％を占めている。リーマンショック後をのぞいて一貫して増加傾向にあり、自治体によっては全人口の2割以上を占めるところもある。まちには日本人だけでは語れない現実がうまれている。にもかかわらず、「外国人」ははたして「住民」として認知されているのであろうか。「外国人」はいかに包摂されているであろうかが本章を貫く問題意識である。

　さて、「住民」という場合、どのような意味を持たせるのがふさわしいであろうか。「住民」を一般的にとらえた場合、「その土地に住んでいる人」とまずは

考えられるだろう。自治体はその管轄内に暮らす人びとを対象に行政サービスを展開するのが当然だと思われるが、一方では、「その土地に住んでいる」ことだけを理由としてそれらは展開されず、さらには、行政の意志決定に参画できるのかも疑問である。たとえば、被差別部落に暮らす人びとはかつて劣悪な環境下におかれていたが、自治体からは「住民」としてどのように考えられていたのであろうか。「外国人」の場合はまちに暮らすといえども文字どおりに「外国」の人であり、いつかは帰る人、ソトの人ととらえられることで「住民」として扱われてこなかったのではないだろうか。そう考えると、「住民」という言葉に排除的なひびきがひそんでいると疑わざるをえない。

　本章では、「住民」ということばを自らが属する集団の課題とその解決や、自治体の課題にも積極的に関与し変革を促していく人びととしての積極的な意味をこめて用いていきたい。「住民」よりも「市民」の方がふさわしいかもしれないが、その地に暮らしていることに重きをおいて「住民」とよんでいく。

　先述したが、本章が扱うのはまちと「外国人」のかかわりである。外国人がそのまちに暮らし続け、しかも、自治体の課題に積極的に関与し、すなわち、本章でいう「住民」として自らの課題の解決のために積極的に自治体に関与する。これを考えると、先述のとおりに「住民」ではあるが、一方ではソトの人の意が含まれる「外国人」という言葉はふさわしくない。まちの住民ではあるが、主流文化とは異なる文化的背景と民族的背景を持ち、かつ、多数者でない人たち。また、いつかは帰る人たちばかりではなく、その地に暮らし続けるであろう人たちもいる。このような人びとを本章では「エスニックマイノリティ」とよんでいこう[*2]。

　このような、まちにおけるエスニックマイノリティの包摂を、筆者が長年フィールドとしている大阪府東部の八尾市のケースからみていく。後述するが、八尾市は古くよりエスニックマイノリティが多数居住するまちである。1970年代中頃よりはじめられた在日朝鮮人などの住民運動の要求によってその社会的地位向上と住民としての包摂がはかられ、それらの運動をベースに現在ではベトナム人、中国人などへの「支援」が行われている。つまりは、エスニックマイノリティの包摂がすすんだまちだといえる。

2. 八尾市とエスニックマイノリティ

▶ 八尾市について

　まずは八尾市についてみていこう。八尾市は町村合併により1948年に市制が施行され、2015年12月末人口は26万8,965人となる[*3]。佐野による2010年の大阪府下市町村GDPの試算では9,299億円で府下7番目に位置し、産業別比率では第二次産業が40.8％、第三次産業が58.1％を占める。第二次産業の比率では「中小企業のまち」として知られる東大阪市の26.4％よりも高率である（佐野 2014）。

　ついで外国人数をみると、2016年の在留外国人数は6,828人となり、人口比では2.53％となる。これは先述の日本の総人口に占める比率よりも高い。国籍（出身地）別では「韓国・朝鮮」の3,222人、「中国」1,852人、「ベトナム」1,172人がトップ3となる[*4]。オールドタイマーが主な「韓国・朝鮮」は近年減少傾向にあるが、ニューカマー中心の「中国」「ベトナム」は増加傾向にある。もっとも、これらの数値は国籍によるものであり、日本国籍取得やダブルの子どもなど、エスニックマイノリティの実態が完全に反映されていないことに留意すべきである。

　オールドタイマーである在日朝鮮人の八尾市居住の歴史は古い。1933年に八尾市の前身の龍華町に「朝鮮人82戸数123人」の居住の報告があり（大阪府警察部特別高等課：1933）、同時期の同地域には「西の朝鮮街」とよばれる集落があり、「この朝鮮街に、最も多いときには200世帯をこえる人たちが住んでいた」といわれる（部落解放同盟大阪府連合会・解放新聞社大阪支局 1982：6）。外国人登録法が施行された1952年時の市統計では外国人登録数は1,866人、人口比2.6％[*5]であり、八尾市に古くから朝鮮人が多数暮らしていたのがまずは理解できるが、では、ニューカマーはどうであろうか。

　八尾市内のほぼ中央部から南部にかけての三地域に、炭鉱離職者の就労支援に建てられたといわれる雇用促進住宅がある（あった）。ベトナム戦争終結後、いわゆる「ボートピープル」として日本に来たベトナムからの難民が定住促進センターで一定の適応訓練をうけたのち、同住宅に入居を斡旋されたときく。また、市北部には府営住宅があり、そこへは中国からの「帰国」者の

入居が斡旋されたともきく。第二次産業の比率が高く、賃金は低いものの比較的「安定」した職に就くことができ、親族の呼び寄せなどがあった。「韓国・朝鮮」が減少傾向の一方で「中国」「ベトナム」が増加傾向にあることの要因がこれらから推測できよう。

▶ 市政上でのエスニックマイノリティの扱い

　2006年施行の「八尾市市民参画と協働のまちづくり条例」では、八尾市とは「さまざまな伝統的文化が今に継承され」、「歴史的環境や（略）自然環境に恵まれ」、「多種多様な技術を有する中小企業が集積して」おり、「多くの外国人が共に生活するまち」とされている[*6]。

　同条例では市内に多数の外国人が居住することが明文化されているが、そこで定義される「市民」とは「八尾市内に住み、働き、学び、又は事業を営む全ての人及び八尾市内に事業所を有する法人その他の団体」である[*7]。八尾市内に住むことがまずは条件としてあがっているが、国籍は条件となっていない。

　別の八尾市の発行文書では「外国人市民」と表記されているものがある。「外国人は八尾市に在住する市民であり、積極的に市政に関与してもらいという意図」（八尾市人権文化ふれあい部文化国際課　2009：2）からである。つまり、八尾市行政にとってエスニックマイノリティとは部外者や厄介者ではなく、市を構成する一員とする認知がみられる。

　この「外国人市民」という表現を八尾市が用いはじめたのは2000年代以降である。2003年に「八尾市国際化施策推進基本指針」が策定されているが、これは公募の当事者や有識者による検討委員会をふまえたものであり、そこで「外国人」という表現をどうするかの議論あったという。「外国籍市民」「外国籍住民」「外国人市民」などの提起があり、二重国籍や民族的ルーツがまたがっている人が存在することから「外国籍」ではなく「外国人」を用いたという。ついで、「住民」と「市民」については、「住民」は住んでいる人であり、一方では、勤務している人を含めて「市民」と扱うケースもあるが、一般社会のなかで権利を持った主体として「市民」ということばが使われる場合もあり、かつ、外国人も住民であることが行政においても理解されてきたことから、「住民」では

なく権利を持った能動的な存在として「外国人市民」の表現を用いることになり、それに対して検討委員会や行政内での異議などはなかったともいう[*8]。これらの経緯からは、現在の八尾市の行政施策やまちづくりにおいて、エスニックマイノリティの存在は「住民」として、けっして無視できないものになっていると考えられよう。

3. 八尾市におけるエスニックマイノリティに対する取り組み

つづいて八尾市でのエスニックマイノリティに対する主な諸施策をみていこう。それら取り組みは行政だけではなく民間でも行われており、後述するが、民間があったからこそ行政の取り組みが行われたと換言できる。

▶ 行政の取り組み

もっとも早い時期でのエスニックマイノリティに対する施策は、1979年の市一般行政職員採用試験における国籍条項撤廃であろう。これにより外国籍者──当時そのほとんどは在日朝鮮人であった──が八尾市の一般職員となる道が開かれている。大阪府下自治体での一般職採用試験の国籍条項撤廃はこれがはじめてであり、八尾市の先駆性をあらわすといえなくもない。

ついで、1981年には国籍を理由として外国籍者を排除してきた国民年金法および児童手当などの支給に関して、市単独費用で暫定的措置を行っている。以降、1982年に「在日外国人教育研究実践資料」が教育委員会によって作成・配布され、現在「八尾市在日外国人教育研究会」が作成を引き継ぎ毎年発行されている。1983年には「在日外国人教育振興経費」が教育費に措置されるなどしている。

以上からは、八尾市でのエスニックマイノリティに対する施策は1980年代以降に行われはじめており、換言すれば、八尾市ではその頃からエスニックマイノリティを住民として包摂しはじめたといえる。

以降も1990年の「在日外国人教育基本指針」策定と「八尾市国際交流センター」発足、1996年には八尾市行政機構内に外国人施策担当課として「人

権啓発課」設置（現「文化国際課」）が設置されるなどし、先述の「八尾市国際化施策推進基本指針」策定（2003年）などがある。2011年には「外国人市民にとって住みよいまちづくりを進めるために、外国人市民の意見を市政に反映させること」を目的として「八尾市外国人市民会議」が設置されたが、これは「外国人市民の生活の利便性向上と地域住民との共生、市政参画の推進に関する事項など、本市の国際化施策推進に関する事項について話し合い、当該意見を市に提出する」機関である[*9]。

　なお、この会議での意見にもとづき市施策の変更や修正がなされたことがあるかを担当課職員にたずねたところ、会議事務局の担当課レベルでの修正はあるが、それ以外はないとのことであった[*10]。会議設置要綱をみる限りでも、同会議で提出された意見を市が施策に反映させる努力規定などは明記されておらず、その実効性に疑問符がともなうのも事実である。

▶ 民間の取り組み

　八尾市行政によるエスニックマイノリティ施策の進展を後押ししてきたのは民間の取り組みである。「トッカビ子ども会（トッカビ、現、特定非営利活動法人トッカビ）」に代表される在日朝鮮人と日本人の運動が行政施策を要求することで、エスニックマイノリティの社会的地位向上に少なくない影響をあたえてきた。

　トッカビは、1974年に八尾市内の被差別部落内にて在日朝鮮人を中心として発足した団体である。「民族差別から逃げることしか知らない高校生が（略）部落差別を学び、そこから差別全体の構造、その不当性とたたかうことの必要性を知り、自らのおかれている朝鮮人としての民族的・社会的立場にめざめ」たことにより発足し、地域内の部落解放運動が影響をあたえている（トッカビ子ども会 1984：30）。部落解放運動は地域で生きるための諸問題を課題化し、行政にその解決を訴えた運動を展開した。同様に、トッカビは在日朝鮮人が地域で生きるための諸困難の解決と差別の解消を行政に訴え、部落解放同盟や労働組合などの日本人の支援を得て運動をすすめていった。

　トッカビは日常的な子ども会活動を中心として、1981年の「八尾市に住む韓国・朝鮮人児童・生徒のためのサマースクール[*11]」の開催などに教職員組

合と取り組み、運動だけではなく在日朝鮮人教育の実践も行った。教育実践により「発見」した課題を一団体、一地域の課題にとどまらせるのではなく、市に暮らす住民の課題、つまりは市全体の課題として行政当局に認知させるべく運動を展開し、教育実践と当事者主体の社会運動の両輪による地域社会からの変革を志向していた。現在、これらの教育実践は在日朝鮮人だけが対象ではなくすべてのエスニックマイノリティとなっている。在日朝鮮人の経験が他のエスニックマイノリティへと拡大・継承されていることは八尾市の特色でもある。

先述の八尾市一般職員採用試験の国籍条項撤廃は、このトッカビが中心となった運動によりなされている。この運動のチラシには、「外国人が公務員になると住民の利益がそこなわれる」「2700人の八尾市の公務員のうち外国人が半数をしめたらどうなるのか」「外国人は住民のうちにはいらない」などの撤廃交渉時の行政の発言が紹介されている（安中支部差別国籍条項撤廃闘争委員会 1978頃）。このチラシをみれば、その運動当時では行政内部でエスニックマイノリティを住民とする認知がなかったこと、トッカビがエスニックマイノリティを地域で暮らす住民として行政に認知させるべく迫っていたことがわかる。

先に八尾市が市政への積極的な参画を期待して「外国人市民」という表現を用いていたのをみたが、かつてエスニックマイノリティは「住民」として行政に認知されていなかったのであり、それを認知させたの住民運動であった。逆に言えば、運動があったからこそエスニックマイノリティが住民として認知されるようになった。そのような運動が培った土壌が近年の「多文化共生」といわれるものをうんだといっても過言ではないであろう。

▶ 行政と運動の「協働」

これまでみてきたように、八尾市では当事者を中心とした住民によるエスニックマイノリティ支援の実践と社会運動があり、運動の要望がすべて実現してはいないが、八尾市行政も運動の要望をある程度受け入れて施策を展開してきた。八尾市では当事者と行政、両者の行動と努力によりエスニックマイノリティが住民として包摂されるに至ったといえる。

先述の「八尾市国際化施策推進基本指針」では、上述のような施策化の経

緯について、「行政、市民運動、外国人コミュニティの連携によって」行われ、それにより「先進的自治体としての評価」を得てきたとしている。さらに「国の法律、制度が改正されたり、他の自治体のモデルとなるような先進的事業を実現」してきたともいい、「これらの成果は、八尾市が日本全国に情報発信してきた誇りある八尾市民共有の財産」（八尾市人権文化部人権国際課 2003：4）だとする肯定的評価をも行っている。

しかし、より正確を期すならば「行政」「市民運動」「外国人コミュニティ」三者の「連携」というよりも、「市民運動」「外国人コミュニティ」の「要望」「要求」によるものと表現した方がふさわしい。かつて、エスニックマイノリティは住民として扱われていなかった。幾度も述べるように、在日朝鮮人を中心とした運動がエスニックマイノリティを住民として包摂させる原動力となったのである。

4. おわりに ——「外国人市民」ということばから考える

以上からは、八尾市はエスニックマイノリティが住民として包摂され、暮らしやすいまちだと理解することが可能になる。他市と比較してそのような側面がみられることはたしかかもしれない。

「外国人市民」という表現であるが、先の引用のとおりに「外国人は八尾市に在住する市民であり、積極的に市政に関与してもらいという意図」から用いられている。しかしながら、住民に積極的に市政に関与してもらいたいのは国籍や民族にかかわらないであろうから、あえて「外国人」をつける必要があるのかとの疑問も生じる。このことばを用いはじめた頃は、「外国人」の存在が「市民」としてとらえられていなかったであろうから、あえて用いたと考えられよう。しかしながら、より考察をふかめていくと、行政は「外国人市民」を「二級市民」として扱い、けっして「一級市民」化できないと考えているのではと疑わざるえないこともある。

「外国人」の対は「日本人」である。「外国人」と「日本人」は異なる民族的背景や文化的背景があるとされるが、それは後天的なものでありけっして本質的に備わったものではない。ならば、「外国人市民」ということばはその「外国人」性を強調し、「日本人」とはまったく異なる存在としての「外国人」を浮

かび上がらせてしまう。「外国人市民」ということばは「日本人市民」との違いを本質化したうえで「外国人」と「日本人」との境界線を画定するのである。「市民」ということばに「外国人」と「日本人」をそれぞれ付け加えることは、「外国人」と「日本人」の二種類の「市民」があると行政が明示することであり、かつ、それらが異なる存在、違う存在だと宣言する行為である。

　2014年に策定された「八尾市多文化共生推進計画」は先の「国際化施策推進基本指針」にもとづき、施策を具体的に進展させていくために策定されたものであり、これによって八尾市の多文化共生にかかる施策はすすめられてる。ここでは「外国人市民は、言語・文化・生活習慣などの違いに、高齢化などの新たな課題が加わることで、日常生活における課題も複雑化しやすく、個別具体的な施策への配慮も必要」（八尾市人権文化ふれあい部文化国際課 2014：21）とある。述べられていることは否定しがたい。しかし一方では、「外国人市民」とは何らかの困難を抱えている人との前提がみられることもたしかである。また、ここであげられている困難は文化的なものに限定されているが、エスニックマイノリティが抱える困難は、たとえば、参政権がない、就労機会が限られているなど経済的・社会的システムから排除されていることで生じるものが多いが、それらにはふれられていない。「外国人市民」と呼び、住民としての包摂を志向するならば、これらシステムからの排除を徹底的に排除しなければいけないのであり、そのような方向性を持って施策を進展していく必要がある。

　しかし、先の外国人市民会議を例にみれば、そこで出された市施策への修正意見は担当課レベルでしか反映されず、行政全体へは波及されていない。同会議での意見を市が施策に反映させる努力規定が会議設置要綱に明記されていないことをみたが、では、この会議の存在意義とは何なのであろうか。まずは住民運動、行政ともそれを徹底的に問う必要があり、包摂しているとするアリバイにしてはいけないのである。

　以上、まちとエスニックマイノリティのかかわりを八尾市のケースからみてきたが、行政は「住民」としてエスニックマイノリティを包摂はしていた。しかし、それは「日本人」という絶対的多数者と同等に行われているかは疑問が生じるものであり、一定の範囲内であった。つまり、「外国人市民」ということばは、

エスニックマイノリティを「市民」の名で包摂する一方では、「外国人」の名でシステムから排除していることを巧妙に隠蔽するものであり、つまりは、包摂の姿をまとった排除の姿でもある。

　先の議論では、包摂が関係的な概念であり、とりわけ社会の諸制度との関係性を強調しており、メインストリームの社会的制度やシステムから排除されていないことにふれた。しかしながら、「外国人市民」ということばにあらわれるように、エスニックマイノリティは社会的制度に包摂されているようにみえて実は巧妙に排除されており、その排除された姿はきわめてみえづらい。そう考えると、エスニックマイノリティにとっては包摂自体が排除の異なる姿、もしくは新たな排除のはじまりだといえるのかもしれない。字数も尽きてきた。このような問題意識を残して章を終えたい。

注

* 1 法務省「平成27年末現在における在留外国人数について（確定値）」、http://www.moj.go.jp/nyuukokukanri/kouhou/nyuukokukanri04_00057.html（2016年8月24日閲覧）
* 2 ただし、文脈や引用に応じて「外国人」を用いる場合がある。
* 3 八尾市「八尾市の人口関係データー式」、http://www.city.yao.osaka.jp/0000018015.html（2016年8月22日閲覧）
* 4 八尾市情報公開コーナー資料「八尾市外国人登録国籍別人員調査票」による2016年6月1日現在数値。ただし、「中国」は中国と台湾、「韓国・朝鮮」は韓国と朝鮮を合計した数値である。
* 5 注3参照。なお、外国人数であるが、近年の多国籍化傾向の日本とは異なり当時の外国人がほぼイコール朝鮮人であったのは否定できない。
* 6 八尾市「八尾市市民参画と協働のまちづくり基本条例」、http://3.e-reikinet.jp/yao/HTML_TMP/svhtml（2014年12月2日閲覧）
* 7 同上
* 8 八尾市職員A氏への筆者のインタビューより（2016年5月18日実施）。A氏は当時、本文中の指針策定の担当課に所属し、検討委員会の事務局を担当していた。
* 9 八尾市「八尾市外国人市民会議設置要綱」http://www.city.yao.osaka.jp/cmfiles/contents/0000023/23472/secchiyoukou.pdf（2014年11月26日閲覧）
* 10 「八尾市の外国人施策・国際化施策からエスニックコミュニティを考える」研究会（2015年12月14日、大阪市立大学都市研究プラザ・先端的都市研究拠点「共同利用事業・共同研究公募」助成により実施）での「八尾市外国人市民会議」担当課職員（課長）の発言より。
* 11 2003年より「多文化キッズサマースクール・オリニマダン」と名称変更し、2016年現在まで年1回の開催を継続中である。

参考文献

- 部落解放同盟大阪府連合会・解放新聞社大阪支局（1982）『被差別部落に生きる朝鮮人』
- 全泓奎（2015）『包摂型社会 社会的排除アプローチとその実践』法律文化社
- 大阪府警察部特別高等課（1933）「昭和8年度朝鮮人に関する統計表」外村大（2007）『在日朝鮮人社会の歴史学的研究—形成・構造・変容—』所収
- 佐野浩（2014）「大阪府の市町村民経済計算の試算について」、http://www.pref.osaka.lg.jp/attach/1949/00103312/26RONSHU/sano.pdf（2014年12月2日閲覧）
- トッカビ子ども会（1984）『チングヮハムケ なかまもとともに トッカビ子ども会10周年記念誌』
- 八尾市人権文化部人権国際課（2003）『八尾市国際化施策推進基本指針』
- 八尾市人権文化ふれあい部文化国際課（2009）『八尾外国人市民情報提供システム調査報告書』
- 八尾市人権文化ふれあい部文化国際課（2014）『八尾市多文化共生推進計画』
- 安中支部差別国籍条項撤廃闘争委員会（1978年頃）「願書も受け取らぬ八尾市！ 4時間にわたる交渉で、前向きの検討と交渉継続を確約させる」トッカビ所蔵資料

第 III 部

包摂型アジア都市と居住福祉実践

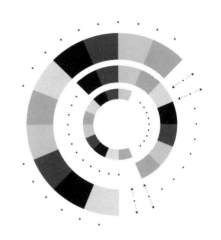

はじめに

　アジア都市における、脱産業社会の都市問題とそれに立ち向かうためのさまざまな政策や実践課題を取り上げ、包摂的な都市再編に向けた議論を探る。これまでの貧困に対し、「関係性の貧困」という概念で説明されることが多い「社会的排除」だが、それをよりかみ砕いてみると、「プロセスとしての貧困」という概念にたどり着く。

　各論考に共通するのは、貧困化に結びついていく「プロセス」に焦点をあてている点である。結果ではなく、プロセスであるからこそ見えてくるものがたくさんある。これまでの貧困は、個人や世帯が持つ所得や資産等に基づき貧困の如何を査定してきたのだが、それだけでは新しい貧困現象の説明に追いつかない。貧困に結びついていくプロセスを探り、その中から貧困化をもたらすメカニズムを同定することが肝要である。それには、教育や健康、雇用のみならず、住まいや地域による因果関係に注目し、コミュニティや多主体間の連携を介在する中間支援が必要となるだろう。

　このような取り組みこそ、関係性の変容を促し、貧困や排除に抗する、真の包摂を実現する道筋であるという意味で、第Ⅲ部は、包摂型アジア都市にかかわる政策や実践を収録した

全　泓奎

第12章

東アジア都市における
生産主義福祉モデルと居住福祉の実践

》全 泓奎

1. 東アジアにおける生産主義的福祉資本主義
モデルの分岐

　近年、西欧型福祉モデルに対する東アジアの福祉モデルについて、とりわけ生産主義的かつ投資志向的なモデルの観点から、その有用性が関心を集めつつある。租税による再分配に大きなウェイトを置く欧州の福祉国家とは軌を逸する東アジアの福祉モデルは、東アジアの国や地域が辿ってきた開発主義のシステムと社会福祉領域の統合モデルとも言え、生産主義（productivist model）、もしくは、福祉開発主義（welfare developmentalism）とも言われている（kwon2002）。これらの議論の柱となっているのが、政府主導による開発主義戦略である。これは、戦後期の東アジア地域の目覚ましい経済的進歩が、古典的なリベラリズムに近似するものではなく、統治された市場を生み出す国家主義的要素によるものであったということに着目した概念である。東アジアの国々は、西欧福祉国家から区別される共通の特徴を持っている。例えば、儒教という文化を持ち、個よりも集団の重視、経済的配慮の優先、公的福祉への抵抗感、家族の重視、西欧的アプローチへの嫌悪感等である。このような共通の特徴を持つ東アジア諸国の社会政策を包括する概念として、とりわけ日本をはじめ、香港、シンガポール、韓国、台湾について、「生産主義的福祉資本主義（Productivist Welfare Capitalism、以下、PWC）」と論じている研究も注目に値する（Holliday2000）。これらの国々では、社会政策が経済成

長に圧倒的にまた明示的に従属しており、福祉を向上させる最善のルートとして、「経済第一主義」(economic first) と成長および完全雇用に力点がおかれている。福祉は経済的目標に従属し、よりいっそうの経済発展を達成するために利用される。つまり、福祉は経済発展を支援するものであって、阻害するものとはみなされない（ホリデイ・ワルディング2007）。一方、このようなPWCの制度設計や具体的な施策展開は、東アジアの各地域において異なった形を取る。とりわけ、1997年のアジア金融危機以降、このような相違がいっそう顕著になっている。つまり、金融危機は、東アジア諸国の社会的保護の仕組みの実現を導いた、重大な分岐点であった。例えば、シンガポール、マレーシア、そして、香港では、義務加入の個人貯蓄制度が主導的な役割を果たしたのに対し、日本、韓国、台湾では社会保険制度の拡大と公的扶助プログラムが整備された。一方、これらのグループとは異なり、中国やタイは、社会保険と個人貯蓄を組み合わせた混合システムを追求した。このような変化に対し、Mason（2016）は、東アジアのPWCモデルを再構築する必要性に注目し、PWCの三つの下位類型を提案した。それは、「社会的保護（包摂型生産主義福祉、inclusive productivist welfare（IPW））、「市場志向（市場型生産主義福祉、market productivist welfare（MPW）」、そしてその両方を組み合わせた混合モデルとしての「二元型生産主義福祉、dualist productivist welfare（DPW）」である。本章では、このように、一様ではない形で変容しつつある東アジア諸国の福祉システムに注目しつつ、各国の都市内に潜んでいる居住貧困問題の実態を再確認した上で、どのような形で居住福祉実践が取り組まれているのかについて述べる。

2. 東アジア都市の社会的不利地域における居住貧困をめぐる実態と居住福祉実践

▶都市の孤島・同和地区の再生に向けた居住福祉実践

　同和地区では、住宅システムの変更等により、若年層の流出、貧困層・高齢単身層の増加等を招き、地域経済が沈滞するなど、多くの課題に直面している。同和地区の環境改善においては、1969年の同和対策事業特別措置法

（同対法）の制定により多くの成果が上げられてきたのも事実であるが、2002年に関連法が失効してからは厳しい環境に置かれている。さらに、大阪では、2010年より地区内のコミュニティ施設が統廃合され、使われなくなった施設や空き地をどうするかが課題となっ

写真1　コミュニティビジネスとして行っているふれあいカフェ「コスモス」
（2013年11月筆者撮影）

ている。そこで筆者らは、2009年より新たなまちづくりに向けて市内にある4つの同和地区と連携し、「まちづくり研究会」を組織し、2011年には大阪市内の3つの同和地区を対象にした実態調査を行った。そしてその結果に基づき、各地区の課題解決に向けた取り組みを始めている。調査の結果からは、法失効後、地域住民の高齢化をはじめ、様々な形で地域を取り巻く状況の変化が見られるなか、「生活に困ったとき、相談や支援を得られる社会的関係」が希薄化し、住民のおよそ1割（8.6％）が「相談相手はいない」と回答するなど、一部孤立した状態にいる住民の存在が浮き彫りとなった。同対法による地区環境の改善が進み、住民の経済社会的な支援も増え、世間からは同和問題は解決したと言われてきた。しかし、高齢単身世帯の割合が30％を超えるなど、深刻な高齢化が進み、中堅ファミリ世帯は地区外に流出している。また、法失効後、一般施策により、優先順位が高い、様々な生活困難を抱えている世帯の地区内への流入が増えるにつれて、地区住民の抱える困難や心配事も多様化している様子がうかがわれた。調査によると、「現在、最も困っていることは何ですか」という問いに対して、「経済的な面」と答えた人が26.5％と最も多かった。これは年間世帯収入が200万円未満の世帯が6割以上という実態を反映していると思われる。次に多いのが、やはり高齢化の傾向を反映している。「本人・家族の健康」が23.7％だった。一方、地区への定住意志は高く、高齢化等を反映しているか9割（90.4％）の住民が「住み続けたい」と答えている（全，2015）。これらの現状に即し、地区住民と研究者が共同で「3地域

共同まちづくり研究会」を開き、海外からの助成金（ACCA, Asian Coalition for Community Action）も受けて、「地区共同のコミュニティビジネスを進める社会的企業（まちづくり合同会社）」を設立した[*1]。現在地区内には空き地や空きビルが散在している。これらの地域資源を、地域内に張り巡らせる形で、共生型まちづくりを進めていく準備を整えている（写真1参照）。

▶見え隠れするソウル市の居住貧困と居住福祉実践

1970年代までにソウル市人口の約10％が居住していたとされるインフォーマル居住地（「ダルドンネ」・「サンドンネ」という）が、1980年代に本格化する再開発事業によって解体されるにつれ、居住貧困状態のより劣悪化かつ不安定化が進んだ。その代表として、アジア金融危機後に社会問題として急増した「ホームレス」問題が挙げられる。これはその後さまざまな取り組みを経て、予防かつ複合的な施策の重要性が着目されるようになった。そんな中、「チョッパン居住」、「ビニルハウス居住」、「コシウォン居住」等のインフォーマルな居住状態が明らかにされた。ここでは、チョッパン地域のみを取り上げ、形成と住民の実態、地域改善の取り組みについて紹介する。

◎チョッパン地域の実態と居住福祉実践

「チョッパン」とは、都心部に位置する、いわゆる「簡易宿泊所」である。地域の形成過程にかんする資料はほとんどなく、新聞記事や居住者へのインタビュー調査等を通じて確認できた内容は以下のとおりである（全他、2008）。まずチョッパン居住者からよく聞くのは、昔「花街」として盛んであったという話である。その名残は今でも一部の地域（鍾路区「敦義洞」、永登浦区、龍山区「東子洞」）に残っている。花街の歴史は植民地期まで溯る。当時「公娼」地区であった地域が解放後米軍政により閉鎖され、その後、闇の「私娼街」に形を変えた。しかし当局による取締りが厳しくなるにつれ、次第に現在のような無認可の「簡易宿泊所」として利用されるようになったと言われている（写真2参照）。その他にも、植民地期に鉄道線路の補修を請負う労働者のための「労働者合宿所」が背景となっていると言われている地域（永登浦）もある。居住者のほとんどは日雇い業に就く単身男性が多く、仕事へのアクセスの良さ

故に居住している。しかも高齢者と生活保護（国民基礎生活保障制度）受給者の割合が高く、それに伴う社会サービスへのニーズが非常に高いなどの特徴が指摘されている。なお、居住者同士の社会的関係の希薄さによる、関係性の貧困問題も指摘されている。当該地域に対し、近年一部の建築家集団（「guga都市建築」）が地域の社会福祉支援団体等と連携し、地域コミュニティの場作りや社会サービス支援に向けた取り組みを広げている。これには、政府による支援も活用されている。なお、

写真2　敦義洞チョッパン地域（2016年8月筆者撮影）

地域に居住しながら雇用の安定等を得て、さらなる居住の安定を求める住民に対する支援策として、「民間住宅買上げ型準公共住宅」が供給されている。

◎韓国版ハウジングファースト施策の展開：民間住宅活用型準公共住宅の供給

　チョッパンをはじめとするインフォーマル居住地は、過去の不良住宅地域のような、戦後の住宅難を逃れるために自主的に形成された居住貧困層集住地域とは異なる、非可視的かつその居住実態の本質がいまだ明らかになっていない地域がほとんどである。このような居住困窮層に対し、近年行政施策として注目されるのが、民間の住宅資源を活用した「買い上げ賃貸住宅事業」である。2004年より「単身世帯向けのモデル事業」として始まった同事業は、都心内に散在する民間の集合住宅を買い上げ、公的住宅として供給する事業である。2005年、当時の盧武鉉政府によって打ち出されたこの事業は、その後全国に広まり、施策対象もチョッパン・ビニルハウス、さらにはシェルター退所者まで含む形で拡大した（図1参照）。この事業の最も大きな特徴は、いわゆ

図1　盧武鉉政府が進めた「居住福祉のロードマップ」

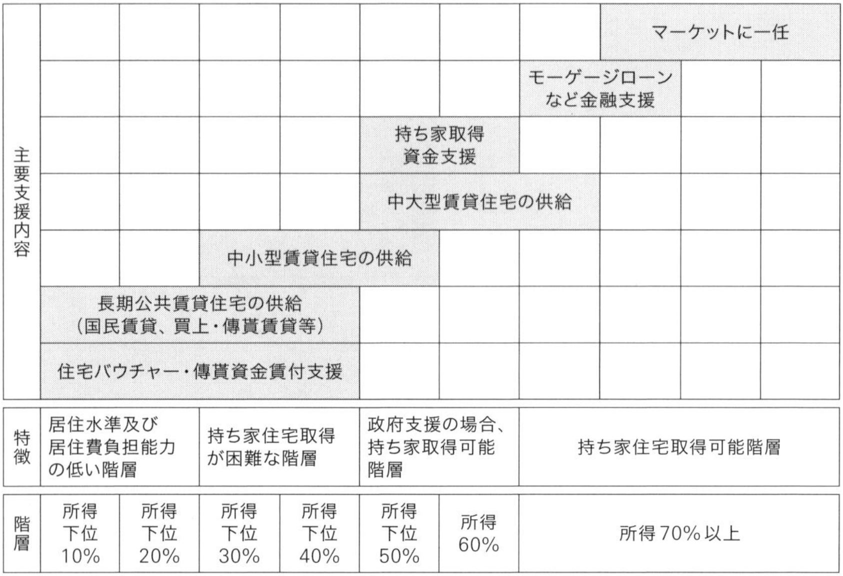

主要支援内容							
							マーケットに一任
						モーゲージローンなど金融支援	
					持ち家取得資金支援		
				中大型賃貸住宅の供給			
			中小型賃貸住宅の供給				
	長期公共賃貸住宅の供給（国民賃貸、買上・傳貰賃貸等）						
	住宅バウチャー・傳貰資金賃付支援						
特徴	居住水準及び居住費負担能力の低い階層	持ち家住宅取得が困難な階層	政府支援の場合、持ち家取得可能階層	持ち家住宅取得可能階層			
階層	所得下位10%	所得下位20%	所得下位30%	所得下位40%	所得下位50%	所得下位60%	所得70%以上

出所：全（2012：15より再引用）

る韓国版ハウジンファースト（HF）事業であることだ。これは施設を前提としない支援プログラムで、既成市街地にある民間の未活用住宅を公共住宅としてリモデリングし、関連する支援経験を持つ民間団体に指定管理を委ね、就労支援や相談、各種社会サービスとの連携の下、複合的な居住支援を展開するものである（全2012）。低所得層をはじめ、若年単身者の居住貧困問題が注目されるなか、ソウル市が先陣を切って、考試院(コシウォン)、旅館などの非住宅を改修し「準公共住宅」と位置づけてそれらのニーズに対応しようとする新たな取り組みも注目されている。

◎消極的な台北市の住宅政策と民間主導による居住福祉実践

　台湾政府は、これまで社会的弱者の住宅問題を放置し続けてきた。社会的弱者のための公共賃貸住宅は、全国の総住宅戸数のわずか0.08％に過ぎない（黄2016）。所得格差の拡大にも関わらず、低所得層の住宅問題に対する政府の関心は低い。さらに、従来の公共賃貸住宅は、主な入居資格対象者を20～40歳の若年層としているため、多くの障がい者、単身高齢者、ホーム

レスなど居住貧困層が施策対象から排除される結果が生まれている。しかしそのような住宅さえも、主に台北都市圏（台北市、新北市）で小規模で供給されるに留まっている。台湾の住宅政策はあくまでも家賃補助が中心であるが、それも１戸当たり月3,600元（約１万３千円）と少額で、補助対象世帯数も限られている。そんな中、台湾の民間団体は、住宅問題に対する政府対応を引き出すため、2010年に「社会住宅推進連盟」を結成した。ここで中心的な役割を果たしたのが「崔媽媽基金會」（以下、基金会）である。基金会は、1989年から共に住宅運動を行ってきた都市改革組織（OURS）や、他の関連団体（少年権益連盟、老人福利連盟、エデン基金会、コミュニティ居住連盟、社会福利総連合会、リハビリの友連盟）と連携して同連盟を発足させた。そして政府や社会に対し、積極的なロビー活動および政策提言、講演活動等を行っている。同連盟は、社会的弱者の居住権と人権を守るため、住宅市場から排除された貧困層を救済する社会住宅の供給を今後の住宅政策の最優先課題とするよう、政府に要求している。また、社会福祉サービスと経済的補助が連携する安定した住宅運営方式の実現に向けて、社会住宅関連法制の整備を要求しており、国レベルでの「住宅法」と自治体レベルでの「住宅自治条例」の早期制定を目標に掲げて活動を進めてきた。

　基金会は、暴騰する住宅価額による居住問題が社会問題として取りざたされ、同問題に対する抗議として1989年に起こった都市住宅運動をきっかけに結成された。当時、およそ40万人に上る市民が、マンションの価格が最も高い台北市内のある地域に集まり抗議活動を行った。その際、病気により余命わずかの宣告をうけたにもかかわらずこのデモに参加し、その後息を引き取った女性の遺志を受け継ぐため、故人の名字を冠して、基金会を発足させた。

　この抗議活動がきっかけとなり、当時は３つの団体（基金会、ホームレス支援団体〔住屋者團結組織運動〕、専門家都市改革組織（專業者都市改革組織、OURS）〕が結成されたが、1990年半ばにホームレス支援団体が活動を中止した。その後は、残りの２団体が一部その機能を引き継ぐ形で相互に連携を取りながら活動してきた。とりわけ基金会は、これまで約20年間、居住関連サービスを中心に、賃貸住宅やコミュニティ支援活動に力を注いできた、台湾で唯一の居住支援団体であるといっても過言ではない。賃貸住宅に関連す

る主な支援活動は、住宅を必要としている市民に良質な賃貸住宅の情報を提供することである。基金会は、これまで台北市人口の5〜10％を占めるおよそ4万人以上の人々に住宅情報を提供してきた。なお、最近は、賃借関係のトラブルが相次いで発生しており、その解決にも力を入れている。トラブルが生じた時には法律相談支援を実施し、30名の弁護士が年間平均1,500件の相談に対応している。最近は、新しい事業として社会的企業を立ち上げ、次のような住宅賃貸にかかわるサービスを展開している。まず「賃貸住宅改修事業」である。これまでの伝統的な仲介サービスでは、貸主や借主間の契約が成立したら両者間の関係は終了する。基金会は、このような両者間の契約を支援するだけに留まらず、もう一つのアイテムをプロセスに入れた。例えば、老朽した住宅や高齢の家主のための改修支援サービスの代行である。この事業を通し、賃貸住宅の付加価値を高め、貸主のニーズに応えることはもちろん、借主も良質な住宅に居住できるような支援を行っている。次に、引越しにかかわる優良会社情報を提供する「引っ越し支援事業」である。近年、引越し業者による詐欺等の問題が多発しているが、基金会は全国7大都市圏で優良引越し会社と提携し、必要に応じて利用者にあっせんする事業を展開している。これまでの10年間に及ぶ基金会の活動により、他の引越し業者への波及効果も大きい。マスコミ等からは「静かな消費革命」とも称えられている。基金会は、都会に居住する社会的弱者に賃貸住宅の情報を提供することに始まり、契約支援や、引越し業者の情報提供等、居住関連サービスにかかわる全ての問題に対応し、居住者の側に立った支援活動を展開してきた。この他、毎年200件ほどの大型マンションの管理協会やコミュニティなどの管理者に対し、トラブルへの対応にかんする支援や住宅管理の人材育成も行っている。居住者に対するこのようなきめの細かい支援活動が認められ、2005年には、政府機関である行政院より「消費者保護団体」という認証を受けた。現在、賃貸住宅関連サービスや引越しサービスのスタッフも含め、23名のスタッフが活動している。基金会の運営に際しては、公的資金等に頼らず自己資金の安定化に取り組み、先述したような様々な事業収入による安定的な財政基盤も確保し、毎年1,400万元の収益を上げている。そのうち、40〜45％は引越しサービスによる収入、15〜20％は賃貸住宅関連サービスによる収入、残

写真3　2014年に行われた巣運運動（基金会提供）

りの35〜45％は他の団体からの寄付金等で占められている。一方、基金会は、住宅関連サービス支援のみならず、社会的弱者に対する住宅政策の改革のため、「社会住宅推進連盟」と連携しながら住宅政策の提言活動も行っている。とりわけ2010年の地方選挙の際には、大都市圏の市長候補者に働きかけ、支援を得ることができた。なお、同年は、当時の馬英九（マーインチウ）総統が社会住宅推進について宣言したこともあり、民間や公共部門からも関心が高まっていた。2011年末の総統選挙の前には、国民の支持を得るために「住宅法」が成立するなど、台湾における社会住宅への政治社会的な関心は、この頃より高まったといえる。近年の社会住宅に関連した動きとして最も大きな転機となった出来事は、2014年、民間団体が住宅価額が最も高い地域に集まって野宿しながら抗議デモを展開した「巣運（チャオイン）」運動である（写真3参照）。同運動の影響により、以下のような政策がいっそう進められることとなった。第一に、「社会住宅の供給」である。当初は1,661戸（2010）しか在庫がなかった社会住宅が、馬総統による政策で、2013年までに3.4万戸まで増えた。その後、巣運運動により、2015年までに8.85万戸を供給する計画が打ち出された。1月に当選を決めた民主進歩党の蔡英文（ツァイインウェン）総統は、20万戸まで増やす計画を公約として打ち出している。その他に2014年の地方選挙では、27名の候補が住宅政策

を推進することを公約として示し、うち12名が当選した。その結果、今後8年間で88,500戸の社会住宅を供給することが約束された。第二に、「住宅関連税制改革」である。この改革により、これまで非常に低い水準を保っていた台湾における固定資産税が引き上げられ、増加した税収入が社会的弱者への住宅支援に充てられることが期待されている。他に、賃貸住宅市場にかんする立法の必要性も政府内で議論されるようになった。

▶ 急増する香港の高密狭小住宅と居住福祉実践

近年、香港では、安価な民間賃貸住宅における居住貧困が社会問題となっている。香港はシンガポールに次ぐ大規模の公共賃貸住宅のストックを保有している。それにもかかわらず、香港の間仕切り住宅等に居住している人口は約20万名に達すると報告されている（Angela, 2016）。香港の場合、人口の約50％が公共賃貸住宅に居住しているが、公共賃貸住宅への入居権を持たない新移民や、公共賃貸住宅への入居において優先順位が低い単身世帯は民間の住宅市場に頼らざるを得ない。香港の産業構造は、1980年代以降、サービスおよび金融業を中心とした形へと再編された。これに伴い、都市の市街地の再開発が加速し、安価な住宅の減少と家賃が高騰し、低所得層の居住問題が深刻化した。

民間の住宅市場での居住貧困の一つに、「ルーフトップ（屋上小屋、Rooftop Hut）」がある。その名の通り、建物の屋上に設けられた住まいである（写真4参照）。「ルーフトップ」は、安価な住宅への需要増大と1998年までの家賃統制を背景に、持ち主の収益確保の手段となってきた。ルーフトップは建築法には違反しているが、事実上黙認されている。火災などの災害発生時に危険な住居（例：階段が一つしかない建物）でない限り、取締りのリスクが低い。入居者としては3人以上の世帯が多く、失業者、病人、高齢者、移民、公的扶助（CSSA）受給者の割合が圧倒的に高い。2006年現在の住民は3,962名で、2001年の16,359名から激減している。その理由は、1996年と1997年とに2回発生した火災で多くの死者を出したことによる、行政のクリアランスが背景にあると見られる（Ernest 2008）。

次に、「間仕切りアパート（Subdivided Flats）」と呼ばれるものである。間仕

写真4　香港のルーフトップ（2001年6月筆者撮影）

切りアパートは、部屋をさらに間仕切りして極端に狭い空間で居住する形態である。キュビカル（Cubicle）、ベッドスペースアパート（Cage Home）のような種類がある。前者は、部屋を間仕切りする際に合板パネルを使ったもので、「木造間仕切り部屋（Wooden Partitioned Room）」などと呼ばれる。後者は、狭小な空間が特徴で、一部の場合、貴重品やプライバシーを守るために四方に張りめぐらされた鉄製の網を設けている。こうした住まいは、低賃金の仕事が集まる港湾地域や工業地帯に近い既成市街地に多く見られる。こうした地域の住民には日雇労働者をはじめとする低所得層が多く、他の地域より公的扶助の受給率が高い。また、中国本土からの移民をはじめ、一人暮らしの高齢者や移住労働者が多数居住している。民間の安価な住宅ストックは多く分布しているが、そのほとんどは1950-60年代に建てられた住宅であり、建物の老朽化が激しい。周辺には、夜市、リサイクル業者、商店などがあり、低賃金労働者の生活空間を構成している（コルナトウスキ 2016）。

　近年は中国からの資本流入を背景にこれらの地域を対象とした再開発が活発化しており、家賃が上昇している。香港では政府の一貫した「不関与政

策」のため、公共賃貸住宅の入居待機者は増加の一途を辿っている。入居待機件数は、2007年の107,000件から2012年の210,400件へと、わずか5年間でおよそ2倍に増えた。しかし、2007年以降の5年間の公共賃貸住宅建設戸数は、年平均では15,000戸に過ぎない。2013年の市政報告によれば、以後5年間の建設予定戸数も75,000戸とされている。住宅供給が低調な中、居住貧困層は不適切な住まいで超過密な生活を強いられているのである（Chick, 2013）。これらに対し「香港社区組織」は、とりわけホームレスの人々が多く居住する、Sham Shui Po地域への支援活動として、内務部（Home Affairs Department, HAD）Sham Shui Po事務所から1.4百万香港ドルの補助を得て、ホームレス問題に対応するため宿所の支援等を含むモデル事業を始めた。その成果を受け、2014年からは「The Watchers Project」と称する本格的な支援事業に乗り出している（Angela2015）。

3. 包容力のある都市ネットワークの形成に向けた居住福祉実践の勧め

　以上、本章では東アジアの大都市の居住貧困の実態とその解決に向けた実践的な試みの事例を考察した。各国に共通しているのは、劣悪な住居と不安定な居住が組み合わさった状態で、居住貧困が深刻化あるいは再生産されている点である。また、問題の解決に向けた実践的取り組みが民間支援団体を中心に進められている点も共通点といえよう。これまでにこういった問題にかんしては、あくまでも貧困という結果的な状態にのみ着目して対応を考えてきたように思われる。

　ところが1970年代の全世界的な経済不況を契機に現れた新たな社会問題として、1980年代以降「社会的排除」という概念がそれに取って代わるような形で世界中に広がった。これは、多次元的な貧困化という「プロセス」に着目し、様々な社会の制度や組織の機能不全による「関係性」に焦点を当て、それに立ち向かうための「われわれ」の社会の方からの変化（inclusive society）を導き出すことに焦点を当てている。

　しかし一方では、排除に向けた戦略が人を対象とした施策に偏りがちで、

その受け皿となるメゾの領域からの視点が欠落しているように思われる。それは、都市空間における「地域」や「住まい」による排除をもたらし得る。実際には本章でも取り上げたように、公共住宅団地や社会的な資源やサービスへのアクセスが十分ではない「社会的不利地域」を通じて排除のメカニズムが促進されたり形成されたりしているため、地域にターゲットを当てた戦略が求められる。社会的排除は、人々が完全なる市民として享有できるような機会から次第に閉ざされていくダイナミックなプロセスに関連して使われており、剥奪が集中している地域の居住者は、最も市民的権利から遠ざかる結果に陥りがちである（全 2015）。

　本章は、東アジアの代表的な不利地域の比較研究の一段を示したものである。現在、筆者が所属する都市研究プラザが中心となり、包容力のある都市づくりに向けた関連政策や実践を共有していくための東アジア包摂都市ネットワークの構築に取り組んでいる。2016年は、ソウル市役所を会場に、各都市から実践家のみならず地方公共団体の職員や首長の参加を得た（2017年8月に大阪で第7回東アジア包摂都市ネットワーク・ワークショップを開催予定）。今後はこういった成果を踏まえ、都市政策や民間実践と更なる連携を図っていきながら研究や交流の場を広げる機会を増やしたい。

注

*1 2016年11月2日に「まちづくり合同会社 AKYインクルーシブコミュニティ研究所」設立記念シンポジウムを開催し、正式な発足となった。

参考文献

- コルナトウスキ・ヒェラルド（2016）「香港のインナーシティにおける住宅困窮状態の類型と特徴」全泓奎編、『包摂都市を構想する』法律文化社 107-120頁
- 全泓奎他（2008）「韓国都市部の社会的不利地域における包摂的な地域再生と居住支援」、住宅総合研究財団、『住宅総合研究財団研究論文集（No.34）』、243-254頁
- 全泓奎（2012）『韓国・居住貧困とのたたかい：居住福祉の実践を歩く』東信堂
- 全泓奎（2015）『包摂型社会：社会的排除アプローチとその実践』法律文化社
- 全泓奎編（2016）『包摂都市を構想する：東アジアにおける実践』法律文化社
- 黄麗玲（2016）「台湾の住宅政策と住宅問題：台北市を中心として」全泓奎編『包摂都市を構想する：東アジアにおける実践』法律文化社 78-91頁
- ホリデイ・ワルディング編（2007）『東アジアの福祉資本主義――教育、保健医療、住宅、社会保障の動き』法律文化社
- Angela Lui (2015) Innovative approaches in working with sub-divided flat dwellers and homeless people in Hong Kong in East Asia Conference on Housing Welfare: Solving the Housing Problems of the Poor in East Asian Cities, 489-496頁．
- Angela Lui (2016) From Cages to Subdivided units, is the problem getting better or worse?, in The 6th East Asia Inclusive City Network Workshop. 183頁
- Chick Kui Wai (2013)「香港の住宅問題にいかに臨むべきか」『第3回 包摂都市ネットワーク国際ワークショップ資料集』
- Ernest Chui, 2008, Rooftop Housing in Hong Kong: An Introduction in Rufina Wu/Stefan Canham, Portraits from above: Hong Kong's Informal Rooftop Communities, Peperoni Books, 246-259頁．
- Holliday Ian (2000) Productivist Welfare Capitalism: Social Policy in East Asia, POLITICAL STUDIES VOL 48, 706-723頁．
- 1 Kwon Huck-ju (2002) Welfare reform and future challenges in the Republic of Korea:Beyond the developmental welfare state?, International Social Security Review, Vol.55, 4, 23-38頁
- Mason M. S. Kim (2016) Comparative Welfare Capitalism in East Asia: Productivist Models of Social Policy, Palgrave Macmillan.

第13章

東アジアにおける貧困と社会政策

》五石敬路

1. 脱産業化時代の「貧困」

▶ 格差のN字カーブ仮説

　1990年から2015年の間、世界では1日1ドル以下で暮らす人々の割合が36％から12％に減った（ただし2015年は予測値）。そのなかで大きな役割を果たしたのは中国であり、同国における割合は同期間で61％から4％と劇的に減った（United Nations 2015：14）。しかし、東アジアは圧縮成長をとげた後に、これまでとは異なった新たな「貧困」を抱えようとしている。

　図1により、この変化の背景を説明したい。図の曲線は、経済の発展段階に沿った所得分配の推移を表している。横軸が経済の発展段階を示し、縦軸が所得分配の水準を示している（上にいくほど不平等になる）。経済発展の初期段階において所得分配は悪化し、経済が発展するにつれて所得分配は徐々に改善する。これはクズネッツ（Kuznets）の逆U字カーブ（inverted U-curve）と呼ばれるもので、人口が賃金水準の低い農業セクターから賃金の高い製造業セクターに移動する過程で起こる現象である。経済が成熟化すると、経済はサービス化し、労働者は賃金格差が小さい製造業セクターから格差の大きいサービス産業セクターに移動し始める。すると、社会全体の格差は再び拡大する。こうして、所得分配のカーブは全体としてN字（N-curve）を描くのである。

　エスピン・アンデルセン（Esping-Anderson）等が分析した福祉国家論

図1　所得分配のN字仮説

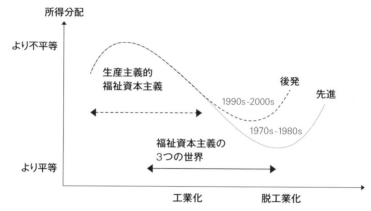

資料出所：筆者作成

は、このうち所得分配が最も縮小した段階の状況を反映していると考えられる（Esping-Anderson 1997）。この後、経済はサービス化するとともに、少子高齢化、単身世帯の増加、非正規職の増加、社会的排除の深化等、社会構造の変化が同時に進行し、福祉国家も変容を強いられる。東アジア諸国[*1]は、経済開発を優先したあり方からかつて「生産主義的福祉資本主義（productivist welfare capitalism）」等と呼ばれたが（Holliday 2000）、1990年代末のアジア経済危機以降、急速に社会政策の整備がすすめられた。

▶脱産業化時代における社会政策の課題

脱工業化段階で格差が拡大する理由としては、技術バイアス（高い技術を必要とする職のみに労働需要が強まる）や、グローバル化の影響（製造業における低賃金職の途上国への移転にともない賃金の低いサービス職が先進諸国内で増加する）等が考えられる。また、近年では、労働市場組織の違いや変化が格差に影響に与えることも指摘されている。たとえば、Jaumotte and Buitron（2015）によれば、各国における労働組合組織率と所得格差は有意に相関している。これは、労働組合組織率が低下することにより、資本あるいは経営者に対する労働者のバーゲニング・パワーが落ちるためと解釈できる。特に非正

規職は、既存の労働組合が非正規職の利益擁護に消極的なこともあって、立場が非常に弱い。日本でも、かつてサラリーマンと言えば中流階級のイメージがあったが、現在はそうとも限らないことは多くの国民が認識している。かつてマルクスの時代、多くの賃金労働者は窮乏していた。当時は労働組合が労働者の利害を代表するものと考えられていたが、現在はそれを期待することは難しい。

表1は東アジア諸国（地域）とヨーロッパ諸国の労働組合組織率を比較している。スウェーデンは所得格差の小さい国として知られるが、労働組合組織率は2012年でも67.5％と高い。東アジア諸国は、2012年現在で香港が最も高く23.7％だが、他は2割以下である。フランスは2000年以降8％以下と低いが、労働協約の適用率が98％と非常に高い。これは、産別労組により締結された労働協約が組合員数の低い労働組合にも適用される仕組みとなっているためである。しかし、多くの国で労働組合の組織率は低下しており、東アジアでは、たとえば戦闘的な労働組合のイメージの強い韓国でも組織率は10％程度にまで低下している。

こうした経済社会状況の変化や、既存の福祉国家に求められる変化の方向性は、欧米諸国と東アジア諸国において、程度の差こそはあれ共通した特徴が見られる（五石2015）。しかし、欧米諸国が1960～1990年代という比較的長い時間をかけて変化してきたのに対し、東アジア諸国は1990年代から急激に変化を強いられてきたため、両者には顕著な違いが見られる。ダニ・ロドリックによれば、早すぎる脱産業化は世界中の多くの後発国で確認できる（Rodrik 2016）。高成長が期待できる製造業シェアが低下すれば、それだけ成長の機会も失われる。

急激な変化が社会政策に及ぼす影響は年金制度に最も顕著に現れる。賦課年金の場合、年金保険料を支払う世代に対し、年金給付を受け取る高齢

表1 各国における労働組合組織率

	日本	香港	韓国	シンガポール	スウェーデン	フランス
2000	21.5	na	11.4	16.1	79.1	8.0
2005	18.8	na	9.9	19.4	76.5	7.7
2012	18.0	23.7	10.1	19.4	67.5	7.7

（資料出所）ILOSTAT Database.

世代が増えれば、必然的に財政が厳しくなる。国民が年金財政を不安視しているのは、日本も韓国も同様である。

　また、発展途上段階の労働市場における二重構造が社会保障制度の二重構造を生み、これが解消できないまま脱産業化時代を迎えてしまった点も東アジアの特徴のひとつである。日本では1961年に「国民皆保険・皆年金」が成立したものの、当時の労働市場における二重構造を反映し（田多 2011）、社会保険制度は被用者保険（厚生年金、健康保険）と地域保険（国民年金、国民健康保険）に分かれた。問題なのは、こうした二重構造が改善されないまま現在に至っていることであり、従来は自営業者や農業従事者がほとんどであった国民年金や国民健康保険の加入者は、現在では無職者や非正規労働者が多数を占め、これらの財政を悪化させる原因となっている。また、離職者や非正規職労働者にとっても、被用者保険に加入できないことによって経済的に不利になっており、格差を助長している。韓国では医療保険は一元化したと言われているが、「見かけ上」に終わっており、被保険者から見た実質の二重構造は変わっていない（鄭 2011）。中国では、戸籍制度により社会保障や教育制度などが都市と農村に分かれており、発展を続ける都市部に比べ、農村部の住民には極めて不利な体制となっている。

2．脱産業化時代における多様化・複合化した課題

▶日本の事例：課題は何か？

　脱産業化時代では、「貧困」は実際にどのようなすがたを見せるのか。日本の事例をもとに、その具体的な様相を見てみたい。

　相談に来所したのは24歳男性である。現在は無職で仕事を探している。就職先の希望としては、地元で自動車関連の仕事に就きたいと思っている。雇用形態は正規でなくても派遣でも良いし、場所は県外でも良い。相談者は、自動車関連の短期大学を卒業しているが、大学の寮でトラブルを起こしてしまい、自動車整備資格はとれなかった。これまでの職歴としては、全国各地を転々としてきた。仕事内容は警備会社、自動車メーカーの工場、住宅関連の部品製

造工場等であった。当初は派遣だったが、働きぶりを評価されて、準正社員で働いていたこともある。3年前に自動車免許を取得し、トラック運転手をしていたこともある。その時は働き始めてしばらくして、正社員に抜擢された。しかし、どの仕事も1年から1年半で辞めた。

　彼が相談に訪れたのはジョブカフェと呼ばれる若年者向けの就職支援機関であった。就職支援を行う場所であるので、支援者は当然に就職に関する相談を行う。後で判明したことだが、彼のこれまでの居住先は基本的に会社寮で、会社を辞めた際には友達に家に転がりこんだりしていた。彼が抱える生活上の課題は、仕事だけでなく住居にもあったのである。

　また、彼の両親は離婚したばかりで、当時相談者は1人暮らしをしていた。こうした彼の事情をジョブカフェの支援者がどこまで把握できていたかは分からないが、通常、ジョブカフェやハローワークでは就労に関する話しに集中するので、それ以外のことを聞き出すことは難しい。また、聞き出したとしても、支援者はどうすべきか見当もつかないかもしれない。

　彼の話しはまだある。彼は自動車を購入した際に消費者金融を借りたが、前年に返せなくなってしまっていた。それでどうしようもなくなって、返済期日に自殺未遂で事故を起こしたこともあった。もし彼の抱える悩みを誰かが聞き出せていれば、彼に必要な支援が就職だけでなかったことは理解できたに違いにない。彼の心の闇は深かった。

　彼はジョブカフェを訪れた一年後に大きな事件を起こした。2008年6月、秋葉原で死傷者17名をだした無差別殺傷事件である[*2]。ここで確認したいのは、彼が抱える課題が、単に非正規職を転々としており長続きしないということだけでなく、住居、借金、メンタル、家族、人間関係等が複雑に絡み合っていたということである。

▶韓国の事例：どう支援するか？

　次は、韓国の事例である。それぞれ、どのような支援が適切かを考えてみたい（五石2016）。

◎ Aさん（1981年生まれ）

　34歳の未婚女性で、一人暮らしをしており、2015年2月に失職したため求職活動を行ったが就労につながらず、2015年4月に緊急の生活費支援を受けた。5年の事務補助員の経歴はある。資格はないが、経理や会計分野で就労を希望している。就労まで生活費が必要なものの、離婚し、別のところに住んでいる両親も公的扶助の受給者であるため支援を求めることができない。

◎ Bさん（1974年生まれ）

　40歳の未婚男性で、仕事先をさがしている。建設現場で働いた経験があり、片方の目に怪我をしたため2カ月後に障害診断を受ける予定だったものの、単純労務職に早く就職したい希望をもっている。しかし、医者にかかったところ、角膜移植手術が必要であることが分かった。これまでの経緯を聞いたところ、家族と10年以上連絡をせず、仁川で野宿者生活をし、倒れたため病院に搬送され、その際に姉に連絡がいき、退院後に姉の家に住むこととなったものの、怪我をした際に治療を受けず失明の危機の状態に陥った。

◎ Cさん（1978年生まれ）

　38歳の女性で、大学を卒業し、大企業で働いた経歴がある。しかし、離婚の後、小学生5年と3年の2人の娘と一緒に暮らしており、そのうちの1人が難病に罹っているシングルマザーである。契約職で働いていたが契約が更新されず、失業給付を受けた。求職活動を積極的にしたものの、年齢のため再就職ができずに困っている。ただ、働き始めるには、保育サービスも必要である。

　まず、ひとつ確かなことは、上記の3人とも既存の行政窓口を訪れた場合、どこも単独では対応ができないということである。Aさんの場合、公共職業安定所に行き就職できたとしても、たちまちの生活費がない。日本でも、日雇い派遣が正規職に就きたくても就けなかった大きな理由がたちまちの生活費がない点にあった。つまり、月給制の場合は給料日まで時間があるため、明日、明後日の生活費に困るのである。Bさんの場合、就職より前に病院に行くことが先決なのは言うまでもない。これまで野宿生活を続けていたという経緯上、

退院後もすぐに就職というよりも、彼の状態をゆっくりと見守り、彼自身の希望に沿った支援を行う方が良いように思われる。Cさんの場合は就職先を探すとともに、難病に罹っている子の保育をどうするかを考えなければならない。

　3人は就職相談のために来所したのであるが、必要な支援は就職だけではない。公共職業安定所だけでなく、福祉関係の窓口、病院、保育所等にも行かなければならない。体の弱った相談者であれば、これは大変な作業である。たらい回しに会うかもしれない。韓国でこの相談を受けたのは、福祉、就労支援、法律相談などをワンストップで受けることのできる「雇用福祉プラスセンター」であった。韓国政府は、2017年までに既存の公共職業安定所をすべて「雇用福祉プラスセンター」に置き換える予定である。既存の専門分化した行政窓口では対応が困難という判断があったに違いない。

　日本でも、2015年4月から生活困窮者自立支援法が施行され、相談支援窓口が全国の福祉事務所設置自治体に置かれることとなった。雇用と福祉の連携を中心としたワンストップ化の動きは、東アジアに限らず、先進各国に共通して見られる現象である（英国のジョブセンタープラス、ノルウェーのNAV等）[*3]。

3. 社会政策の変容

▶脱工業化時代における変化の共通点

　脱工業化時代には、社会政策はどのような変容を迫られるのだろうか。図2は、その概要を簡単に図示したものである。脱工業化時代には、非正規職のような不安定な雇用形態や長期離職者が増大する傾向にあるが、先述したように、その具体的な様相は単に雇用の問題だけでなく、メンタル、家族環境、居住などの多様な課題が複雑に絡まりあっている。ここでは、こうした複雑かつ多様な課題を複合的に抱えている人々を「生活困窮者」と呼ぶ。これが現在の「貧困」のあり方と言え、単純に経済的な困窮ばかりでない。

　生活困窮者への支援窓口は従来の形態では対応が困難である。従来は、就労者やその家族に対しては公共職業安定所や社会保険事務所が主な窓口となり、働くことの難しい高齢者や、傷病者、障がい者などは福祉事務所が窓口となっていた。また、社会保障としては、前者には社会保険や労働保険

図2　脱工業化時代における変化の共通点

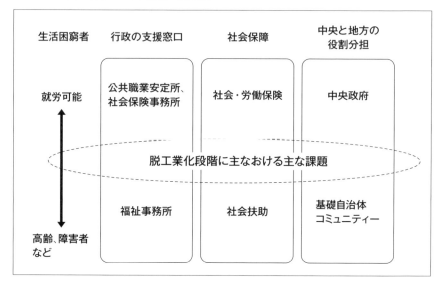

資料出所：筆者作成

があり、後者には公的扶助があった。行政の役割分担の面から見れば、前者は主に国が所管し、後者は主に福祉サービスという面では自治体が所管している。これらは各国でだいたい共通した仕組みである。

しかし、脱工業化時代においては、図において中間を長丸で囲んだ部分への対応が大きな課題になってくる。このニーズに関する制度はまだ十分に整備できておらず、各国で模索を続けているのが実情と言える。

▶東アジアおける社会政策の変容

今後、東アジアは急速な少子高齢化に直面する。日本の合計特殊出生率は2014年現在で1.42だが、香港は1.234、韓国は1.205、シンガポールは1.25、台湾は1.065（2013年）と、軒並み日本より低くなっている（中国は1.562）[*4]。また、表2は今後の東アジアにおける高齢化率の予測値を表している。2010年現在、日本の高齢化率は22.9％と東アジアの他の国・地域と大きな差があるが、その後、急激に東アジアは高齢化が進み、2050年には日本が36.3％であるのに対し、韓国は35.1％、香港34.5％、シンガポールは33.9％と、

ほぼ同じ水準に達する見込みである。

　こうしたことから、今後、東アジアでは年金財政の安定化が大きな課題となるとともに、日本や韓国のような社会保険における二重構造の改善や所得保障水準の向上に取り組む必要がある。

　また、第2章で見たような稼働年齢層の生活困窮者に関しては、新しい給付を導入する動きが見られる。たとえば、日本における求職者支援制度の導入（2011年）、韓国における国民基礎生活基本法の改正（2015年）、シンガポールにおけるワークフェア所得保障の導入（Workfare Income Supplement、2008年）などがこれに該当する。また、給付を条件とした自立支援の導入も類似しており、日本における生活保護就労自立支援（2005年）、韓国における自活支援事業（2009年）、香港における総合社会保障援助計画（CSSA）の自立更生支援（support for self-reliance、1999年）、シンガポールにおけるコムケア（ComCare、2005年）などがある（新保2013）。先述したように、日本や韓国では、相談者の複合的な課題に対応するため、行政組織のワンストップ化やコミュニティレベルでのアウトリーチの充実といった共通した動きも見られる（五石2016）。

　もっとも、東アジアにおける経済の発展段階、人口規模、制度配置、社会支出の財政規模や伸びなどにはかなりの多様性が見られる。たとえば、日本や韓国における社会支出の伸びは大きいが、シンガポールや香港はかなり限られている。また、中国は人口規模が突出して大きく、政治的な体制も異なる。本稿はあくまで東アジアに共通して見られる特徴を指摘したのであって、東アジアを包括した福祉国家（レジーム）モデルを語ろうとしたものではない。

表2　東アジアにおける高齢化率

	1970	1990	2010	2030	2050
日本	7.0%	11.9%	22.9%	30.4%	36.3%
中国	3.7%	5.3%	8.2%	17.2%	27.6%
香港	3.9%	8.7%	12.9%	26.3%	34.5%
韓国	3.3%	5.0%	11.1%	23.7%	35.1%
シンガポール	3.3%	5.6%	9.0%	23.3%	33.9%

（注）1970〜2010年は推計値、2030〜2050年は予測値。
資料出所：United Nations (2015) World Population Prospects: The 2015 Revision, Volume1: Comprehensive Tables, Table A.31より筆者作成

注

*1　本稿における「東アジア」は、日本、韓国、台湾、香港、シンガポール、中国を含む。Holliday（2000）が「生産主義的福祉資本主義」を論じた際には中国は含まれていなかった。日本、韓国、台湾、香港、シンガポールが脱工業化の段階に達しているのに対し、中国はまだ工業化の段階にあると考えられるが、圧縮成長を続けているという点では東アジアに共通している。
*2　事例の経過は中島（2013）を参考にした。
*3　多くの先進諸国で、公共職業安定所の地方分権、福祉機関との統合・併設が実施されている。cf. Mosley（2011）．
*4　日本、中国、韓国、台湾、香港、シンガポールのデータは World Bank, World Bank Indictors, http://databank.worldbank.org/data/home.aspx（Accessed 29 September, 2016）、台湾のデータは Republic of China（Taiwan）, National Statistics, http://eng.stat.gov.tw（Accessed 29 September, 2016）．

参考文献

- 鄭在哲（2011）「韓国の健康保険における事業の役割の変化に関する研究」健康保険組合連合会編『健康保険制度における事業主の役割に関する調査研究報告書』73-89頁
- 五石敬路（2015）「自治体の就労支援施策の現状と課題」福原宏幸編『自治体セーフティネット』公人社 1-26頁
- 五石敬路（2016）「韓国における生活困窮者支援の取り組みの動向」『社会福祉研究』126、94-100頁
- 新保美香（2013）「シンガポールにおける貧困・低所得者対策の動向— ComCare（コムケア）の取り組みに着目して—」『明治学院大学社会学・社会福祉学研究』139、113-142頁
- 田多英範（2011）「福祉国家と国民皆保険・皆年金体制の確立」『季刊 社会保障研究』47（3）220-230頁
- 中島岳志（2013）『秋葉原事件』朝日文庫
- Esping-Anderson, Gøsta (1997) The Three Worlds of Welfare Capitalism, Princeton：Princeton University Press.（G.エスピン−アンデルセン、岡沢憲芙・宮本太郎監訳『福祉資本主義の三つの世界−比較福祉国家の理論と動態』ミネルヴァ書房2001年。）
- Holliday, Ian (2000) "Productivist Welfare Capitalism：Social Policy in East Asia," Political Studies, 48 (4), 706-723頁
- Jaumotte, Florence and Carolina Osorio Buitron (2015) Inequality and Labor Market Institutions, International Monetary Fund, 1-31頁
- Mosely, Hugh G. (2011) Decentralization of Public Employment Services, The European Commission Mutual Learning Programme for Public Employment Services, 1-35頁
- Rodrik, Dani (2016) "Premature Deindustrialization," Journal of Economic Growth, 21 (1), 1-33頁
- United Nations (2015) The Millennium Development Goals Report

第14章

包摂型アジア都市への「中間的社会空間」試論

》穂坂光彦

1.「非制度」から「制度」をみる

▶ ムンバイの路上

　私は大阪市立大学の創造都市研究科で社会人院生向けの「コミュニティ開発論」講義を非常勤担当している。その冒頭で、以下のようなインド女性の独白録を示す。彼女の名はマディナ。ムンバイ（旧ボンベイ）の路上で暮らしていた。「もしあなたがマディナならば、明日からどのように生活を築いていくか。もし支援が必要であるとすれば、いかなる支援か」が、受講生への最初の課題である。

　ボンベイから来た人に聞いたのよ。「ボンベイでならもっと稼げて一日二食はたべられる。ただし舗道に住まなきゃならない。他に住む場がないから」って。それ聞いてこう思ったのさ。いったい「舗道」って何だろ、見てみたいもんだ、って。生きのびるためにはボンベイに行かなきゃ、もう子どもも三人になるんだからって、あたしは亭主に言ったの。三番目の子がおなかにいたんだよ、その時。あの人は黙ったままだった。

　家財道具を売り払ってね、それから子どものお守り袋に隠しておいたへそくりが20ルピーあったし、それであたしたちは出発した。無賃乗車だから、車掌がくるたびに隠れたり、途中の駅で飛び降りてまた次の汽車を待ったり、の繰りかえし。

　三日目に街に着いて、誰かにバイクラ駅だよって言われて、あたしたちはあわてて汽車をとび降りた。それから二日間ずっとプラットホームにいたんだよ。さて次にどうしようかって

考えながらね。駅にいたお茶の売り子と友だちになってね、あたしたち一家の窮状を話して。そしたらその人は野菜市場につれていってくれた。そこで誰に会ったと思うかね。あたしと同じダーバンガからでてきた女たちがたくさんいたんだよ！その女たちがさ、ナグパダの舗道に寝ればいいって教えてくれたのよ。そのころあのあたりに建ってる小屋は三つだけだったね、20年も前のことだからね。

　いまでも憶えてるけどさ、夜になると救世軍がトラックでやってきて毛布だの古着だのを放っていったりするんだよ。まあなんてこと、あの連中はトラックの上から物を投げてよこすんだよ！

　こうしてボンベイでの暮らしが始まったのさ。同じ舗道で隣の小屋に住んでた女がいろいろ教えてくれたよ。どこから水をもってくるかとか、寝てる間にドブに落ちないようにするにはどうするか、とか。その女はこうも言ったよ、子どもたちに箱を渡して街角に立たせるといいって。だけど、あたしゃそれは断わったよ。乞食になるためにわざわざここまでやってきたわけじゃない。子どもたちを乞食にするためにボンベイに来たんじゃないよって。（穂坂1994：140より一部抜粋修正）

　この課題ではさらに、大阪でホームレス状態となった元調理師の男性、急峻な中山間地で健康問題に不安を抱えながら独居する高齢女性、といった日本の事例をも合わせ示して、比較の議論をしてもらう。すると日本の事例では、住民票、生活保護、訪問看護、民生委員、ハローワークといった「制度」の用語が並ぶのに対して、マディナについての議論では、ゴミの回収リサイクルや行商のようなインフォーマル起業、隣人とのグループ貯金や共同購入、路上テントの改良、地域の情報センターへのアクセス、ノンフォーマル教育、といった「制度外」活動がキーワードとなる。当然ではあるが、この対比は鮮やかだ。

　つまり日本は圧倒的に「重度制度化社会」（もしくは過剰制度化社会）であり、まさにそれゆえ都市のホームレス生活者、中山間地の孤立した高齢者などの問題は、張り巡らされた制度の網の狭間に、あるいは制度の機能不全によって、生じている。一方、インドは高度に官僚制を発達させてはいるものの、制度が社会をコントロールする程度は相対的に低く、市民社会組織や地域住民がさまざまなアイデアを制度外で実施していく社会空間が広く存在する。

　戦後「開発」とは、「経済成長」プラス「制度サービス拡大」を意味してきた。

そこで日本はインドよりも「先進」だと考えられてきた。しかしいま日本の私たちが諸問題の解決を構想するにあたって、制度の緻密化の方向に限界をみて、制度外の「地域の力」（正確には、地域の独自の資源や経験を活かす上で、制度の限界を踏まえたその活用ができる住民の共同的な力）に活路を求めるとすれば、「軽度制度化社会」から学ぶものは多い。だがそのためには、「制度」化への見方を変えねばならない。

▶「都市インフォーマル部門」への視点の転換

　1950年代からアジアの大都市は急速な成長を始めた。当時の開発主義的近代化論によれば、都市での資本投下が産業化を始動させ、それによる雇用機会の創出が農村から人口を呼び寄せ、都市農村ともに近代化が促進される、というシナリオが成立するはずだった。しかし農村から流入した巨大な人口の職場は、役所に登録して営業許可を得たり、労働法規や保険の適用を受けたりする「正規の（formal）」営業所ではなく、露天商や自転車修理工や屋台の飯屋などの路上の営業者、家政婦や門番などの家事労働者、人力車夫など個人ないし小規模経営交通機関の従事者、縫製やサンダルの底貼りなど「内職」を含む家内工業従業者、廃品回収業者など、いわゆる「民衆生業」（村井 1978）によって生計をたてる人びとの世界であった。

　この現実は、上記のシナリオに合致しない「異常な」都市化現象とされ、「過剰（hyper）都市化」とか「偽装（pseudo）都市化」と呼ばれた。過剰都市化とは、都市での雇用機会の増大をはるかに上回って居住人口が増加することをいう。偽装都市化という発想は、「南」世界の都市化は（欧米のような）農業から工業へという産業部門の構造変化を伴わず、流入人口の大半が「非生産的な」小規模サービス部門に吸収されている、とする見解による。

　70年代に入ると、さすがに西欧の経験のみに根ざす概念化は批判的に再検討され、南世界の都市化を南世界の文脈に即して理解しようとする傾向が現れた。国際労働機関（ILO）による一連の実証研究から提起された「都市インフォーマル部門」の概念は、その一つである。「インフォーマル」部門とは、公的な規制や保護を受けない小規模経営に基づく経済部門である。必ずしも「違法な」活動ではないが、フォーマルな制度の枠外におかれている。イン

フォーマル部門の経済は、ほぼ定常的に所得を生み出すと同時に都市システムに欠かせぬサービスを提供していると理解された。実際、多くの「南」の大都市では、インフォーマル部門はフォーマル部門よりも多くの雇用を生み出し、都市の30％から70％の労働人口を吸収しているとみられる。その後の研究や論争を通じて、インフォーマル部門は、近代化に取り残された伝統部門の残滓ではないし、いずれ近代化される遷移的なものでもないことが明らかにされていった。それは独自の雇用創出ダイナミズムを備えてグローバル経済の中に構造づけられているのである。

「インフォーマル部門」を定義しようとする試みの多くに特徴的なのは、フォーマル部門つまり近代化され組織だったシステム（たとえば「会社」、「公営住宅」、「法規制」……）の側に収まらないものを、インフォーマルとする傾向である。しかしインフォーマル部門の観点にたてば、それは古くからの多様な生活様式が脈々と流れてきた裾野の広い世界であって、フォーマル部門なるものはその中から特殊化された一部にすぎない。たとえば「法規制」以外のさまざまな自治的コントロールのメカニズムが、そこでは息づいている可能性がある。インドネシアのカンポン（都市内で庶民が自生的に形成したインフォーマル居住区）地域で70年代から世界銀行が支援した「カンポン改良事業」は世界的に有名になったが、ずっと昔から集住し改善のルールをつくってきた住民たちは、「世銀は後からやってきた」と表現するのである。

▶インフォーマル居住地

経済グローバル化以降のアジア都市では、都市に富が蓄積される一方で格差が急速に拡大している。都市貧困層の多くは、「スラム」や「スクォッター（無権利居住者）地区」と呼ばれるインフォーマルな居住地に住んでいる。

「インフォーマル居住地」とは、近代法上は認められぬまま公有地や他人の私有地を占有していたり、宅地・建物が都市計画・開発法制・建築基準などに照らして違法ないし無認可であったり、あるいは規制法令がなくとも一定の「近代的」規範に対して住まい方（立地、密度、共同施設の態様、単体の設備や建築材料など）が「異常」とされるような居住地をいう。

その「違法」性や「異常」性を判断するには、法や規制や規範の側の適切

さを見極めることも必要となるわけだ。「無権利」の居住者は近代的土地法よりも各地に残る慣習法やイスラム法に則って土地を実質的に利用していることもあり、また政府の土地分類指定や計画法制度の変化によって、それまでの正当な居住者が突如スクォッターとみなされるようになることもある。

2. インフォーマル居住地のまちづくり

▶女性路上生活者の再定住と「エンパワメント」モデル

　さて、その後マディナは、近隣でのマッサージ、タバコ売り、鉄くず拾い、中古敷物を利用したドアマットの製造販売などで生計を立てた。そして彼女たちのコミュニティは、今世紀初めにムンバイ郊外への再定住・住宅再建を果たした。このプロセスの諸要素に、教室で院生たちが議論した先述のキーワードが散見するのは興味深いことだ。彼らの議論は「正解」だったのである。

　1980年代後半にNGOの支援を受けて、マヒラミラン（女性たちで共に）という名の組織をつくり、自分たちの状況について自己調査し、結果をまとめて市当局と交渉し、強制撤去に代わる方策を求めた。代表が毎朝テントを回って、その日預けられるだけの金を集める貯蓄活動も始めた。集金後は、地区にNGOが設けた情報センター（area resource centres）に集まって帳簿を管理し、銀行に預金した。センターでの集会では、再定住の戦略が練られ、マディナの仲間たちも模型の代替案を前に住宅設計を議論した。建築家による素案を、ジェンダーの視点から何度も練り直したのである（穂坂1996：159）。

　1995年に州政府はスラム再生計画を発表した。マヒラミランはこの機会を利用して、住宅組合を組織し、自分たちで探し出した郊外移転地の提供を受け、グループ貯金を担保の一部として制度融資を得て、共同の住宅建設に着手したのであった（斎藤2003等）（写真1）。

　ジョン・フリードマンは、困窮世帯が貧しいのは、生活を改善するのに必要な「社会的な力（social power）」を欠いているためだとした。その力の基盤となる資源には8種類ある。守りうる生活空間、余剰の時間、知識とスキル、適切な情報、社会組織、社会ネットワーク、仕事と生計の手段、現金収入や融資である。これらこそ、各世帯がその生命と生活の再生産のために本来持つ

写真1　ムンバイ女性路上生活者の自主再建住宅地（筆者撮影）

べき主要な資源基盤であり、この基盤へのアクセスが剥奪されているときに、人は「社会的な力」を行使することができず、貧困である。したがって貧困の克服とは、これらへのアクセスを回復するプロセスでなくてはならない。それは多くの場合、村人によって共同的になされる。これを彼は「力の共同的な自己獲得（collective self em-power-ment）」略して「エンパワメント」と呼んだのである（Friedmann 1992: 70）。あたかも外からテコ入れして人びとの意欲を高めるかのように語られる「エンパワメント」とは異なる。

　さてこのモデルでは、8種の資源基盤の多くについて、世帯と制度（国家）との間に、参加と交渉の接点となる空間（space）が存在することが示されている。世帯は制度的支援を要求し、交渉し、問題解決に参加する。ただし「社会組織」と「社会ネットワーク」に関しては、こうした接点が存在しない。これらは国家の直接的な力の及ばない領域であり、世帯はまずはこれらを基にして他者と協力しあい、他の6種の資源基盤へのアクセスを高める機会を拡大していくという。

　フリードマンのモデルは、ムンバイの女性たちが路上の仲間とまず組織をつくり、ネットワークを通じて情報を確保し、仕事の手段や制度融資などの資源にアクセスして、家族の住生活を改善していくプロセスに、かなり適合するようにみえる。しかし、社会組織とネットワークの存在が、どのようにして他の基盤に対する参加・交渉の空間を導き、それらへのアクセスを高めるのか、必ずしも明らかでない。そこには、マヒラミランという組織、グループ貯蓄という活動、情報センターのような集いの場といった媒体で表現される「中間的な社会空間」が生成され、その中で女性たちがいきいきと相互作用を及ぼしあい、それを通じて外部資源に共同的にアクセスできる構造があったのではなかろうか。

▶ 参加型住宅政策と「女性組合」

　スリランカは「アジアの福祉国家」として知られ、1970年代末からは貧困層向け住宅供給にも政権が力を注いできた。しかし世界に注目されたのは80年代半ば、公的住宅建設から手を引き、都市の無権利居住者が自ら住まいの再建に取り組めるように後方支援する施策に転換したことである。これをイネーブリング（enabling）政策という。貧しい人びとの「住まい形成の自由（freedom to build）」を奪っている不安定な土地権利、アクセスを拒む住宅金融、高度で複雑すぎる建築規制、入手しにくい建築情報、不衛生なまま放置される環境といった社会的・制度的なバリアを、住民ワークショップを丹念に重ね、支援策を繰り出しながら、取り除く政策であった。

　この結果、主要都市コロンボでは5年余の間に、スクォッター住宅の65％にあたる1万3千戸が居住者の手によって改善されたという。スリランカの住宅政策は、人びとの力を引き出すイネーブリング政策の最好例として世界的に称賛された。

　しかし、この政策も長く続くことはなかった。これをリードしていたプレマダーサ大統領が1993年に暗殺され、続いて政変が生じると、住民参加促進の雰囲気は一気に退潮した。それは、同大統領の強い政治的意思に基づくポピュリズム政策が、あまりに色濃い党派的政治化をもたらしていた反動であったとされている（穂坂 1998）。

　当時の政策展開を比較的間近に見聞する機会に恵まれた私の考えでは、この「参加型」住宅政策は、あくまで「政府の」政策であり「人びと」のプロセスとは異なるものであった。公共住宅の直接供給を停止し、住民ワークショップによる判断を尊重するとはいうものの、一定のサービスやインフラが行政によって降り注ぎ、地区の住民組織もそれらの「受け皿」として官製で設置された。その帰結は皮肉にも、公共住宅提供に似たパターナリズムであった。フリードマン流に言えば、住民が制度（行政）と真に交渉し合う空間、あるいは本稿でいう「中間的社会空間」が欠落していたのではなかったろうか。

　一方、この時期に登場した有力な動きは、スラムの女性たちの相互扶助組織であった。それはある種の社会運動となり、いまでは「女性組合」として、全国の都市スラム、農村、被災地、内戦後の再定住地に広がる約10万人の

写真2　スリランカ女性組合グループの相互融資活動
（元持幸子氏撮影）

連合体である。グループ貯蓄から出発した互助組織が相互融資によって各自の生計向上を図り、その元利回収によって資金を地域に循環させつつ、住宅融資、さらに津波被災者への復興プログラムを展開してきた。制度的な社会保障がインフォーマル部門の労働者には届かないギャップの中で、自前のセーフティネット機構（死亡共済、遺族年金共済、医療共済）も、融資利子や預金、会員株の蓄積から生み出してきた。

　こうした活動は伝統的な「絆」を基礎に成立していると思われるかもしれないが、それは必ずしも当たらない。多くの人は農村に生計の道を見いだすのが難しく、職を求めてスラムにやってきた。隣同士で肩を寄せ合って暮しているように見えるが、互いの生活ニーズや背景はそれほど関知していない。つまり伝統的な共同体に埋没しているわけではない。新たに互助組織をつくり、組織が連合して次第に大規模な運動となって、さらにそれを知った女性たちが自由意思で共済に加入するようになったのである。組合による自前のプログラムに照らして自身の利害を自覚的に判断し、必要な融資を得て家計を支え、適切な共済口座を選択し、自己投資しながら所得保障を確保している。

　とはいえ、それは個別に「自己責任」によって市場でふるまうのとは異なるものだ。「南」の国々の全国津々浦々にマイクロファイナンスが浸透することが、貧困層のグローバル市場への統合の一端として説明されることは少なくないが、彼女たちはバラバラな市場的「個人」として行動しているわけではない。自由意志で築いた組織的連帯を通じることによってこそ、資金アクセスを高めているのであり、また女性組合という中間組織を媒介する社会参加が逆に共同性を高めるのである（写真2）。

　彼女たちが築くグループや連合組織、自律的な融資規則といった仕掛けが

織りなす独自の中間的経済社会空間において、彼女たちの相対的に自由な活動が守られ、それが外部世界との交渉と参加の接点となる、という構造を見落とすことはできない。「参加型」を標榜して強い政治的支持の下に政府職員が献身的にサービス提供していた政府プログラムが実は脆弱であったのに比較して、女性組合の活動が持続的に貧困女性のメインストリーミングを支えている要因のひとつは、この中間的空間の存在であろう。

3. 中間的社会空間に注目する

▶ 浅香地区の再生

　大阪市立大学の広いキャンパスに隣接して、約400世帯が暮らす浅香地区がある。2015年12月6日、この地区の市営住宅集会所は、人びとの嗚咽に包まれた。部落解放同盟浅香支部顧問・山本義彦氏の葬儀であった。亡くなる直前まで解放運動に東奔西走していた山本さんが、晩年に力を注いでいたことのひとつは、地元浅香の再生であった。

　浅香では、地区内のコミュニティ企業や福祉施設から診療所、薬局、共同浴場に至るまで、実質的に地域住民の手で運営されてきた。ところが今世紀になって、同和対策事業が終結し、改良住宅の家賃が改定され、そしてグローバルな市場化が押し寄せると、大阪市行政は浅香のコミュニティマネジメントの基盤となる土地を民間に転売し、行政と運動の接点であった解放会館（隣保館）も取り壊された。浅香は人が路で出会うことも少ない寂しい町となった。深く心を痛めた山本さんは、反撃の砦として、市営住宅団地の1室を改造してカフェを設け、それを住民のたまり場にし、かつ生活相談所を併設することにより、住民の手で隣保館機能を再建しようと試みていたのである。

　実はすでに1980年代の末、彼は制度的に提供される同和事業の終焉を予測し、それに代わってコミュニティ企業が地域のマネジメントを担うことを企画し、事業に着手していた。同盟浅香支部が出資する株式会社アサカ・パーソナル・リレーションズである。その設立を振りかえり、彼は語っていた。

　僕は将来は会社の利益で支部の人件費も出してやれると思ってるの。今は運動の力で、

僕も市の出向のかたちや。だけどこれはいつまでも続かん。僕らの世代で終わりや。解放会館も出ていかなならんということもあるかもしれん。そのとき会社で力つけて、ビルひとつ建てるとかね。そのビルに会社の事務所も支部事務所もある、会社の儲けた金で支部の常任を雇うと。そういうことも考えられるなと思う（1997年6月、浅香地区でのインタビュー）

　この会社は、地区住民ばかりでなく地区外の人も雇い入れ、事務所を地区外に設け、ネットワークを利用して清掃専門業者と連携することでビルメンテナンスのノウハウを身につけ、周辺施設の清掃のみならず地区内の薬局の経営や食品販売等にも事業展開した。地区出身の従業員には「仕事保障」ではなく、ビジネスとして成り立つスキルを磨くことを要請する一方、営業利益は支部に還元した。

▶ 中間的社会空間の意義

　山本さんの考えでは、差別されてきた仲間を、もはや制度に依拠して、あるいは制度にサービスを迫る運動が丸抱えして、保護するには限界があった。さりとて、バラバラにされた一人ひとりを「自己責任」で外に放り出すのでは、市場に分断され、地域の再生にはならない。そこで、浅香住民によるコミュニティビジネスの形で、地域がコントロールする独自の社会空間を創ろうとしたのだろう。そうした中間的な共同空間で、差別された人びとがあらためて出会い、スキルを身につけ、活動を生み出す。地区外の人びととも協働し、取引し、交流する。同和事業という制度的支援を勝ち獲る運動に生涯をかけた山本さんは、同時に制度の限界も洞察した。それゆえ、地域再生のための包摂的な社会空間を、地域の側から創出したのだった。

　日本の被差別地区ばかりではない。これまでインドやスリランカの貧困女性の例でも示してきたように、自らの組織や経済的関係や社会的な場に守られて、人びとは、制度的対象や市場的競争者としてではなく、地域の仲間として交流し直す。そしてコミュニティを基盤とするさまざまな試みにチャレンジし、成長する。こうした自治的空間を媒介して、外部の行政や市場と関係を結び直していくことができる。行政サービスや市場の浸透を、空間内の関係に守られながら、選択の主体として受けとめることが可能となる。このような媒介の

図1　中間的社会空間のイメージ

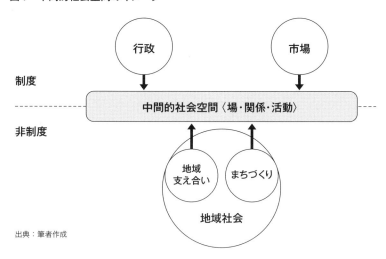

出典：筆者作成

場（領域）が「中間的社会空間」である（図1）。

　いわゆる中間支援組織が「機能」として語られることが多いが、その前提となるのは、行政・市場と地域との中間に介在する非制度的な場・関係・活動から成る中間的社会空間の形成である。コミュニティビジネスのような経済的な「まちづくり」活動も、互いに見守り、手を差しのべる「地域支え合い」も、そしてこれらを外から促進する介入（いわゆる「地域支援」）も、この中間的社会空間を媒介し、それを豊かにすることで作動する。地域内で守りうる自治的空間を、社会的経済的に、そして物理的にも生み出すこと。それこそが、地域を荒廃させる行政と市場に抗する、包摂的な社会変化への拠点となると、故山本義彦氏は構想していた。

　山本さんの視点についてのこの理解が正しいとすれば、それは排除された「少数派」の包摂のみに関わるのではない。グローバル経済によって周縁化され、また制度の狭間で苦しむ多くの人びとが、制度外で地域再生を試みるための普遍化の基礎となりうるかもしれない。

[付記]

本稿は、穂坂（2016）を基にしつつ、それを全面的に考察し直したものである。論考の一部は、大阪市立大学都市研究プラザによる「先端都市共同研究」に参加することから得られた。同プラザ、とくに全泓奎教授のご支援に感謝したい。なお本稿に並行して同時執筆中の穂坂（2017）では、主として日本の事例を引きながら「中間的社会空間」を議論しているので、あわせて参照いただければ幸いである。

参考文献

- 斎藤千宏（2003）「住民参加とNGOの役割：ムンバイ・スラム開発同盟を事例に」佐藤寛編『参加型開発の再検討』アジア経済研究所135-164頁。
- 穂坂光彦（2017）「開発福祉の視点」日本福祉大学アジア福祉社会開発研究センター編『地域共生の開発福祉：制度アプローチを越えて』ミネルヴァ書房19-35頁。
- 穂坂光彦（2016）「グローバル経済下の地域再生：『中間的社会空間』試論」、大阪市立大学都市研究プラザ編『市大都市研究の最前線』大阪市立大学都市研究プラザ31-39頁。
- 穂坂光彦（1998）「住民によるスラムの改善（スリランカ）」斎藤千宏編『NGOが変える南アジア』コモンズ44-83頁。
- 穂坂光彦（1996）「アジアの居住運動」内田勝一・平山洋介編『講座 現代居住5 世界の居住運動』東京大学出版会147-165頁。
- 穂坂光彦（1994）『アジアの街 わたしの住まい』明石書店
- 村井吉敬（1978）「インドネシアの民衆生業」『アジア研究』24巻4号57-82頁。
- Friedmann, John（1992）Empowerment：The Politics of Alternative Development, Blackwell（=1995、斎藤千宏・雨森孝悦監訳『市民・政府・NGO』新評論）

第15章

居住福祉を基調とした
地域福祉施策における専門職の役割

》野村恭代

1.「相談援助業務」に「住まい」への支援は含まれるのか？

▶ 相談援助の専門職

　介護福祉士や社会福祉士、ケアマネジャーなど、日本にはさまざまな福祉専門職が存在する。そのなかでも、人の「生活」への支援を、主に「相談援助」というかたちで展開するのが「ソーシャルワーカー」と呼ばれる専門職である。ただ、「ソーシャルワーカー」という資格は存在せず、実際には「社会福祉士」や「精神保健福祉士」がソーシャルワークを専門とするソーシャルワーカーとしてさまざまな職場に配置されることが多い。

　ソーシャルワークを実践する社会福祉士が国家資格として規定されたのは、1987（昭和62）年制定の「社会福祉士及び介護福祉士法」である。その背景には、日本社会の急速な高齢化とそれに伴う高齢者福祉における課題の深刻化があった。また、福祉先進諸国に比べ日本の福祉専門職養成が遅れていたことも、相談援助業務を主とする専門職を国家資格化するに至った背景の1つにある。日本社会の構造変化を見据えたとき、社会福祉に関する専門的な知識と技術に裏打ちされた福祉専門職が必要であることは明白であり、その結果として「社会福祉士」が国家資格として誕生したのである。

　「社会福祉士及び介護福祉士法」の第2条において、社会福祉士とは、「専門的知識及び技術をもつて、身体上若しくは精神上の障害があること又は環

境上の理由により日常生活を営むのに支障がある者の福祉に関する相談に応じ、助言、指導、福祉サービスを提供する者又は医師その他の保健医療サービスを提供する者その他の関係者との連絡及び調整その他の援助を行うことを業とする者をいう」と定められている。資格を取得するためには、厚生労働大臣が指定した「社会福祉士国家試験」（年1回実施）に合格し、登録することが必要となる。なお、社会福祉士登録者数は、19万5,336人（2015（平成27）年現在、社会福祉振興・試験センター資料）であり、介護福祉士登録者数（140万8,533人（2015（平成27）年現在、社会福祉振興・試験センター資料））の約7分の1という状況である。

相談援助業務を主とするもう一つの専門職は、「精神保健福祉士」である。精神保健福祉士が国家資格として規定されたのは、1997（平成9）年制定の「精神保健福祉士法」であり、同法は1998（平成10）年から施行された。精神保健福祉士資格が誕生した背景には、①精神科病床の平均在院日数の長期化、②精神病床数の多さ、③精神障害者の地域移行の推進、④社会的入院の解消、などがある。日本の精神医療の抱える課題は多く、それらを解消することも精神保健福祉士には期待されている。

「精神保健福祉士法」（第2条）において、精神保健福祉士とは、「精神障害者の保健及び福祉に関する専門的知識及び技術をもって、精神科病院その他の医療施設において精神障害の医療を受け、又は精神障害者の社会復帰の促進を図ることを目的とする施設を利用している者の社会復帰に関する相談に応じ、助言、指導、日常生活への適応のために必要な訓練その他の援助を行うことを業とする者をいう」と定められている。精神保健福祉士は、主に精神障害者が利用する施設や事業所、精神科病院、行政機関、その他の医療・福祉施設などに採用され、2003年に制定された「心神喪失等の状態で重大な他害行為を行った精神障害者の医療及び観察に関する法律」（心神喪失者等医療観察法）により、現在では司法施設も活動の場の一つとなっている。精神保健福祉士登録者数は、7万1,371人（2015（平成27）年現在、社会福祉振興・試験センター資料）であり、社会福祉士の半数以下となっている。

なお、社会福祉士及び精神保健福祉士は、医師や弁護士などのようにその業務に就くためには必ず資格がなければならないという「業務独占」ではなく、

資格がなくても業務を行うことはできるものの、資格保有者のみがその名称を使用することができるという「名称独占」の資格として位置づけられている。

▶相談援助職による支援

　社会福祉士及び精神保健福祉士について、その役割や資格特性等について確認してきたわけであるが、ここで相談援助業務を主とする2つの「福祉士」の規定に「住まい」への支援が含まれていないことを指摘したい。本来、人が生活を営むうえでまず必要となるものは「住まい」である。北欧諸国における福祉では、「住居は福祉の基礎である」という考えが根底にある。近年、わが国においてもようやく地域包括ケアシステムの構築等において、「住まい」への支援の必要性がうたわれ始めているものの、居住福祉の理念が浸透しているとはいいがたい状況にある。

　しかし、社会福祉士や精神保健福祉士の資格規定に居住支援が含まれていないといえども、実際の支援においては居住への支援を行うことが求められる。これまで展開されてきた居住支援の多くは、対象者本人の住みたい物件や希望する暮らしに焦点をあてるのではなく、その時点での限られた選択肢のなかから、支援者側が本人に適していると考える居住の場を斡旋する方法であった。そのため、現在においても、住まいを探すことに何らかの困難のある人が居住する住居のなかには、ただ雨風をしのげる「場所」であって、暮らしを継続していく「住まい」とは到底呼ぶことのできないものが存在する。人の生活を支援する専門職である以上、本人の意思により住まいを決めることができるように支援を行わなければならない。日当たりや居室の階数、地域、近隣資源など、そこで暮らすための条件を整えた住居を本人が見つけることができるように、側面的かつ伴走的に支援することが求められるのである。

2. 地域で住み続けるための地域福祉施策

▶「つながり」の重要性

　2015年度に実施された国勢調査に関して、総務省統計局から発表された人口集計結果をみると、日本の総人口のうち、65歳以上の高齢者人口は過去

最高の3,190万人であり、総人口に占める割合は25.1％となっている。さらに、75歳以上の後期高齢者の割合は12.3％である。また、特筆すべき点は、国勢調査において今回初めて日本の総人口が減少したことである。少子高齢化社会、人口減少社会においては、地域住民同士の「つながり」が、地域生活を送るうえでこれまで以上に重要となる。人が地域のなかで暮らしを営むためには、生活のしづらさのある人もそうでない人も、あらゆる人が支え合いながら生活することが必要となる。

　全（2015）は、地域のなかに社会的に排除されている人々が多く存在することを指摘したうえで、社会的排除に対する政策目標がサービス供給中心の部門的な介入や焦点化された介入だけでは不十分であり、社会への再参加等を目指す社会的包摂には有効ではないと指摘する。つまり、地域のなかで何らかの生活のしづらさを抱える人々が地域のなかで生活を継続していくためには、単発のサービスや連続性のない支援ではなく、継続的に地域住民も含めたさまざま「人」が介入することが必要なのである。既存の制度や枠組みのなかで地域の課題に対応することにはもはや限界があり、地域の特性や実情に合わせて地域のなかで地域課題を捉え、対応することが求められている。

▶「支え合い」によるまちづくり

　前述した人口動態を踏まえた近年の地域福祉施策においては、地域住民同士の「支え合い」を基調としたまちづくりや福祉サービスの実現が目指されているところである。2013（平成25）年、地域包括ケア研究会は、「支え合い」による地域包括ケアシステムの構築について言及し、意識的に「互助」を強化することの必要性について指摘している。2014（平成27）年に改正された「介護保険法」では、地域生活コーディネーター（地域「支え合い」推進員）の配置と協議体の設置についての規定がみられ、介護保険に係る取り組みにおいても、地域の支え合いが必要であることを示している。また、同年発足された「新たな福祉サービスのシステム等のあり方検討プロジェクトチーム」（厚生労働省）においても、「誰もが支え合う」地域の構築に向けた福祉サービスの実現の必要性が指摘されている。さらに、2016（平成28）年には、厚生労働省に「我が事・丸ごと」地域共生社会実現本部が設置され、そこでは地域共生

社会の実現を目的に「地域における住民主体の課題解決・包括的な相談支援体制」について、その必要性を指摘している。

　先述したとおり、日本の人口構造はかつてとは異なる様相を呈している。人口減少及び高齢化は急速に進み、単一世帯あたりの人員は減少の一途をたどる。このような人口動態においては、国や地方自治体、そして地域住民が協働して地域福祉施策を推進していくことが求められる。これまでのような画一的な福祉施策ではなく、地方自治体がそれぞれの地域特性や地域の実情に即した福祉施策を構築していく必要がある。また、そこには当然、あらゆる人が地域で住み続けることへの支援という視点も含まれている。

　一方で、地域住民のつながりや支え合いは、同じ地域に居住することで自然発生的につくられるものではないことを指摘したい。農村共同体のような地縁によるつながりは、現在の日本においては大部分の地域でみられなくなっている。したがって、地域住民のつながりや支え合いのしくみづくりには、自治体行政や社会福祉協議会などによる側面的な支援が必要であり、居住福祉の観点を基盤とした地域福祉施策は、住民と協働してつくるものだという視点が求められる。

3. 地域生活を支援する経験を基盤とした専門職

▶トレントの取り組み

　本章の冒頭で、日本における「相談援助」を業とする専門職について触れたが、そのなかで、居住福祉を担う専門職が不在であることを課題として指摘した。生活の基盤となる住まいを探すことから、そこで住み続けることへの支援を継続的に行うことを専門とする専門職は、残念ながら今の日本には存在しない。しかし、人の生活を支援するためには、まず「住まい」への支援を行うことが大前提となる。

　海外の実践に目を向けると、福祉の基盤となる住居を見つけることやそこに定住することも支援の一つとして提供する専門職の存在を確認することができる。ここでは、イタリア北部に位置する「トレント（Trento, トレンティーノ・アルト・アディジェ州）」の地域精神保健の取り組みを事例に、地域生活を支援す

る新たな専門職の可能性について述べる。

　トレントは北イタリアに位置し、イタリアと北ヨーロッパを結ぶ主要な道路沿いにある、人口約11万人の都市（コムーネ／基礎自治体）である。主な産業はサービス業、観光業、農業、食品製造業などであり、小規模な都市ではあるものの、大学があることにより研究の中心地としての役割も担っている。トレントの精神保健予算は全保健予算の約3％であり、日本と比べて特段に高いわけではない。約11万人の住民に対し、いわゆる専門職（医師、看護師、教育士[*1]、ソーシャルワーカーなど）は95人[*2]である。

　トレントにおける現行の地域精神保健サービスが確立されたのは、1999年のことである。トレントでは95人の専門家が地域精神保健の推進に携わっており、トレントの精神保健サービスはイタリアの地域精神保健の枠組みを基調としている。なお、トレントにはいわゆる精神障害の「当事者」が約1,800人生活しており、そのうちの約40％が重度の精神障害を有している。また、トレントの地域精神保健サービスは、精神保健センターを中心に展開されている。地域のなかには、住居サービスやデイ・ケア、デイ・ホスピタル、総合病院の精神科などの社会資源が点在しているが、なかでもトレントの精神保健サービスの構造の特徴の一つとして注目すべきは、「チーム」を社会資源と認めている点である。日本におけるチームは、あくまでも支援機能の一つであり、社会資源としては捉えられていない。チームを資源として捉え、資源としてチームを活用することにより、トレントでは地域のなかで重度の障害者が生活することを可能にしている。そして、このチームのなかに当事者でありかつ専門家でもある、「UFE」（Expert Users and Family members）が一員として加わり活動している。

▶「UFE」の役割

　一般的に、福祉の専門家が持つ知識とは、学術的な研究及び専門家としてのそれまでの経験に由来するものである。一方、当事者やその家族の知識は、病気や障害の経験、つまり「生活のしづらさに対処しながら生活するという経験の結果」として身につくものであると考えられている。トレントでは、個々の専門性を互いに認め合い、互いの専門性を有効に活用することにより精神保

健サービスの質は向上するという理念のもと、地域精神保健サービスが展開されている。

　UFEは、「専門家である当事者及び家族」と表現される。つまり、「病気および障害による経験を基盤とした専門家」である。トレントでは、彼らを正式な専門家として認め、仕事（賃金）を保障している。2012年時点で、トレント精神保健センターには45名のUFEが雇用されている。その構成内訳は、女性64％、男性36％でその約70％が当事者、平均年齢は52歳である（表）。UFEにはさまざまな役割があるが、最も重要なものは、トレント精神保健サービスの一部として「人と人とをつなぐ役割」を果たしていることである。UFEは患者や家族、専門職との間をつなぐだけでなく、さまざまな社会資源と専門職の間をつないでいる。

　また、トレントでは毎朝、精神保健センターにおいて約30分のミーティングが行われる。そこでは、精神保健センターの職員や地域精神保健サービス関係者などが集まり、精神保健センターが管轄するすべての精神保健サービス利用者についての情報を共有、確認する。この打ち合わせにはUFEも参加し、経験を基盤とした専門性に基づき意見を述べる。専門職でありながら、当事者としての経験を持つ彼らは、生活のしづらさのある人が住まいを探す際にも、自身の経験を基に助言や支援を行う。徹底して本人の側に立ち、支援することもその専門性の一つとして評価される点である。

表　UFEの構成と勤務時間

UFEの総数	45人
UFE総数のうち当事者の人数	32人
UFE総数のうち家族の人数	13人
女性	29人
男性	16人
平均年齢	52歳
週の平均勤務時間	10時間
年間総労働時間	21,265時間

2011年時点
トレント精神保健センター資料（2012）を基に筆者作成

4. 居住福祉の観点からの当事者専門職の可能性

▶ 入居支援の実際

　トレント地域精神保健サービスの特筆すべき点は、「経験を基盤とした専門家」の活用にある。仮に、日本においてトレントと同様に現存する専門職と同等の専門職として当事者スタッフを創設した場合、それは困難を伴うものになることが容易に推測される。日本に当事者専門職を定着させるためには、まず専門職が当事者を「経験を基盤とした専門職」として信頼し、その専門性と可能性を信じることから始めなければならない。

　上記の点を乗り越えなければならない壁だと指摘したうえで、日本の居住福祉推進に果たす当事者専門職の役割について考えるための材料として、以下、入居支援事例を取り上げる。

　B入居支援センターは、2009（平成21）年3月に法人登記を完了し、県内全域を対象として活動を展開している。主な活動は、住居の確保が困難な高齢者や障害者等の物件への入居を支援することである。当該法人は、弁護士、司法書士、行政書士、社会福祉士、精神保健福祉士、宅地建物取引業者、税理士、医師といったさまざまな専門職から構成される。

　当該法人の第1の特徴は、支援者が居住の場を斡旋するのではなく、支援を希望する者自らが希望する居住物件への入居を前提としている点にある。これは、本人の意思により住まいを決めることができるように支援を行うことが居住の支援であるという理念に一致する。そして、本人が住みたい地域や住居を決めるまでのプロセスを支援する点がB入居支援センターによる入居支援の特徴でもある。さらに、入居するまでの支援にとどまらず、定住するための支援ネットワークを本人を中心として形成している点も特徴の一つである。B入居支援センターでは、このような人的ネットワークの構築によって支援サービスの不足を解消し、安定した居住場所の確保と対象者の心身の安定を図ることを目指している。希望物件への入居後もケース会議等を通じて心身の安定や生活上の課題解決に向け、さまざまな支援者ととともに支援を継続して展開する。担当理事の配転については事例ごとに異なり、司法や福祉、医療の専門性の必要度に応じて決定され、状況によっては複数の理事が担当

となることもある。このように、専門性に応じた担当者の配転が可能である点は、多職種の専門職により理事を構成しているＢ入居支援センターの強みの１つであろう。

▶当事者専門職による「住まい」への支援の可能性

一方で、支援対象者の単身生活における「孤立感」や「孤独感」という課題を解消することが困難であるという事実もある。住む場所の提供に加え、自分らしくその地域で継続して「暮らす」ことが可能となるよう、日中の居場所や就労の場、余暇を過ごす場所、友人や知人を得ることなども包含した入居支援が必要となる。Ｂ入居支援センターには、多種多様な専門職が関わっているが、当事者としての経験を有する専門職はいない。入居支援という側面だけではなく、地域で生じた課題を地域で解決するという観点からも、当事者としての経験を専門性として活動する専門職の存在は大きい。

また、Ｂ入居支援センターの関与する事案においても、物件管理者や近隣住民からのコンフリクトの発生等により、障害者等の入居を拒む不動産業者も多い。支援する側に当事者としての経験を有する専門職がいることで、これらの課題も解決することが可能となるのではないだろうか。地域で生活することを支援するという点においては、住まいを見つける時点からその地に定住するに至るまで、あらゆる専門職が連続性のある支援を行うことにより、居住者および家主や地域住民の不安等を除去することが可能となるのである。

5.「居住福祉士」の創設に向けて

当事者としての経験を基盤とする専門職と同時に、居住福祉の推進を担う専門職として、「居住福祉士」を創設することも、今後、検討が必要であると思われる。住まいの「質」には、建物などのハード面だけではなく、周辺環境や地域住民のつながりなど、多角的な居住環境の分析が必要であり、それらの視点をもって住まいの支援を行うことのできる専門職が求められる。

早川（2015）は、居住福祉士が必要である理由として、次の４点をあげている。１点目は、全国各地で災害が発生している状況のなか、さまざまな形態

の居住地を安全なものに変える多面的な知識と能力が必要となっているためである。2点目は、高齢化社会において、高齢者の多くが望む在宅での生活を可能とするために、住宅・介護・福祉施設・ケア体制などを整備した「居住福祉条件」の視点を備えた専門知識を有する専門家が必要となることを指摘する。そして、3点目は、人口減少社会の到来により、空き家が増えつつある状況下において、その改造と有用な活用が必要になっていることである。4点目は、資格取得者の積み上げ資格としての意味である。たとえとして、看護師資格取得者のうち、約50万人が看護師としての職に就いていないことをあげ、その人たちに居住福祉士を取得してもらうことで、看護師としての知識を活かしてマンション入居者の生活相談を行うことも期待できると述べている。

　早川も指摘するように、居住福祉士として活動を行うためには、医学、社会福祉学、地域福祉、居住政策、建築、防災など広範にわたる知識が求められるため、容易に資格を取得できるものではないことは想像に難くない。また、日本にはさまざまな福祉に関する国家資格があり、さらに資格を増やすことへの抵抗もあるだろう。しかし、居住福祉を基盤とした地域福祉施策の推進には、従前の福祉専門職に加え、当事者専門職や居住福祉士などの新たな専門職の役割が求められる。そして、それぞれの専門職が相互の専門性を理解し、地域住民と協働して地域づくりに取り組むことが、到来する人口減少社会の構造を見据えた居住福祉を基調とする地域福祉を推進するための活路となるのである。

注

*1 教育士（Educatole）は専門職であり、医学部の教育士課程を専攻し国家試験に合格した者である。専門的な医学知識を身につけ、患者の人生に関係する生活や住居、就労等に関する本人の能力を引出し、向上させながら、将来の方向性を考える専門職として活動する。教育士は、医師や看護師ではサポートできない社会的な側面をサポートする役割を担っている。

*2 Renzo De Stefani, Emanuele Torri, Kathleen Bertotti（2011：197）The active involvement of users and family members in the Mental Health Service of Trento. The "doing together approach and the Expert Users and Family members"（UFE）参照。

参考文献

- Berwick D.M.（2009），What 'patient-centered' shouldmean: confessions of anextremisi, Health Aff (Millwood), 28, w555-56頁
- Distretto di Trento eValledeiLaghi Servizio di salute mentale di Trento Responsabile: Renzo De Stefani（2006）PERCORSI DI CURA CONDIVISI － Uno strumento per la condivisione reale e verificabile dei Percorsi di cura, Provincia Autonoma di Trento
- 早川和男（2015）「巻頭言　居住福祉士制度の設立を！」『居住福祉研究』19 東信堂
- 石川かおり・葛谷玲子（2012）「イタリアにおける地域精神保健医療システム」『岐阜県立看護大学紀要』第12巻1号, 85-92頁
- 野村恭代（2015）「地域精神保健システムにおける人的資源に関する研究―トレントモデルからの考察―」『安居楽業』東亜細亜居住学会論文集第10号, 2-87頁
- 野村恭代（2013）「本人を主体とした新たな居住支援の展開―A入居支援センターの取り組みからの考察―」『居住福祉研究』第15巻, 42-51頁
- OECD（2010）Health Data: Statistics and Indicators
- 大熊一夫（2009）『精神病院を捨てたイタリア 捨てない日本』岩波書店
- Renzo De Stefani, Marco Depaoli（2010）UFE: Utenti Familiari Espertinella Salute Mentale di Trento, Litotipografia Alcione, Lavis
- 新福尚隆・浅井邦彦（2009）『世界の精神保健医療―現状理解と今後の展望―』へるす出版
- Tait L. and Lester H.（2005）"Encouraging user involvement in mental healthservices" in Advances in. Psychiatric Treatment, 11, 168-175頁
- 遠塚谷冨美子・豊田志保・野村恭代編著（2013）『キーワードと22の事例で学ぶソーシャルワーカーの仕事』晃洋書房
- 全泓奎（2015）『包摂型社会――社会的排除アプローチとその実践』法律文化社

第16章

参加型仕事づくりの試みから明らかになる労働観と外部者の役割

》綱島洋之

1. はじめに

　一般的な就労支援では、就職活動の前段階に当たる「就労意欲喚起」の後、既存の労働市場と求職者のマッチングが行われるが、この方法には限界があることも指摘されている。「働ける職場」を新たに作り出すことが必要だという（櫻井 2014）。かつての内閣府による「パーソナルサポート事業」の経験から得られた教訓である。しかし、2015年に施行された「生活困窮者自立支援法」は、求職者の実情に即した就労機会を創出することに消極的であり、求職者と雇用のミスマッチを解消するという従来の失業対策の域を出るものではない。

　大阪市西成区にある日本最大の日雇労働者のまち釜ヶ崎では、以前から公的就労機会の拡充を求める意見が出され、他の労働者の仕事を奪わずに社会に貢献するような仕事が追求されてきた。その成果として「高齢者特別就労事業」をはじめとした社会的就労や職業訓練の事業が1990年代から2000年代にかけて拡充された。釜ヶ崎以外の地域で就労支援を受けている障害者が就労を希望することも珍しくない。そして今もなお新しい仕事を創り出す試みは続いている。

　それでは今後の「仕事づくり」は何を指針とすべきだろうか。これを明らかにするために、特定非営利活動法人釜ヶ崎支援機構は2015年度に済生会調査研究事業の助成を受け、「釜ヶ崎における日雇労働者・野宿者・生活保護

受給者等の協働場所づくりのためのアクションリサーチ」を実施した。これまでの就労機会づくりの取り組みの中で出されたアイデアのうち実現可能性が高いと考えられるものを試行し、就労した者から達成感などについてフィードバックを受けたり採算性を評価したりしながら、就労を希望する各人に合わせて当初のアイデアを改良していく、すなわち「参加型仕事づくり」の試みである。この結果を踏まえて今後を展望することが本章の目的である。

2.「仕事」内容の検討

概要

いくつかのアイデアが過去に出されたが、諸事情により試行が中断されていた。「(1) 天下茶屋駅前の花壇の潅水作業」「(2) 黒ニンニク熟成」「(3) 野菜工場作業」である。まず、これらを再開することにした。同じ時期、農業分野で仕事づくりを試みる「農地再生リーダー育成事業」（以下「農地再生」）で就労希望者を募集していたところ、特に農作業に関心があるというわけではない労働者が殺到したため、別の就労機会を補充しなければならないと思われた。内容としても「農地再生」と相乗効果が期待できれば望ましい。そこで考案されたのが「(4) チラシのポスティング」「(5)『農地再生』実施地周辺における受託作業」である。

以上の「仕事」について、釜ヶ崎支援機構の窓口などで「モニター」を募り、実際に報酬を支払いながら就労していただいた。調査者は参与観察を行い、随時、当該モニターを対象に「仕事」内容の評価について簡単な面接調査を実施した。さらに、それぞれの就労内容について、採算性や職員の作業量などモニター以外に規定される持続可能性を評価した。

(1) 天下茶屋駅前の潅水

釜ヶ崎支援機構は大阪市から「あいりん日雇労働者等自立支援事業」を受託しているが、2013年度より「地域密着型就労自立支援」が加えられた。これは「原則として55歳未満の日雇労働者に対し、適職分野での就職に結びつくように（中略）自立に向けた支援を行う」ことを主旨としている。具体的な

講習や訓練の内容は釜ヶ崎支援機構が提案している。シェルターや西成労働福祉センターで掲示により周知がなされ、これまでに園芸、ビルメンテナンス、自転車リサイクルの講習や訓練が行われた。1期4か月間で講習および訓練手当は日額5,700円。平均的な場合で9万円程度の月収が得られることになる。当初、各期の定員が5名、年間15名とされた。応募者には面接を行い、常用雇用に就く意志が確認できる者のみを採用した。応募者にはシェルター利用者が多く、初日の手当を元手に簡易宿泊所に定住させた。

　天下茶屋駅前には西成区市民協働課が推進していた「種から育てる地域の花づくり運動」の一環としてフラワーポットに花が植えられている。担当職員が市民協働課に働きかけ、駅前東側のプランター85基分の世話を引き受けた。ハローワークではビルメンテナンスに植栽管理を含む求人があるので、「園芸」と「ビルメンテナンス」の両分野に跨るものとして位置付けられた。ところが、「地域密着型就労自立支援」の予算は毎年減額され、2015年度には講習および訓練手当が出ないという事態に陥る。しかし次年度を見越して既に花苗が植えられていた。担当職員は、それらを見捨てることができず無償で世話を続けていた。

(2) 黒ニンニク熟成

　2014年度より農業分野における仕事づくりとして「農地再生」を受託してきた。ある職員が2014年初夏に収穫されたニンニクから黒ニンニクに試作したところ、自動炊飯器で半月ほど蒸すだけでできた。数回繰り返したところノウハウも蓄積された。材料が尽きたため、翌年は仕事づくりに結び付けられるのではないかという期待とともに、中断を余儀なくされた。農業の「六次産業化」にちなんで、関連分野が動き出せば「農地再生」も活性化されるだろうという発想である。

(3) 野菜工場作業

　日雇労働者就労支援センターには、前西成区長の出身地から寄贈された水耕栽培用の設備が置かれていたが、長らく栽培が行われないまま放置されていた。当初は、LEDを光源として、熱が籠もらないよう送風機を回し、培養液

を電動ポンプで循環させて常に苗の地下部を潤すというふうに、水耕栽培システムをフル活用するつもりが、液体肥料の取り扱いが難しいためか失敗したという。水耕栽培用の器具を取り外して棚と光源のみを活用できないかと考えた。

写真1　鶴見橋商店街における収穫物の販売

　日雇労働者就労支援センターでは毎週月曜日に炊き出しが行われている。材料はカンパとして届けられる米や肉、野菜であるが、長期保存が可能であるものに限られるので、献立には濃い緑色は滅多に登場しない。短期間で栽培できて緑色が濃いカイワレダイコンを材料に加われば、炊き出しの雰囲気に変化がもたらされ、また、「農地再生」に参加している労働者がモニターになれば、技術や知識の向上につながるのではないかと考えた。

(4) 野菜販売宣伝チラシのポスティング

　「農地再生」では、2015年7月より月1回の頻度で、西成区北西部の鶴見橋商店街にある障害者就労支援事業所に敷地前を提供いただき、収穫物を直売している（写真1）。商店街周辺にチラシを配布することで「農地再生」の知名度が上がることが期待された。

(5)「農地再生リーダー育成事業」実施地周辺における受託作業

　実施地周辺では、地元の住民が山間の狭小な農地を維持している。これまでにも、同事業が地主の紹介で、別の住民が所有している竹林の管理を依頼されたことがある。2015年7月ころに、また別の住民から有償で畑の周囲のササの抜根をして欲しいと依頼を受けた。事業費を負担せずに労働者に仕事を出せるという意味で、農閑期に有償で作業を受託できることは好都合のはずである。2016年1月に作業を行い、報酬30,000円が支払われた（写真2）。
　1か月後に再び、今度は畑の囲いを修理して欲しいという依頼を受けた。し

写真2 「農地再生リーダー育成事業」実施地周辺の地元住民の農地

かも「金がない」から時給600円を基準として3,600円で委託したいとのことである。現場は山間の段々畑で見るからに労働生産性が低く、その額の報酬でさえ収穫物の販売などで回収できるようには見えない。釜ヶ崎支援機構と地域社会の関係を維持するうえでは受託した方が得策であると考えられた。そこで本助成事業の一環とすることにより、人件費の不足を補うことにした。

3.「仕事」の試行

(1) 天下茶屋駅前の潅水

これまでの「地域密着型就労自立支援」利用者に、担当職員が有償で作業に従事するよう勧めたことで、モニター4名の参加が得られた。9月は週5回、10月〜3月は週3回の頻度で、釜ヶ崎支援機構の事務所からの往復を含めて1時間、朝8時から9時までの間に作業した（写真3）。雨天時は潅水の必要がないので、事務所の敷地内で花苗の鉢上げなど、関連する作業に従事した。

以下、担当職員が記録した各モニターの参加状況である。

利用者A（40歳代）は、シェルターに寝泊まりしていたとき、2014年度「地域密着型就労自立支援」に応募した。職員の勧めに応じて知的障害者B2の認定を受けたが、生活保護受給を拒んだ。現在、自転車整理の仕事に隔日で就いているが月収が10万円程度であり、生計の足しにするために担当職員から本作業に従事することを勧められた。作業は遅いが自ら考えながら作業している。過去に賭博で所持金を使い果たしたことがあるが、担当職員が定期的に通帳残高を確認するだけで済んでいる。

利用者B（50歳代）は、シェルターに寝泊まりしながらアルミ缶回収で生計を立てていた。以前に生活保護を5回ほど受けたが、厳しい就労指導が嫌で廃止されている。いろいろなプログラムを利用していたときに担当職員から本作業を勧められた。暇だと賭博に行きたがる癖があり、暇つぶしが必要だからである。園芸関連の講習で経験済みであり、性格が几帳面であることが幸いした。

利用者C（60歳代）は、釜ヶ崎支援機構の相談支援部門を利用して生活保護を受給していたが、相談支援員から「何か作業することはないか」と担当職員が問い合わせを受けた。釜ヶ崎支援機構が受託していた公園の潅水作業に従事させてみたところ、本人は「こんな仕事を今後もしたい」と言う。そこで本作業を提案した。生活保護受給中なので無報酬であるが、部屋でテレビを見るだけの生活に変化を与える居場所を必要としていた。作業は遅いが嬉しそうにしていた。相談支援員も「印象が明るくなった」と言っていた。

利用者D（60歳代）は、釜ヶ崎支援機構が受託した草刈りなど園芸関係の作業に従事してきたが、2015年3月に結核を発病した。排菌していないため「就労可」の診断が下りた。本人の希望に沿う形で就

写真3　「天下茶屋駅前の潅水」の作業

労と治療を両立しようとすると、国民健康保険に加入する必要があり現金収入が不足する。そこで担当職員に本作業に従事することを勧められた。

「地域密着型就労自立支援事業」の予算が途絶えても花苗を見捨てることができないという担当職員の情念に端を発した「仕事」が、結果的に利用者の浪費や孤立を防ぐ居場所を提供したと評価できる。

（2）黒ニンニク熟成

2014年度に試作したところ、発酵中も炊飯器の釜に付く水滴を頻繁に拭き取るべきであるという示唆が得られた。日雇労働者就労支援センターの炊き出しを手伝いに来る常連の労働者からモニターを募集した。

作業工程は、ニンニクをばらして蒸籠に隙間なく並べ、炊飯器で保温して（写真4）、翌日以降15日間毎日、炊飯器に付着した水滴を拭き取り蒸籠の上下段を入れ替えるというものである。以上の工程1式あたり1名に従事させ、8,000円の報酬を支払うことにした。十分に発酵したら1袋30gずつ包装した。1回の発酵で20袋が取れた。2015年10月から翌年3月までの間に、この工程を3式繰り返した。百貨店の価格や販売員を務めた労働者の意見を参考して1袋200円とした。2015年11月8日に販売を開始した。そのときに購入した方から電子メールで「おいしくて（中略）また購入したい」という感想を頂いた。以降、翌年4月までの間に60袋が完売した。

しかし赤字である。モニターからは「作業は退屈で面白みがないが報酬は高過ぎる」という意見が出された。熟成期間中に毎日水滴を拭き取ることで経費が膨らんだと考えられた。そこで気付いたことだが、昨年度は収穫直後の材料を用いたが、今年度は3か月以上乾燥させてある。水滴を拭き取る必要があるとは限らないのではないか。省略するとどうなるか、モニターを1名募り試したところ、問題なく発酵が進んだ。すなわち、炊飯

写真4　炊飯器を用いた黒ニンニク熟成の様子

器1台あたり約2時間の作業のみで十分であることが証明された。すると、モニターの人件費を時給1,000円としても黒字という計算になる。当のモニターは、「勉強になる」「2週間後に（完成品を）見に来たい」という感想を残しており、作業自体も肯定的に捉えていた。

(3) 野菜工場作業

2015年12月から2016年3月の間に3回作業日を設けた。「農地再生」に応募して次点として落選した労働者に作業してもらうことにした。モニターは定員、応募ともに各回1名で、報酬は1時間

写真5　「野菜工場作業」の後で様子を見に来たモニター

当たり1,000円とした。トロ箱の底に土を敷き、播種、潅水、覆土の後、棚に並べるところまで作業した。播種密度が一定になるように種子を土の上に落としていくことに時間がかかる。この後、担当職員が数日ごとに潅水し、2週間が経過した後の炊き出しの日に収穫した。約200食分の汁物に加えられると、1食あたり数本のみがお椀の上に浮くくらいの量にしかならないが、濃い緑色を加えることができた。種子代や人件費と比較すると、安売りされている市販品を購入した方が安上がりという計算になり、本作業が炊き出しの経費節減に必ずしもつながるとは言えない。

もうひとつの目的は、「農地再生」の農作業に参加しているモニターの技術や知識の向上につなげることである。各回のモニターから表明された感想は次のとおりである。「最近、野菜のことが気になりいろいろ調べているが、今日播種したものが何日でできるのかを知りたい。」「高齢者特別就労事業に比べると種まきの方が作業しやすい。」「苗づくりはシェルター仲間の話題にいい。

(当年度で移転される）シェルターの跡地を耕せたらいい。できたカイワレは炊き出しに使われたと聞いた。」「植えたものがどんなものか見に来たところ（写真5）興味が湧いた。」「身近なところで、おいしいものを自分で作ることができるので、ありがたい。今後は自分で食べたり友人にお裾分けしたりできる範囲で作れればいいと思う」。モニターは「農地再生」を契機に野菜に関心を抱くようになり、この経験を個人的に役立てようと考えていたことが伺える。定型化された工程を1人で進められるために手順を覚えやすいことが功を奏したと考えられる。

（4）野菜販売宣伝チラシのポスティング

　当該の場所で野菜販売は月1回程度行われ、各回の前日に本作業が行われた。モニターの募集方法は「野菜工場作業」と同じである。2015年9月から翌年3月までの間に合計6回、各回2名前後の募集が行われた。倍率は約1.2倍である。

　モニターは、最初に担当職員が作成、A4用紙に2面印刷したチラシを裁断し、商店街周辺まで自動車で移動した後、周辺の住宅の郵便受けに投函した。約2時間かけて350枚を配布した。自動車を用いたのはモニターが自転車や携帯電話を所持しているとは限らないからである。それらを貸し出すことができれば、担当職員が同行しなくても済むかも知れない。

　結果としてモニターは地域住民と会話する機会が得られた。とりわけ、商品に対する肯定的な評価の声を聞いたことは、農作業に参加しているモニターの意欲を向上させたと考えられる。もともと意図していた宣伝の効果を評価することは困難であるが、「農地再生」に対する消費者の反応を探ることができた。

　モニターの感想は次のとおりである。「あれだけ動くと汗をかく。何も考えずに配るのがいい。」「宣伝は大事だから、人の役に立っていると思えた。」という言葉は、どのような仕事を望んでいるかを如実に表している。ただし、「これで客が来るのか疑問。他に方法はないものか。」というように、費用対効果に乏しければ違和感を覚える。「報酬は割が良い」「仕事があれば1日だけでもありがたい。」という発言も得られたが、モニターが置かれた状況を反映していると考えられる。

（5）「農地再生リーダー育成事業」実施地周辺における受託作業

「農地再生」の作業日2016年3月15日に、作業に来ていた労働者のうち3名がモニターとして2時間ほど作業した。現場は「農地再生」の実施地から徒歩で10分ほど。竹挽き用鋸や枝打ち鎌、鉈、仮枠用ハンマーを持参した。現場では依頼主が作業を監督したので、担当職員が依頼主の指示をモニターに伝えるという手間を省くことができた。依頼内容は、周辺の竹林から長くて太い枯れ竹を切り出し、イノシシ防除用の囲いに横木として渡してある古い竹材と交換するというものである。

竹林は畑に隣接しているとはいえ、傾斜が急で足場が悪い。また、伐採した材を引き出す際に、他の木の枝やフジの弦が邪魔になる。このような中でも年配のモニターが手際よく作業した。このモニターは農家出身で土木作業の経験が豊富であり、後述の聞き取り調査によれば「金をもらえるなら嫌なことでも我慢すべきである」という労働観の持ち主である。

小括

「（1）天下茶屋駅前の花壇の灌水作業」は、行政機関などの予算削減により廃止される作業に着眼することが「仕事づくり」のヒントになることを示唆した。「（2）黒ニンニク熟成」は、職員が試作した経験を次年度に活かす形で商品化が試みられ、経費削減に若干の課題を抱えたものの売れる商品を生み出すことに成功した。「（3）野菜工場作業」は、屋外の農作業を形式知化して労働者の学習意欲を喚起した。「（4）チラシのポスティング」は、費用対効果に疑問が残るが、関係者と地域社会を結ぶ回路として有望である。「（5）農地再生リーダー育成事業実施地周辺における受託作業」は、依頼者が労働者に直接指示できる点は理想的である。依頼主の資金不足を補填する手段があれば、地域の需要を掘り起こして事業化に結び付く可能性がある。

以上の「仕事」のうち（1）（3）（4）は、指導的人材を確保して経費を賄うことが課題である。（1）は社会的就労として外部資金を導入しなければ持続不可能である。（3）および（4）は、売り上げが発生するような他の事業と関連付けることができれば、事業収入を生む可能性がある。一方、（2）および（5）は売り上げが発生するので、若干の支援があれば労働者が自主的に収入を得

ることも可能になる。

　次に「仕事づくり」の方法論について、複数のモニターが異口同音に発した言葉に注目する必要がある。モニターに今後どのような仕事を望むかという質問を個別にしてみたところ、「言われたことは何でもやる」「どんな仕事でもいい」「新しい仕事は思い浮かばない」などというような、積極的でありながら非創造的な回答ばかり得られた。「参加型仕事づくり」を自ら放棄しているかのような姿勢こそ最初に考察されなければならない。

4. 就労希望者に対する面接調査

▶目的と方法

　前節の結果を受けて、次のような面接調査を実施した。質問票は、就労を希望する理由、職業経験、役立てたい特技など、労働観を自由に語ることを促すための全23問から成る。経験的に作為的に設けられた場で結果を伴わない表現を求められることを嫌う労働者が多いと感じられてきたところ、折しも「農地再生」に関連して就労希望者に意欲を確認するための面接が行われようとしていた。そこで、対象者は必ずしもモニターとは限らないが、この面接に調査を兼ねることにした。そうすることで作為性が排除され、労働者が就労意欲を独自の語彙や論理で表現できるからである。2016年3月26日から31日までの間に10人が面接を受けた。

▶調査結果

　まず、「農地再生」に就労を希望した理由である。「農作業は嫌い」という回答に代表されるように、積極的な意思で応募している者は皆無である。大前提として「生活保護は受けたくない」という想いがあり、しかし「他に仕事がない」「収入が欲しい」という。だから、何か仕事があると聞きつけると「どんなものか経験してみたい」と考える。収入源の選択肢を増やしたいという欲求が主要な動機であろう。

　それでは、本当に仕事の選択肢が限られているのであろうか。40歳代の比較的若い労働者は、日雇建設労働の求人があるとしても、「現場で『こんなこ

ともできないのか』と罵られることが多いので、もうやりたくない」、あるいは「釜ヶ崎に求人に来ている業者は、労働者の足元を見る」というように、建設労働に嫌気が指し別の仕事を求めていた。また、ある60歳代の労働者は、建設現場の「現役でいたい」が「歳のため体が言うことを聞かない」と高齢のため労働市場から排除されていることを訴えた。この労働者は自身の特性を「我慢ができる」と表現したが、この「我慢」というキーワードは他の同年代の労働者に共通している。何に我慢しなければならないかと言えば、肉体的な負荷に加えて、上述のような「罵られる」「足元を見られる」という屈辱である。

一方で、労働環境について「みんなが仲良くできたら一番いい」「皆で作業することが楽しい」「喧嘩が嫌い」などというように人間関係を重視する意見が散見された。これは上記の屈辱を忌避する願いと表裏一体である。また「地域の奥様方」と会えるので「特に販売が面白い」というように、仕事仲間以外の人びとや地域社会とつながる機会を欲する声もある。

モニターは「こういう仕事があればいい」という具体的な希望を、特に言葉で表明しようとしないか、あるいは持ち合わせていないことは、先述のとおりである。むしろ、どのような姿勢で働いてきたかという主観的事実の方が、容易に言語化されるはずである。果たして、「仕事を覚えるコツは、好きになること」「手探りで」「人の仕事を見て覚える」「仕上がりを意識しながら」「夢中にならないとダメ」「見よう見真似で」「メモを取るなど自分なりに」「先輩のやり方を見て」など、それぞれの経験に基づく標語が続出した。特に「長く続けられることを最初から最後まで体験できたら面白い」「一回やれば分かるので教えてもらいたい」と表現されているように、何らかの仕事を収入に結び付ける機会を調査対象者たちは希望していた。ただし、新しい仕事を覚える際に、「どうするのが正しいのか分かりにくい」あるいは「何をしていいか分からないときは苦痛」であり、「内容を事前に知らせて欲しい」というように、詳細を分かり易く示すことが求められた。総じて、暗黙裡に誰かに教えてもらうことを前提としている。特に60歳代の調査対象者には「言われたとおりに作業する」という発言が目立つ。そうして収入を得ているうちに仕事が自然と身に付くような学習過程が想定されている。逆に言えば、自己責任で試行錯誤しながら学習することに消極的な姿勢が示された。

5. 総括と提言

　以上の取り組みから「参加型仕事づくり」という発想に根本的な問題があることが明らかにされた。そもそも支援者が当事者の主体性を尊重して仕事をつくること自体が矛盾に満ちている。多くの野宿者の収入源である廃品回収の仕事は、支援者の与り知らぬところで当事者の誰かが主体的に始めたことであろう。今でも何らかの仕事のアイデアがあるなら既に実践しているはずである。アイデアが枯渇しているからこそ、先述のような受動的な労働観が表明されてきたわけであろう。このような状況で改めて「どのような仕事をしたいか」と問うても意味がないことは今や自明である。つまり、労働者の参加ではない何かが決定的に欠けている。

　ここで視点を変えてみれば、今回試行された「仕事」には、消費者や依頼者として多くの外部者が関与していたことが注目に値する。むしろ、今後は一般市民に「どのような仕事をしてもらいたいか」を表現するという形の参加が求められるのではないだろうか。地域どうしがつながることにより課題は仕事に変わる（拙稿 2016）。新たなアイデアの源は地域外に求められるべきである。ここに外部者が参加することが重要かつ有効であるという結論が得られる。今後は、当事者の主体性を尊重することはもちろんであるが、それだけでなく、いかにして支援者を含む市民や行政など外部者の主体性を喚起するのかという議論が必要になる。決して少なくない数の市民が「就労していない」人にバッシングを加えている。「就労していない」という言葉の指す内容が、無収入であることなのか、活動していないことなのか、あるいは他のことなのか判然としないが、当事者に就労して欲しいという願いは「仕事づくり」に参加することで叶えられるはずである。

　残された課題は、当事者の労働観に適合しないような、例えば暗黙知の比重が大きくて他者から教えてもらうことが困難であるような仕事が創り出された場合に、その仕事は却下されるべきなのか、それともその仕事に合わせて労働観を変化させるべく働きかけることが許されるのかという問題である。これについては稿を改めたい。

参考文献

- 櫻井純理(2014)「誰もが働ける社会／生きていける社会を築く」筒井美紀・櫻井純理・本田由紀編『就労支援を問い直す――自治体と地域の取り組み』勁草書房195-210頁
- 綱島洋之(2016)「『西成特区構想』に参加型開発の理念は生かされているか」『寄せ場』28号11-33頁．

第 17 章

都市内格差社会における
社会的包摂のチャレンジ
——理論的背景を中心に

》コルナトウスキ・ヒェラルド

1. はじめに

　近年、グローバル化とともに、特に都市内に「格差問題」が顕著化していることがよく指摘される。これは、世界のスケールでは、発展途上地域と先進地域の間の格差が縮小している傾向があるにもかかわらず、国内・都市内のスケールでは格差が増大していることを意味している（Saunders 2011）。
　その原因としては、労働市場・就業による分極化や福祉制度の再編成やコミュニティの希薄化などが取り上げられることが多い（Chiu & Lui 2009）。こうした格差がある中では、特にいわゆる「負け組」が注目される。彼らが直面している労働市場や福祉制度や安定したコミュニティ生活へのアクセスの困難さ、またはこの困難さのプロセスが「社会的排除」として概念化されており、これらへのアクセスの復旧が社会政策のターゲットとなっている。支援現場という支援の最前線においても、実際に支援を行っているNPOや支援団体は、行政と協力し合う形で、被支援者のニーズを把握し、住宅から福祉にわたる支援メニューが開発されてきた（全2015）。こうして、「社会的排除」に対して、様々な支援メニューを通じて、「負け組」が再度に社会へ復旧し、自立した「地域生活」を目指し、いわゆる「社会的包摂」が実現されるわけである。しかし、こうした行政または支援団体による「社会的包摂」への取り組みには、「格差社会」が進む中で、どのような形式を取るべきか、つまり、どのような社会への包摂を目指すか、という疑問が残されるだろう。

本章では、負け組が様々な制度や市場から排除される個別のプロセスに対し、構造的なアプローチを試み、「社会的排除」を構造的な結果として捉え、「格差社会」における「社会的包摂」のあり方を考察する。理論的な背景を整理した上で、先進地域の中で最も格差の激しいシンガポールと香港の事例を取り上げる。

2. 格差社会というプロセス、そして社会的排除という結果

▶理論的な背景

　グローバル化にともなう格差社会の出現、そして「社会的排除」は必ずしも現在が初めての現象ではない。19世紀以降、資本主義体制下で工業化・近代化が進み、その以前の国際商業（特にポルトガル、オランダ、イギリスなどによるアメリカ・アフリカ・アジアの植民地）のルートを使用し、すでに新しい市場を開拓するため、グローバル化が着々と進んできた歴史がある（Heller2011）。大規模なモノづくりのセンターの座にあったヨーロッパでは、次々に新しい技術が開発され、地方の人口が徐々に労働力として都市へ流入すると、間もなく激しい格差都市社会が形成された。現在の実態は、ある程度、その時の繰り返しであるといえよう。では、なぜ現在はその繰り返しとなっているのか？ここでは、1つのキーとして、「資本」の仕組みを取り上げ、「グローバル化」をその不可避な結果としてみなす。

　では、資本の仕組みとはどのようなものなのか、なぜ現在も社会排除や格差問題を引き起こしているかの理論的背景をまずみてみよう。

◎社会的排除をもたらす資本蓄積モデル

　19世紀のイギリスの工業都市に広がっていた格差や社会的排除を目撃したK.マルクスは、資本論で3つの資本蓄積モデルを考えた。第1モデルは、最も有名な第1巻で描かれた格差や社会的排除をもたらすモデルであり、「資本主義的蓄積の一般法則」として知られている。このモデルは、あくまで（剰余価値≒利潤の）生産過程から見たもので、主に3つの前提が付けられてい

る。①資本の循環は正常であり、資本の（剰余）価値が円滑に実現される（＝モノやサービスの過剰生産などはなく、価値通りに売買されること*1）、②剰余価値の（税金や利子、地代などへの）分割がない（Marx 1976：709〜710）、③経済は1つの集合体であり、外部との貿易がない（「treat the whole world as one nation…」Marx 1976：727 注2）。こうした単純化した世界では、（生産過程の面で）2つの収入源しかない。すなわち賃労働者の賃金と資本家の利潤である（Harvey 2006：158）。こうした前提を設けることにより、K.マルクスは、資本が最も自由な世界≒純粋な世界市場を仮定し、（主に資本家と労働者の間の）社会関係を分析する。もちろん、資本の仕組みからのアプローチであるため、資本蓄積≒経済成長という図式は絶対な条件であり、社会関係もこの蓄積を従わなければならない。では、こうした純粋な市場（原理主義）社会では、蓄積がどのように維持されていくのか？　この課題を分析するために、労働者と資本家の間のダイナミクスをみてみよう。

　第1巻の蓄積モデルでは、2つの展開がある。1つ目は、技術の進展と、生産過程における不変資本（機械や道具など）と労働力の比率、そして労働者の生産力（≒搾取率）が不変のものとしてみなされる状態である（Marx 1976：762〜772）。この場合は、蓄積を維持するため、単に規模（不変資本と労働力）の拡大が必要とされ、労働市場へのさらなる加入がみられる。こうしたさらなる労働力需要にともない、蓄積の妨害にならない限り、賃金上昇も可能である。たとえば、移民労働者や高齢者の労働市場への加入はその1つの事例であり、「プロレタリアートの増大」として知られている。現在の中国における農民工による都市労働市場への流入、そしてのちほど取り上げるシンガポールにおける移民労働制度も、その1つの事例として考えることができる。

　しかし、労働力供給には限界があるため、もう一段の展開が述べられる。この2つ目の動きの中では、（労働不足に対する）技術の進展、不変資本と労働力の割合、そして労働者の生産力の変化が重視される（同：772〜781）。この場合は、技術などの進展により、労働力需要が相対的に低下し、賃労働者1人あたりの生産力が上昇するため、賃金上昇率も圧迫される。ロボットが人間の仕事を奪い、ベルトコンベアが労働者の生産力を増大させると言えよう。これらの展開がもたらすのが、「相対的剰余人口」[*2]の形成である。その決

定的な要素は、技術がもたらす失業であり、経済成長が必要とする新しい労働力の確保と賃金上昇の阻止が可能になると、蓄積が保護される。こうした理論から見えてくるのは、蓄積していく資本が失業や過少雇用を引き起こすということである。こうした意味では、どの資本主義的先進地域にも失業があり、逆にいえば、失業のない地域は存在しない。したがって、資本が本質的かつ定期的に労働者から仕事を奪い、貧困を作り出す（≒労働市場からの社会的排除を作り出すこと）。このため貧困がないと、持続的な蓄積が困難になる。ところで、この問題の緩和を目的とする「福祉制度」の局面でも、資本蓄積の阻止は不可能であるため、福祉（≒税金を通じた利潤と収入の再分配）による社会的包摂にも限界が生じる。このように、資本主義的社会での社会的排除におかれる「剰余人口」存在の不可避性が明確になる。

　それでは、反対側である「富」の形成とはどのようなものであろうか？19世紀には、その過程はまだそれほど着目されていなかったようだが、第1モデルの中では、その仕組みが簡潔に述べられている。ここで登場する用語は、資本「集積Concentration」と「集中Centralization」である（同：776〜781）。「集積」は、蓄積が必要とする定期的再投資によるさらなる利得の結果であり、資本家の手元にある資本が漸増する過程を示している。しかしながら、こうした蓄積過程を通じた再投資活動には、（特に膨大なプロジェクトへの投資の場合）限界があるため、「集中」という過程も働きだす。これは、競争環境の中で、結合資本の形成や企業間提携という形で、競争相手の乗っ取り、そしてリストラクチャリングなどを意味する。この場合は、金融（信用）制度が重要な役割を果たし、こうした過程を加速する力を有している。

◎「剰余人口」の形成

　描かれた第1モデルでは、資本の「集積」・「集中」が進行するとともに、「剰余人口」が増大する。「剰余人口」に関しては、K.マルクスが3つの形態を特定している（同：704〜802）。

　まず、①「流動的剰余人口Floating surplus population」である。この形態は、すでに賃金労働市場に入っている層であり、何らかの理由で一時的に仕事を失い、景気の都合で再度雇用に吸収される。これは、おおむね一般失

業者のことを指しており、日本でいうところの、(雇用中の)「不安定就労者」や(失業中の)「就労困難者」に当てはまる。こうした層のために、多様な「就労プログラム」が存在しており、本人の生活は常に不安定になる一方、「貧困」や「社会的排除」の問題はそれほど顕著ではない。

つづいて、②「潜在的剰余人口 Latent surplus population」は、賃金労働市場に入っていない層であり、市場から引退した高齢者や外部からやってくる移民労働者などを意味している。競争力が弱いなどの理由で破綻した独立資本家もこの層に当てはまる。1つの特徴は、これらの労働市場への動員は、多くの場合、政策の下で行われているということだ。年金受給年齢の引き上げや移民の受入政策はその好例となる。さらに、これらのスキルと通常労働市場との応用性が低い傾向を示すため、低賃金雇用に吸収されることが多く、労働市場の中で弱い立場にあることも多い。

最後に、社会のどん底におかれている③「停滞的剰余人口 Stagnant surplus population」である。この層は、不規則な雇用にしかアクセスできず、一般労働力として動員されにくいという特徴を有している。ここでは、「ルンペン」というタームも登場し、おおむねホームレス、犯罪者、日雇い労働者、障碍者などを意味する。好景気の大繁栄期がない限り、福祉への依存が顕著であり、そもそも一般社会から孤立した生活を送っているケースが多い。「下層社会」という呼び方もあり、彼らの「社会的包摂」を実現するためには、非常に手厚い支援が必要とされるといえよう。

▶「剰余人口」のマネジメント

資本論の中では、社会の分析があくまで資本の仕組みから行われている。社会がどのように自らの問題に対応していくのか、または福祉制度や支援体制がどのように整えていくのか、つまり、支援を通じて「剰余人口」の社会的包摂をいかに図るべきかという点はなかなか見えてこないため、追究する余地がある。ただし、われわれが属している資本主義社会における絶対的な条件が、資本蓄積≒経済成長であるとすれば、「剰余人口」の支援の在り方との関係性を念頭におく必要がある。

3. シンガポールと香港の事例

　本節では、本章の冒頭で整理した理論的背景から、具体的な事例をみていきたい。

　K.マルクスが描いた第1モデルのセッティングは、諸前提に基づいた純粋な市場社会を仮定したモデルであり、現実的には、こうした市場社会が存在していないため、モデルの言葉通りの分析は困難である。しかし、このモデルが全く役に立たないわけではない。まず、モデルの諸前提を改めて確認しておこう。第2節で取り上げた前提は、①資本の循環が正常であること、②剰余価値の分割がないこと、③経済が1つの集合体であること、であった。現実世界においてこれら3つの前提に近いのは、世界で最も開放的経済を有している地域だとみなすことができよう。そのため、開放的経済の世界ランキング1位と2位を占める香港とシンガポールを取り上げる（ICC 2015）。

　両地域はグローバル経済の中の拠点でもあり（Harvey 2014）、グローバルな競争力の側面では、シンガポールが2位、香港が7位を占めており、極めて高い競争力を有している（World Economic Forum 2015）。そして興味深いことに、両地域は、先進地域の中で最も激しい格差社会を有しているのである[*3]。では、両地域の典型的な「剰余人口」に着目し、両地域の格差社会における「社会的包摂」に関する支援の課題をみてみよう。

▶シンガポールにおける移民労働者への支援

　1960年代以降、シンガポールは、経済成長を図ることを目的として開放的な経済政策を採用した。税制優遇策を通じて国際資本による投資を確保するという方針を掲げ、ビジネスに優しい都市環境を築いた。その結果、国際資本が次々と流入し、雇用が速いペースで作られる中、経済成長を維持するための国内労働供給が早い段階から不足し、70年代以降、国家が積極的に海外からの労働力を受け入れる方針を取った（Kong 2008）。

　未熟練労働者に関しては、まずは最もエスニック的に近いマレーシアとタイから移民労働者を受け入れ、次はより離れている中国や南アジア（インド、バングラデシュ、ミャンマー）に目を向けた。これらの労働力は、あくまで経済成

長の波に応じるものとしてみなされ、一時的な滞在として扱われ、滞在中は厳格な条件におかれている。このように、シンガポールは、移民労働者政策を通じて、比較的貧しい地域から「潜在的剰余人口」を自分の労働市場に吸収し、賃金を抑えることにも成功した。しかし、こうした経済成長モデルは、労働力の拡大という目的に基づいたものであったため、技術、そして生産力の向上への投資（≒イノベーション）は停滞した（Auyong 2016）。これに対し、1980年代以降、多様な政策が打ちだされた。

　ここでは、2010年の移民労働者税の増税を取り上げたい。この増税は、とりわけ移民労働者を雇っている中小企業の利得に悪影響を及ぼしたにもかかわらず、労働者の生産力の向上に投資するインセンティブにならなかっただけでなく、雇用者が違法な形でそのコストを直接労働者から奪い取る形へとエスカレートした（Kornatowski 2017）。現在、いまだに給料・医療手当ての不払いやピンハネのケースが多発し、不利益を被る労働者は通常、雇用者から指定された寮に滞在しているが、寮から脱出し、労働エスニック地区である「Little India 地区」や「Geylang 地区」へ支援を求めて避難することが多い。こうした事件が相次ぎ、未熟ながら市民社会からの反応を生み出した。その一例は、主に Little India 地区で活躍している支援団体の「Transit Workers Count Too（TWC2）」である。TWC2は、収入を失った移民労働者のために、エスニック料理での給食プログラムとドロップインセンターを運営し、これらの場所を通じて、法律相談やカウンセリングを行い、あくまで一時的な滞在であり「社会包摂」の可能性がない移民労働者に対して、精神的な力、そして希望を与える「居場所」の提供に取り組んでいる。このようにして、支援利用者は、帰国するまでに雇用者とのトラブルを解決するチャンスを手に入れ、出身地域で生活を再建することがある程度可能になる。

▶ 香港におけるホームレス支援

　香港は、植民地時代から自由放任主義に基づいた経済成長モデルを採用し（闇2001）、中国大陸との関係で、特殊な地政学的影響を受けてきた。戦前は無関税港として発展し、中国との貿易拠点としての機能を果たし、商業資本の大繁栄期であった。

詳しくは、コルナトウスキ（2012）も参照されたいが、時期によって、住宅の既存ストックに大きなプレッシャーがかけられ、大家たちの中には、住宅を狭小な生活空間に間仕切りする者も現れた。冷戦の勃発で、中国との拠点としての機能が廃止され、産業資本が経済成長のエンジンになった。この頃から人口移住が強く管理され始めたにもかかわらず、中国内戦からの避難者などにより、人口が猛烈なペースで増加し、大きな住宅不足問題が生じたが、香港では、公営賃貸住宅の開発とともに、賃金上昇を抑え、厳しい関税及び貿易に関する一般協定の下でも、輸出経済を構築した。

しかし、1979年の中国門戸開放政策の影響で、産業資本が次々と大陸へ流出し、香港（特にインナーシティ）の空洞化が始まった。これに対し、香港は産業資本の管理役（いわゆる「front shop, back factory」モデル）を強く担い、サービス業や不動産業をベースにした金融資本が経済成長を牽引することになった。この展開に伴い、（シンガポールと異なり）一般生産力の効率化が図られ、特にIMF危機以降、金融セクターと他のセクターとの分極化が進み、様々な都市再開発事業により、民間住宅が高騰し続け、ハウジングプアとワーキングプア「≒停滞的剰余人口」問題が顕著となった。中でもホームレスが目に見えやすい形で都市空間の中で出現し、NGOと行政とのパートナーシップに基づいた支援制度が構築された（Kornatowski 2008）。

Kornatowski（2010）も参照されたいが、香港の社会の二極化が進行している中で、ホームレスの「社会的包摂」をどのように具体的に図っていくかは、とりわけ支援現場では難問である。

2013年、あるプロジェクトチームが調査を行い、実際のホームレス数は1,400人を超えていることが明らかとなった（H.O.P.E. HK 2013）。その調査では、35％以上が2回以上のホームレス経験を有し、支援を通じた自立生活には大きな課題があると判明した。これは特に奇異なことでない。すなわち、公式統計によると、香港では、5人に1人が貧困状態におかれており、10万人以上が不安定な住宅生活に、そして65万人以上が就労不安におかれていること（SoCO 2011）からすると、ホームレス支援もこうした背景で行われており、極めて制限された社会資源を利用し活躍しているのである。

唯一の社会的包摂を図る資源として、公営賃貸住宅の存在を挙げることは

できるが、比較的入居可能な団地は、都心部から遠く離れており、支援利用者にとっては利用しにくい制度でもある。こうした中で、多くのNGOは、狭小アパートの確保とともに、ボランティア活動という形で、運営している施設やアウトリーチを通じて、「居場所」を提供しており、利用者がなるべく孤立しないように取り組んでいる。だがそれでも、狭小アパートは寝るだけの機能にとどまる傾向がみられる。

4. おわりに

　本章では、資本の仕組みからのアプローチを試み、資本主義社会が自ら貧困を作り出すダイナミクスを明らかにした。こうした理論的背景において忘れてならないのは、諸前提によって制限された状況依存的な知見である。しかし、現在のポストフォーディズム（それともポストトヨティズム）においては、（剰余価値の）生産過程が一般経済政策の中で改めて優先されるようになっており、資本蓄積が要求するグローバル化の進化や技術の極めて速い進展（例えばモノの電子化）が目立つ。

　つまり、諸前提からすると、今日の現実世界では、①国際インフラの効率化に伴って強烈な（国際）流通システムができ、②剰余価値の分割に対する抵抗（例えば、法人税減税）が各地で見られ、③世界市場の形成が着々と進行している傾向が著しく出ており、資本側においてさらなる「集積・集中」が見られる一方、労働側において多様な社会的課題が激化している。その結果、労働者・従業員の生産力を高めるプレッシャーが深刻化しており、そもそも減るべきであった1日の労働時間（Skidelsky & Skidelsky 2013）が増加し、賃金上昇率が停滞する。その結果、共働き世帯数が増え、ワーキングプアも出現し、社会的再生産自体が困難になっている傾向はもはや無視できない[*4]。

　こうした中で、「剰余人口」問題が目に見えやすい形でさらに深刻化する一方、市民社会（NPOやボランティア団体）からは強い反応があり、行政とパートナーシップを組んだ形で、支援の最前線に踏み出しているケースも多い（Deverteuil 2015）。

　これら支援の取り組みは、「剰余人口」にとって重要な社会的資源であるこ

とは間違いない。ただ、シンガポールと香港の事例でみたように、格差社会の場合は、こうした取り組みには様々な限界があり、特に「社会的包摂」の局面では、いくつかの課題が残されている。

　最後に、2つの課題について一考察を行う。以下に挙げる課題は、第2節で整理した理論と第3節で取り上げた実践から見えてきたものであり、今後の課題としては、具体的社会政策に対しての意味合いを検討したい。

（1）「社会的排除」に対して、「社会的包摂」のみではなく、「居場所づくり」を進めることが必要。

　社会の分極化が進んでいる香港とシンガポールでは、「社会的包摂」の限界がむしろ明確である。香港では、公営賃貸住宅への入居が「社会的包摂」の理想に最も近いかもしれないが、香港の「剰余人口」にとっては、入居条件が厳格であるためそもそも公営賃貸住宅への入居が難しく、入居条件が相対的に良好である遠いニュータウンへの入居機会があっても、わずかに残っているコミュニティ関係を失う恐れがあるため、彼ら自身が入居辞退することが少なくない。反対に、コミュニティ関係をなるべく保とうとしても、劣悪な民間住宅にしかアクセスできず、自立生活は非常に困難であり、必ずしも社会の一員になったとは言い難い。

　支援利用者からすると、こうした環境の中で、公共施設の利用や支援団体の施設などにいられることは重要であり、ホームレス支援の場合でも、こうした「居場所」の提供（たとえばいつでも立ち寄れるドロップインセンター）がますます重要になっている。

　シンガポールでも、移民労働者の滞在資格が極めて厳格であるため、シンガポール社会への「包摂」が完全に不可能で、TWC2が運営しているような「居場所」が利用者にとって大きな助けとなっており、彼らが抱えている職場問題に対するファイトの拠点にもなっている。

（2）貧困に対して、「貧困」に取り組むのではなく、「富」に取り組むこと。

　シンガポールと香港は、高いGDPを有しているにもかかわらず、強い反福祉主義的イデオロギーが普及しており、市場原理主義による資本蓄積が常に

優先的である。大規模な公営住宅ストックを有していることは、両地域の基本姿勢と矛盾しているように見えるかもしれないが、福祉の役割というより、賃金上昇率を抑える役割を果たしていたため、実際はそうでもない。社会の上層では、「集積と集中」が進んでいるため、その進化を視野に入れる必要があろう。もちろん、(法人税増税などを通じた) これら資本の分割を目指すと、蓄積過程に悪影響を及ぼし、失業問題などにまで発展する恐れがあるため、慎重な検討が必要である。

たとえば、有効な議論として1つ考えられるのは、現在耳目を集めている「ベーシックインカム概念」ではなく、むしろ所得の上限を制限する「マキシマムインカム概念」である。そもそも、経済学の中では、所得差が7：1の割合を超えると、社会への悪影響が及ぼすと指摘する研究もある (たとえば、Tinbergen 1981) が、近年はこうした議論はあまりされなくなった。

以上、2つの課題のみ考察したが、今後「社会的包摂」の可能性を追究する場合、どのような「社会」への包摂を目指すかという点を、より一層検討しなければならないと思われる。さもなければ、「社会的包摂 Inclusion」が単に、「社会的同化 Assimilation」にとどまり、本来の目的が失われることにもなりかねないのである。

注

*1 第2巻で描かれた第2モデルでは、「拡大再生産」として知られており、第1モデルで不変とされていた諸前提が捨象される。資本の循環からの分析を行うことから、第1巻では非常に重要な役割を果たしている「技術」とその常に進展するプロセスの前提が撤回され、資本の実現≒モノやサービスが価値通りに売買されないことが問題視され、労働階級の購買力が重要なポイントになるため、社会的包摂への可能性が見えてくる。第3巻で描かれる第3モデルは、「利潤率低下傾向」として知られており、第1・第2モデルを統合する試みにすぎなく、経済危機のダイナミクスを明らかにする分析ツールになるはずであったが、不完成な理論にとどまった。
*2 そもそも「産業予備軍」という用語である。その具体的な構成については、次の (2) パーツでより詳しく述べるが、現代研究では、すでに言及した「負け組」の他、「下層社会」や「貧困者」、「脆弱者」、「生活困窮者」などという様々なタームがある。
*3 格差社会を測るジニ係数 (GINI Coefficient) でいうと、香港は 0.537 (2011)、シンガポールは 0.464 (2014) である。ただ、シンガポールの場合では、移民労働者や失業者がカウントされておらず、ジニ係数がより高いと思われている。

*4 極端な事例としては、近年日本で多発している過労死事件であり、1カ月の残業が最も長かった正社員の残業時間が「過労死ライン」の80時間を超えた企業は22.7％、「情報通信業」「学術研究、専門・技術サービス業」では40％を超えている実態である（厚生労働省2016）。第1モデルからすると、日本は高齢化少子化社会（≒外部から人口増加を認めない）であるため、技術による生産力（とそれにともなう「搾取」）がさらに展開されていくという予測になる。

参考文献

- 閻和平（2001）『香港経済研究序説―植民地制度下の自由放任主義政策―』御茶の水書房
- 厚生労働省（2016）『過労死等防止対策白書』、厚生労働省
- コルナトウスキ・ヒェラルド（2012）「香港のインナーシティにおける民間低家賃住宅のマージナル化と住宅困窮問題」『居住福祉』、第13号63-81頁
- 全泓奎編（2016）『包摂都市を構想する：東アジアにおける実践』法律文化社
- Auyong, H. (2016) *Singapore's Productivity Challenge—A Historical Perspective,* Lee Kuan Yew School of Public Policy, National University Singapore
- Chiu, S.W.K & Lui, T.L. (2009) *Hong Kong: Becoming a Chinese Global City*, Routledge
- DeVerteuil, G. (2015) *Resilience in the Post-welfare city: Voluntary Sector Geographies in London, Los Angeles and Sydney*, Policy Press.
- Harvey, D. (2006) *The Limits to Capital*, Verso
- Heller, H. (2011) *The Birth of Capitalism: A Twenty-First-Century Perspective*, Pluto Press
- H.O.P.E Hong Kong (2013) *Survey Report*, Department of Applied Social Studies, City University of Hong Kong
- International Chamber of Commerce (2015) *ICCs Open Markets Index* (*OMI*) - 3rd Edition.
- Kong, M. (2008) *Economic Globalization and Transnationalizing Labour*: *Thai Construction Workers in Singapore*, Department of Sociology, National University of Singapore
- Kornatowski, G. (2008) "The Reconceptualization of Homeless Policy and the Social Welfare Response of Non-Governmental Organizations in Hong Kong", *Japanese Journal of Human Geography*, 60 (6), 53-76頁
- Kornatowski, G. (2010) "Partnerships and Governance: Struggle, Cooperation, and the Role of NGOs in Welfare Delivery for the Homeless in Hong Kong", *City, Culture & Society*, 1 (3), pp155-164
- Kornatowski, G. (2017) "Caught Up in Policy Gaps: Distressed Communities of South Asian Migrant Workers in Little India, Singapore", *Community Development Journal*, 52 (1), pp92-106
- Marx, K. (1976) *Capital,* Penguin Books.
- Skidelsky, R. & Skidelsky, E. (2012) *How Much Is Enough? Money and the Good Life*, Other Press
- SoCO (2011) *Survey Report on Sub-divided Apartments*（2011年基層房屋租金研究報告）, Society for Community Organization: Hong Kong
- Tinbergen, J. (1981) "Misunderstandings Concerning Income Distributions", *De Economist*, 129 (1) pp8-20
- World Economic Forum (2015) *The Global Competitiveness Report 2013-2014*, Full Data Edition. (wwww.weforum.org)

あとがき

　振り返ってみれば、都市研究プラザの設置経緯を記した沿革が、既刊行物やwebにないことに気づいた。本書の成り立ちを制度的な系譜で綴ることで、しめとしたい。

　2004年に都市研究機構設立準備委員会が設置されたが、当時の市大内の二つの流れが、新しい組織づくりに結び付いたといえる。一つは、全国自治体からの寄贈で蓄積されていた貴重な文庫、松下電器産業の寄付で設置されていた都市問題資料センターの発展的改組を軸に、市大都市研究の全国トップ化をめざすラインで、もう一つは文学研究科が主導していたアジア、都市、大阪というキーワードのもと、金児曉嗣、山野正彦、中村圭爾さんと続く学部長ガバナンスで推進されていた、大学院重点化の系譜である。

　後者については、2001年の大学院化への準備として、1999年から着手し、アジア都市文化学専攻の2001年度設置と、21世紀COE「都市文化創造のための人文科学的研究」の2002年度採択に繋がり、栄原永遠男さんが主導していく。橋爪紳也さんや中川眞さんは、この流れの中で市大に赴任され、新専攻で活躍されることになった。

　21COEは中間評価での指摘事項では、全国クラスの都市史研究、森田洋司さんを軸にしていた都市社会問題研究の更なる強化と、市大全体の取り組みとして創造都市研究科との連携を、というアドバイスがあったことで、佐々木雅幸さんが21COEに加わる。2005年に都市問題資料センターの発展的解消を答申した「関一記念都市問題研究機構」案をもとに、上述の準備委員会が、加茂利男さんをヘッドに、谷直樹さん、廣田良夫さん、佐々木さんに加え水内俊雄と、事務方で強力にこの組織建てを構想し推進した山田雄三さんらで議論をし、とんとん拍子に2006年設置。専任教員に、文学研究科から、橋爪さんと水内の期限付き移籍が、当時の金児学長主導で実現した。折から、OB高原慶一朗さんの現物寄付で、高原記念館が新築された。その開放的で創造を誘発してくれる空間で21COE後継のプログラムの獲得をめざして、

当時の角野昇八副学長や内田敬さんたちとアイデアを練り、グローバルCOE「文化創造と社会的包摂に向けた都市の再構築」を、2007年に獲得する。

　強い3分野として、加茂初代所長、佐々木2代目所長を軸に都市論分野は、谷直樹さん、都市史の塚田孝さんという軸で編成、都市文化分野は、橋爪さん、中川さん、都市社会分野は、谷富夫さんと水内が、これに国際的展開において実績のある岡野浩さんを四つ目の分野代表として、学内外の都市研究を進める中堅教員から構成される布陣で出発した。

　橋爪さんの大阪市長選出馬で、退職後の後任に全泓奎さんを迎え、グローバルCOEのもと国内外から優秀な都市研究に携わる若手人材を集結させることができた。本著にもプラザでの若手研究者からの寄稿をいただいていることは、心強い。そのことが、共同利用、共同研究機関の認定につながったともいえる。

　紙数はあっという間に尽きたが、当時の熱気をお伝えし、今後10年の荒波をどう突き進むか、その羅針盤になれば、という意図で系譜を簡単に紹介した。

　　　　　　　　　　　　　　　　　　　　　　　　　　　水内 俊雄

◎執筆者

第Ⅰ部

▶第1章　佐々木雅幸（ささき・まさゆき）
同志社大学特別客員教授／大阪市立大学都市研究プラザ特別研究員

▶第2章　岡野浩（おかの・ひろし）
大阪市立大学都市研究プラザ教授／同 大学院経営学研究科兼任

▶第3章　水内俊雄（みずうち・としお）
大阪市立大学都市研究プラザ副所長・教授／同 大学院文学研究科兼任

▶第4章　阿部昌樹（あべ・まさき）
大阪市立大学都市研究プラザ所長／同 大学院法学研究科教授

▶第5章　谷富夫（たに・とみお）
甲南大学文学部教授／大阪市立大学名誉教授／都市研究プラザ特別研究員

▶第6章　塚田孝（つかだ・たかし）
大阪市立大学大学院文学研究科教授／都市研究プラザ特別研究員

第Ⅱ部

▶第7章　中川眞（なかがわ・しん）
大阪市立大学大学院文学研究科教授／都市研究プラザ兼任研究員

▶第8章　嘉名光市（かな・こういち）
大阪市立大学大学院工学研究科准教授／都市研究プラザ兼任研究員

▶第9章　髙岡伸一（たかおか・しんいち）
大阪市立大学都市研究プラザ特任講師

▶第10章　藤田忍（ふじた・しのぶ）
大阪市立大学大学院生活科学研究科教授／都市研究プラザ兼任研究員

▶第11章　鄭栄鎭（ちょん・よんぢん）
大阪市立大学都市研究プラザ特任助教

第Ⅲ部

▶第12章　全泓奎（じょん・ほんぎゅ）
大阪市立大学都市研究プラザ教授／同 大学院創造都市研究科兼任

▶第13章　五石敬路（ごいし・のりみち）
大阪市立大学大学院創造都市研究科准教授

▶第14章　穂坂光彦（ほさか・みつひこ）
日本福祉大学アジア福祉社会開発研究センター長／同 大学院国際社会開発研究科教授／大阪市立大学都市研究プラザ特別研究員

▶第15章　野村恭代（のむら・やすよ）
大阪市立大学大学院生活科学研究科准教授

▶第16章　綱島洋之（つなしま・ひろゆき）
大阪市立大学都市研究プラザ特任助教

▶第17章　コルナトウスキ・ヒェラルド（Kornatowski Geerhardt）
大阪市立大学都市研究プラザ特任助教

包摂都市のレジリエンス
理念モデルと実践モデルの構築

発行日	2017年3月30日　初版第一刷発行
編著	大阪市立大学都市研究プラザ
発行人	仙道弘生
発行所	株式会社 水曜社
	〒160-0022
	東京都新宿区新宿1-14-12
	TEL 03-3351-8768　FAX 03-5362-7279
	URL suiyosha.hondana.jp/
装幀	井川祥子
印刷	日本ハイコム 株式会社

©Urban Research Plaza, Osaka City University 2017, Printed in Japan
ISBN 978-4-88065-410-2 C0036

本書の無断複製（コピー）は、著作権法上の例外を除き、著作権侵害となります。
定価はカバーに表示してあります。落丁・乱丁本はお取り替えいたします。